MW00777305

"Si Dios dijera que tendría una oportunidad para librarme hoy mismo del cáncer, yo le diría, '¡Solo déjame vivir un día más con cáncer!' "

—JOHN C. RILEY

Mi reconocimiento a John "Jack" Riley: Desinteresadamente utilizó su batalla personal contra el cáncer para ir a la cabeza en la lucha por la cura y servicio a los demás. Su inquebrantable espíritu inspiró a millones.

Reconocimientos

Cuando pienso en la lectura, viene a mi mente la palabra compulsión. No leo simplemente porque tengo que incrementar mi literatura médica. Tampoco porque me gusta; leo simplemente porque debo hacerlo.

Cuando pienso en la escritura, la palabra abrumante no alcanza para describir el punto en cuestión. Este libro está en sus manos hoy, debido a los esfuerzos, mejor dicho, increíbles esfuerzos de unas cuantas mentes dedicadas y comprometidas.

El amor que mi padre, Dr. Ernesto Contreras Rodríguez, tiene por los pacientes y su inmenso conocimiento en el campo de la medicina fueron la inspiración de este libro. Desearía tener la habilidad para entretejer las palabras de una obra de arte para poder describir el admirable respeto que tengo por él y el honor que es para mi compartir con usted sus invaluables contribuciones médicas y espirituales.

El incentivo de Daniel Kennedy Contreras fue clave, para dar origen a la idea de este mensaje. Su incansable labor y habilidades para escribir han contribuído inmensamente a la producción del manuscrito, y su genio y atención a los detalles organizacionales fueron de suma importancia para la conclusión del libro.

La tarea de investigar y reunir los materiales, tanto científicos como filosóficos, para apoyar los argumentos declarados y las recomendaciones ofrecidas en este libro ha sido titánica. Luisa Ruiz la llevó a cabo sin ayuda. Su desinteresada e implacable labor ha sido la fuerza más poderosa detrás de mi compromiso para escribir.

En cuanto a los aspectos médicos de este libro, fui privilegiado al contar con las sabias contribuciones de dos amigos y buenos maestros de medicina: El Dr. Mario A. Soto y el Dr. Juan F. Lagos. Uno es oncólogo y el otro internista, ambos excelentes doctores de cuerpos y almas. Quiero también agradecer al Dr. Patch Adams y al Dr. Bernie Siegel, por sus comentarios y mensajes a los pacientes en necesidad, expresados en este libro.

El infatigable trabajo de Christina Williams, mi editora, es la razón por la cual todas mis palabras tienen sentido para usted. Su percepción, sensibilidad y conocimientos dieron forma y significado a la tremenda cantidad de información, que de otra manera hubiera sido desorganizadamente presentada. Ella aportó el ingrediente que unió y dio buen gusto para que este resultase un libro aceptable. Le estoy profundamente agradecido.

Quisiera agradecer a Stephen Strang por tener la visión de ayudar a individuos a mejorar su salud a través de la literatura y a todo el equipo de Casa Creación por su arduo trabajo y diligencia.

El increíble apoyo de mi esposa, Rosy, me ha maravillado. "Mujer virtuosa, ¿quién la hallará?" Quisiera tomar el crédito, pero agradezco a Dios el haberla encontrado para mí. Oro a Dios que me conceda el tiempo y la energía para compensar todo el tiempo que el trabajo me ha privado de estar con mi bella esposa y mis cinco hijos.

Pero por mis héroes he escrito este libro: Jack Riley,

Laura Red, Dee Simmons, Sara Sackett, Ruanne Crawford, Don Factor y muchos otros pacientes que han enriquecido mi vida en forma incalculable. A ellos les agradezco con toda mi vida y mi corazón.

Índice

Prefacio

Sé que vivimos en un mundo aterrado por el cáncer. Pero el peor cáncer es estar vivo y no disfrutarlo, no sentir gratitud, no amar, no vivir. No es morir físicamente lo que constituye un gran problema, sino morir en vida. En mi opinión, la muerte en vida es lo que la mayoría de las personas adultas están viviendo. Detengámonos a pensar, "la vida es una lucha, la vida es terrible y entonces mueres", ese es el peor cáncer. Existir en este milagro de la vida y desperdiciarla, eso es mucho peor.

Ese es el motivo por el cual mucha gente a quien se le ha diagnosticado cáncer se siente agradecida porque son despertados a la vida. Siempre sucede. El cáncer es tan surreal; llega a tornarse una bendición pues hace nacer el amor por la vida. La gente comienza a apreciar las cosas simples y maravillosas de la vida como las flores o un vaso de limonada.

La esperanza respecto del cáncer no es si vamos a librarnos de él. A la larga esta fabulosa máquina va a dejar de funcionar, y cada uno de nosotros va a morir de algo. Nunca vamos a eliminar la muerte. Pienso que el gran pánico de tener cáncer reside en que, con todo, no estamos viviendo. Queremos vivir un poquito más y así poder experimentar la vida que hemos estado esperando para el futuro, cuando en realidad, todos podemos vivirla hoy.

Todos conocemos a pacientes con cáncer, cuyo cáncer no es más que una molestia. Aunque a la larga mueran, ellos disfrutan la vida mientras estan vivos.

Si usted ama su vida y la vive en absoluta plenitud, entonces aunque se enferme de cáncer, tendrá lo que vivió mientras estuvo vivo. Eso es loable, más allá de que se cure o no.

Necesitamos además tratar las causas ambientales del cáncer: no solo la polución ambiental física, sino también la emocional. No creo que conozcamos el poder negativo que las emociones tienen en la formación del cáncer. Las emociones negativas que son guardadas, tales como falta de perdón, hostilidad, depresión, ansiedad, soledad y falta de amor que se sienten en todo el mundo, tienen un poder negativo.

El padre del Dr. Contreras ha sido pionero en la búsqueda de una cura para el cáncer. Sin embargo, tengo la certeza de que con el paso del tiempo, la magnitud de sus descubrimientos lo ha mantenido humilde. Quien atienda a los pacientes con otros métodos además del tratamiento médico sabe que hay nuevas ideas, terapias y curas del cáncer que constantemente se estan descubriendo en todo el mundo. Yo no sé si alguno de ellos está por resolver aunque sea el 50% del problema del cáncer. Cuando oigo decir a alguien: "Tengo una cura para el cáncer"...bueno, comienzo a pensar que está mintiendo.

Hemos hecho buenas cosas con la leucemia infantil y otros tipos de cáncer. Pero gastamos una enorme cantidad de dinero en investigación del cáncer y casi nada en la investigación del amor, sobre cómo devolver amor a nuestra sociedad. Yo no sé si podamos prevenir enfermedades, pero sí podemos al menos vivir mientras estamos viviendo.

Casi nadie vive. En mi opinión, menos del 90% de nuestra sociedad vive. Cuando digo "vive" me estoy refiriendo al que se acuesta y despierta lleno de entusiasmo por la vida y durante el curso de sus días disfruta del mundo espiritual, físico, de su comunidad, y al final del día dice: "Hoy he vivido."

Esto se aplica a la persona rica, pobre, con cáncer, sin cáncer, educada, no educada; y le concierne a todos, cualquiera sea su cultura, escoger el momento para decir, "Gracias, gracias Dios por nuestras vidas. Gracias por la música. Gracias papá y mamá, por la vida. Gracias, mi amigo".

—Patch Adams, Doctor en Medicina
Fundador del *GESUNDHEIT! Institute*

La historia del Dr. Adams fue documentada en el año 1998 en la película *Patch Adams*, protagonizada por Robin Williams. En ella se ilustra la vida de Patch y su lucha contra la concepción de la medicina convencional. Hoy, Patch viaja por los países desgarrados por la guerra para tratar pacientes, especialmente niños, con amor, medicina y risa.

Introducción

El cáncer ha sido más devastador que cualquier otra plaga, guerra o desastre natural. Para ponerlo en una perspectiva, aproximadamente cincuenta y séis mil soldados norteamericanos perecieron en la guerra de Vietnam, en un período que duró once años. Si la guerra hubiera continuado durante ciento diez años, el número proyectado de muertes habría llegado a los quinientos sesenta mil. Imagínese como se hubiera sentido la nación, si el gobierno hubiera continuado el envío de tropas a la guerra por más de un siglo.

Sin embargo, en Estados Unidos cerca de quinientos sesenta mil personas mueren de cáncer en solo un año, todos los años.[1] En el transcurso de un siglo, la proyección de muertes por el cáncer en ese país podría alcanzar los cincuentaiséis millones. Una tragedia.

Según la *American Cancer Society*, [Sociedad Norteamericana del Cáncer] el cáncer afectará a una de cada tres personas, y a uno de cada dos hombres.[2] Es casi imposible encontrar una familia que no haya sido afectada por esta enfermedad. El temor al cáncer es mucho más grande que el temor a cualquier otra enfermedad. Las enfermedades cardíacas y los accidentes de tránsito tienden a tomar la vida de uno en forma rápida y con un mínimo de sufrimiento. No sucede lo mismo con el cáncer, que puede conducir a una muerte penosamente lenta y cruel.

Al mismo tiempo, los pacientes temen a los diferentes tratamientos del cáncer. Después de algunas sesiones de quimioterapia, radiación o cirugía, muchos pacientes cuentan a sus doctores que preferirían afrontar los riesgos con la continuación del cáncer que sufrir los negativos efectos secundarios del tratamiento.

En todos estos temores y sufrimientos, una luz está brillando. Un mensaje de esperanza está surgiendo. El Dr. Francisco Contreras, un cirujano oncólogo (médico especializado en tratar el cáncer por medio de operaciones), ha estado ayudando a las personas a tomar control sobre el cáncer. Su misión es ayudar a la gente a mejorar la calidad de su vida física, mental y espiritual. El Dr. Contreras está cumpliendo su misión despejando las incógnitas de las víctimas del cáncer y clarificando las confusiones de aquellos que esperan prevenirse del cáncer.

El Dr. Francisco Contreras fue entrenado en los tratamientos convencionales del cáncer en la mundialmente reconocida *First University Hospital* en Viena, Austria. Luego de completar los estudios de su especialidad, regresó a México para trabajar con su padre, el Dr. Ernesto Contreras Rodríguez, en el Hospital Oasis de Esperanza. Entusiasmado por compartir con su padre los últimos avances en la terapia del cáncer, Francisco rápidamente descubrió que la sabiduría no viene de un libro de texto. Su padre, Ernesto había estado tratando pacientes desde el año 1939, como a unos setenta mil de ellos. Francisco encontró que aún en casos desesperantes en los cuales los pacientes no respondieron a la terapia convencional, su padre pudo ayudarlos a que mejoren. Eso hizo de Francisco un alumno dedicado de su padre.

El Dr. Ernesto Contreras Rodríguez, enseñó a Francisco que al tratar a un paciente, no debería enfocarse en la enfermedad, como enseñan las escuelas médicas tradicionales. En vez de eso, las prioridades se concentran en las necesidades y en la participación del paciente en el proceso del tratamiento. Cada persona posee cuerpo, alma y espíritu, y la enfermedad puede estar arraigada en una o en estas tres esferas. Ernesto enseñó a Francisco cómo diseñar terapias que ministran a la persona en su totalidad y proveen recursos necesarios para que el cuerpo se sane a sí mismo. El énfasis del tratamiento del Dr. Contreras recae en la calidad de vida del paciente (como se encuentra) y no solamente en la erradicación de la enfermedad a cualquier precio.

Una de las lecciones que Francisco aprendió tuvo que ver con un instrumento de diagnóstico denominado colonoscopio... su padre lo llamó a su oficina un día y le preguntó, "Hijo, he notado que has estado ordenando una colonoscopía prácticamente a cada paciente. ¿De qué se trata eso?"

Francisco respondió en forma entusiasta, "Tenemos este nuevo instrumento, una cámara en miniatura que puede ser insertada en el paciente y así poder ver todo el colon desde adentro. Es simplemente maravilloso."

"¿Te has hecho alguna vez una colonoscopía?"

"No."

Ernesto tomó su recetario médico y ordenó una colonoscopía para Francisco. Desde que Francisco tuvo esa experiencia personal y tan de cerca con una colonoscopía, muy pocos han sido los pacientes en el Hospital Oasis de Esperanza que se les ha prescrito una colonoscopía.

Este es un excelente ejemplo de la filosofía del tratamiento del Dr. Contreras, la cual se fundamenta en dos conceptos fundamentales:

1. No dañar al paciente; ofrecer solamente terapias que puedan ayudar al paciente sin sacrificar su calidad de vida.
2. Recomendar solamente una terapia que podría tomar uno mismo si padeciera la enfermedad;

pero si no va a ayudar a mejorar la condición del paciente, ¿por qué ordenar el tratamiento?

El Dr. Francisco Contreras ha estado dirigiendo el Hospital Oasis de Esperanza, un centro oncológico de prestigio, por más de quince años. El Hospital Oasis de Esperanza ha sido un imán, atrayendo las más avanzadas terapias convencionales y alternativas de todo el mundo. A través de su hospital y organización de investigación clínica, el Dr. Contreras ha identificado terapias que son efectivas y compasivas, y ha dedicado su vida a compartir sus conocimientos con pacientes y otros doctores. Su experiencia de tratar a miles de pacientes y la búsqueda de cientos de terapias para el cáncer le han revelado que la mayor cura para el cáncer es la prevención.

A través de los medios masivos, el Dr. Francisco Contreras ha subido al escenario para llegar a la gente con información importante sobre cómo adoptar un estilo de vida de bajo riesgo. Aunque no ofrece la "bala de plata", ni promete ninguna cura o inmunidad al cáncer, imparte información, y ese conocimiento es poder. A través de su sitio en Internet (www.franciscocontreras.com), su revista *Health Ambassador* [El Embajador de la Salud] y entrevistas televisivas y radiales, el Dr. Contreras difunde la sabiduría de la prevención y tratamiento con todos los que desean dominar el cáncer. Constantemente viaja, hablando en conferencias acerca del cáncer, pues cree que a través de una apropiada educación, los índices de incidencia y mortalidad del cáncer pueden disminuir.

En 1999 viajó a Australia, Nueva Zelanda, China, Japón, Canadá, Estados Unidos, México, Paraguay, Jamaica, Sudáfrica, Kenia, Austria y Rusia. Verdaderamente viaja hasta los extremos de la tierra para transmitir su conocimiento y experiencia que ha adquirido en su práctica médica.

El Dr. Francisco Contreras está ahora llegando a usted para mostrarle cómo ganar la victoria sobre el cáncer. Este libro, que ha marcado un hito, le da a usted un amplio panorama de lo que es el cáncer, la ruina que ha causado, los logros y fallas de los tratamientos e investigaciones del cáncer y una mirada profunda sobre las modalidades de tratamientos convencionales y alternativos. Usted aprenderá no solo qué factores conducen al cáncer, sino también las cosas prácticas que puede hacer para prevenir que el cáncer lo afecte a usted o a algún ser querido. Mediante la redefinición de salud, enfermedad y victoria sobre el cáncer, el Dr. Contreras lo guiará en un viaje espiritual donde aprenderá a valorar quién es usted y lo que es verdaderamente importante en su vida.

Las primeras personas que leyeron este libro me llamaron para hacerme saber cuánto les ayudó a ellos a vencer sus temores sobre el cáncer. El Dr. Francisco Contreras le ayudará a poner al cáncer en el lugar que le corresponde. Si usted tiene cáncer, o como tantos otros, desea prevenirlo, entonces este libro será uno de los más importantes que jamás haya leído.

He tenido la oportunidad única de trabajar con el Dr. Contreras y con su padre, el Dr. Ernesto Contreras Rodríguez, durante más de seis años. Los conozco a nivel profesional y personal, Ernesto es mi abuelo y Francisco es mi tío. Ha sido un privilegio para mi ser parte de su misión de frenar el sufrimiento mediante la educación y terapias compasivas.

Yo fui testigo cuando el Dr. Francisco Contreras aceptó amablemente el ofrecimiento de su padre para tomar el liderazgo de esta misión, y es un honor trabajar al lado de Francisco, un hombre de integridad, compromiso y compasión. Él ha vertido su corazón, mente y alma en este libro con la esperanza de ayudar a cada lector a vivir la más alta calidad de vida humanamente posible. Espero que sea bendecido con este libro tanto como lo fui yo.

—DANIEL E. KENNEDY
VICE PRESIDENTE EJECUTIVO DEL HOSPITAL OASIS DE ESPERANZA
FUNDADOR Y PRESIDENTE DE *WORLDWIDE CANCER PRAYER DAY*

Sección I

El poder de la esperanza

1

¿Hay esperanzas de vivir sin cáncer?

Sentada en una lujosa sala de espera, Laura Red registró las expresiones de aquellas personas que estaban a su alrededor que también esperaban ser atendidas. Desesperación y dolor llenaban cada rostro. Estremecida por el pánico, se le hizo un nudo en la garganta. Quiso gritar en alta voz: ¡Yo no pertenezco a este lugar, no soy una de ustedes!

Nerviosa en su silla, repasó una y otra vez los síntomas de las últimas semanas como si el resultado pudiera ser diferente. Primero había sido el dolor de estómago, luego la primera visita al médico. Entonces vino la siguiente evaluación y las series de procedimientos médicos. Una cantidad de nombres de síndromes y enfermedades habían sido sugeridos: infección viral, síndrome de fatiga crónica, colitis, envenenamiento por alimentos. Pero los doctores no podían decidirse por una de ellas.

En su desesperación, Laura se sugirió a sí misma tener cáncer, pero un especialista le aseguró que ella no tenía "eso". El tiempo transcurrió, y sin embargo la esperanza de una determinación por parte de los médicos se desvaneció, al tiempo que más y más caras serias la examinaban. Una de aquellas caras, ya no podía recordar cuál de entre los incontables especialistas, había sugerido una visita a este renombrado oncólogo, o especialista del cáncer. Convencida de que esto era solo un paso más en el proceso de eliminación, se sometió a más exámenes. Ahora estaba sentada ella en la sala de espera, un cuarto cercado por paredes, esperando oir los resultados.

Mientras miraba de un paciente con cáncer a otro, el horror llenó su mente. Parecía estar sentada en medio de los prisioneros del campo de concentración Nazi que había visto en las películas.

Justo a la mañana los titulares decían: "Epidemia de cáncer en América." ¿Estaba ella por ser un nuevo miembro de este infortunado grupo? ¡No es posible! Laura estaba en la primavera de la vida, veintinueve años, casada (¡feliz!) con cuatro hijos maravillosos: su hija mayor, sus hijos varones gemelos, y después otra hija completaban su familia. ¡Esto no puede estar ocurriendo! Seguramente se despertaría de esa pesadilla. Hoy en este mismo consultorio, su historia tendría un final feliz.

Aun si es cáncer, admitió para sí, debe estar en una etapa muy temprana. Los síntomas no son tan malos. Ella sería una paciente disciplinada, una para probar que las estadísticas se equivocan.

"Laura Red, pase por favor."

La voz de la enfermera la sacó de sus pensamientos. Después de una seca introducción, el médico irrumpió en una seria declaración de su condición, sin levantar la mirada de sus anotaciones. "El cáncer en su páncreas ya se ha esparcido al hígado..."

Laura sintió como si toda la sangre se le drenaba del rostro, del cuello, de los brazos. Consternada, se agarró de su silla para sostenerse. Las palabras del médico caían como en cámara lenta. Ella luchó para enfocarse sobre lo que él le estaba diciendo.

"...tres o cuatro meses de vida. No hay tiempo que

perder. Si comienza el programa integral de quimioterapia inmediatamente, podría vivir de seis a doce meses. Ya he heho los arreglos para que en dos días se le haga una biopsia de sonda guiada por tomografía computarizada para determinar el tipo de cáncer."

Ella solo podía oír a la distancia las palabras del médico. Detalles de vómitos, dolor, pérdida de cabello y otros pavorosos síntomas resonaban en alguna parte del consultorio.

Laura no podía recordar haber dejado la oficina del médico, ni haber conducido hasta su casa. Pero cuando su esposo, Joe, llegó del trabajo a casa, ella pensó que tendría la entereza para hablarle comprensiblemente. En vez de eso ella simplemente se derrumbó en sus brazos y lloró.

Dos días después, Laura se armó de valor. Haría lo que fuera necesario. Quería vivir.

UNA EPIDEMIA IMPLACABLE

Laura no está sola. Cada veinticuatro segundos de cada minuto de cada hora de cada día, alguien como Laura en los Estados Unidos es confrontada con el diagnóstico de cáncer. Según la *American Cancer Society,* [Sociedad Norteamericana del Cáncer] se estimó que habría 1.2 nuevos cánceres en el 1999.[1] Todos los días millones alrededor del mundo enfrentan malignidades que amenazan sus vidas y el bienestar de sus familias.

De una forma u otra, casi todos somos afectados por el cáncer. Mientras entramos al nuevo milenio, se espera que el 50% de los hombres y el 30% de las mujeres en los Estados Unidos, en algún momento de sus vidas, tengan algún tipo de cáncer. El cáncer es la segunda causa de muerte, superada solamente por las enfermedades cardíacas. En los Estados Unidos, una de cada cuatro muertes se debe al cáncer.[2]

LA ADVERTENCIA DE UN VETERANO

Laura conocía las estadísticas, pero ella las había considerado remotas, no importantes, algo para que otra gente se preocupe. Ahora los números eran terriblemente reales. Ella se tranquilizó y decidió que no iba a permitir que este enemigo tomara control de ella. Seguramente en esta época científica de avanzada tecnología podría conquistarlo todo. Ella determinó declararle la guerra a este cáncer con el poder de las terapias más avanzadas del mundo y con la fuerza de su actitud positiva.

Cuando ella volvió al oncólogo en una segunda visita, Laura se escondió en un libro, rehusando a darse por enterada de sus enjutos compañeros. El pensamiento de llegar a ser como uno de ellos era demasiado espantoso. Todos ellos podían morir, pero ella viviría, Laura lo vencería.

Pero una de las víctimas del campo de concentración, de quien estaba haciendo caso omiso, le estaba clavando los ojos con una mirada penetrante de la cual no podía librarse. Abruptamente, se presentó a sí mismo como Roberto y preguntó, "¿Cuál es su diagnóstico?"

Extraña pregunta, pensó. Todos los demás que saben de mi cáncer han dicho que soy la imagen de la salud. "¿Cómo supo que tenía cáncer?", ella replicó.

"¿Hay algunas otras razones para ver a un oncólogo?" su contestación le atravesó el corazón.

"Bueno, estoy aquí para ser curada de cáncer en el páncreas, no queda otra salida al respecto." Laura estudió a su inquisidor. Él era delgado y pálido, nada diferente al resto de la gente allí. La camisa le quedaba holgada, el único indicio de lo que había sido una bien formada y musculosa figura. Laura moderada y educadamente le preguntó por su bienestar, aunque era obvio que estaba extremadamente enfermo. Roberto contestó con una lluvia inesperada de advertencias.

"No permita que ellos la engañen," aconsejó el veterano.

"Los doctores dijeron que mi cáncer no era agresivo y que tenía una muy buena posibilidad de ser curado porque ellos 'lo descubrieron temprano.'

"Obedecí al pie de la letra. Me sometí a sus programas científicamente probados, y a una cirugía radical e incapacitante, y salió todo bien. Luego, antes que pudiera recuperarme, el oncólogo recomendó radiación para matar cualquier célula maligna que hubiera 'quedado.'

"Después de la radiación estaba considerado en 'remisión', que es lo más cercano antes de que ellos digan 'sin cáncer.' No obstante, aún me propusieron continuar recibiendo quimioterapia como medida preventiva para aumentar las posibilidades de curarme. No era consciente de cuán devastador sería. Probablemente hayan destruido cualquier vestigio de células cancerígenas en mi cuerpo, pero casi me mataron en el proceso. Soporté seis meses de tortura. Vomité tanto que tuve que ser hospitalizado. Mi cabello lo perdí. No quise comer, ni aun vivir. La quimioterapia fue peor que el cáncer. Pero lo aguanté porque iba a hacerme bien. Y porque iba a recuperarme. Y me recuperé.

"Me dieron cita para venir al seguimiento una vez por mes por tres meses, luego las visitas serían solamente cada tres meses. ¡Había vencido al cáncer!"

Laura había estado escuchando cortésmente las divagaciones de Roberto, tratando de no hacer caso de los detalles desagradables. Pero esa última declaración acerca de vencer al cáncer captó su atención. "Si usted ha vencido al cáncer, entonces que está haciendo aún..." ella comenzó, pero Roberto interrumpió para simplemente continuar con su relato.

"Un año después de mi diagnóstico, nueve meses después de la quimioterapia preventiva, yo estaba finalmente sintiéndome bien otra vez. Mi cabello había vuelto a crecer, y sin las canas! El especialista dijo que si todo continuaba bien, mi próxima visita podría ser aplazada para dentro de un año.

"Celebré con mi familia y agradecí a Dios, a todos y a todo lo que pude. El verano recién había comenzado, y planeé disfrutar mi segunda oportunidad de vivir.

"Entonces recibí el llamado fatal de la enfermera. Aparentemente algo estaba mal con uno de mis análisis de sangre. El indicador de la presencia de tumor era elevado. Ella me tranquilizó diciéndome que probablemente se trataba de un error, pero que necesitaban que fuera para repetir el examen para asegurarse.

"El nuevo examen reveló que el indicador era aún más alto que antes. El médico quiso un nuevo examen de tomografía computarizada. Yo le recordé que tres meses atrás todos los exámenes que se me habían practicado dieron resultados negativos. Pero él dijo que de todas maneras quería hacer pruebas adicionales.

"Resultó ser que los elevados antígenos, ese es el marcador del tumor...", Roberto hizo una pausa por un segundo y añadió compasivamente, "Ya aprenderá todos esos términos en muy poco tiempo." Entonces retornó con su relato. "El marcador del tumor estaba en mi hígado. Tres manchas fueron encontradas la más pequeña era del tamaño de un guisante, y la más grande del tamaño de una canica grande.

"No estaba preparado para nada de esto. Los doctores no habían desperdiciado el tiempo en decirme que tenía que empezar la quimioterapia inmediatamente, o de lo contrario, ¡no celebraría la Navidad! Pero yo ya había pasado por la quimioterapia, y no quería más de eso. Así que le hablé a mi médico acerca de cuáles serían mis posibilidades si no hacía nada."

Laura era todo oídos, esperando escuchar cómo respondió el médico.

"Mi médico dijo que estaría jugándome la vida, que debería pensar en mi familia y al menos hacer lo que pudiera para resistirlo. Entonces de mala gana acordé tomar más quimioterapia.

Después de la quimioterapia, un nuevo examen de

tomografía computarizada reveló que no solo los tumores habían crecido considerablemente, sino que también nuevas metástasis habían aparecido a pesar de la quimioterapia. Puesto que la quimioteapia había fallado, nada más quedaba por hacer. El médico me dijo que pusiera mis cosas en orden y que disfrutara el tiempo que me quedaba.

"Dos sesiones de quimioterapia y otra de radiación bastaron para estropear mi calidad de vida. Mi tumor parece crecer día a día y con él el dolor. Estoy deprimido, y estoy seguro que puedes ver que estoy frustrado y enojado. Cada vez que miro a mi esposa, siento tanta tristeza, entonces me asusto, y luego me enfurezco. Necesito cada vez más morfina para resistir el dolor. Vivo entre mi clamor por la vida y el deseo de mi cuerpo de morir."

Roberto hizo una pausa y reflexionó por un momento. "Las reglas del cáncer. Usted puede hacerlo caer, pero nunca dejarlo fuera de combate. Es en vano ser optimista, es tirar el tiempo y el dinero de la familia a la basura. Como me imaginé desde el comienzo, no hay ninguna esperanza."

Luego Roberto abruptamente se dio media vuelta. Obviamente la conversación había terminado. Laura había quedado allí, inmersa en un río de dolor, herida y enojada por lo que había escuchado, y de saber que muy pronto a ella le podría ocurrir lo mismo.

Sí, ¡NO TENEMOS MÁS BANANAS!

Como médico y Presidente Ejecutivo, ocasionalmente asisto a seminarios para aprender cosas que pudieran mejorar el funcionamiento de nuestro hospital. En un reciente seminario empresarial sobre calidad, estaba prestando atención a un hombre que era un experto en técnicas usadas para hacer sentir a gusto a los clientes cuando la naturaleza del negocio tiene deficiencias obvias.

Bueno, la naturaleza de mi profesión definitivamente tiene deficiencias: ¡No todos se sanan!

Este experto dijo que, "En una sociedad que demanda tanto confort, donde el cliente siempre tiene la razón, usted nunca debe dar una perspectiva negativa a un posible cliente para no provocar su desagrado y rechazo." En lugar de eso, él sugirió tratar el problema de frente en una manera proactiva y positiva. Hasta ese momento estaba de acuerdo. Luego presentó su supuesta "respuesta positiva" a un problema, que estaba diciendo, "Sí, no tenemos más bananas!" Tengo que admitir, que el optimismo en mi fue profundamente impactado por la sencillez, y la necedad, de este concepto.

Por muchas décadas, oncólogos y pacientes por igual han estado esperando esa cura del cáncer que está a la vuelta de la esquina, prometida desde el comienzo del siglo, pero aún más seriamente desde que se declaró la guerra oficial contra el cáncer por los años setenta. Aún en el final del siglo más progresista de la historia, la sociedad sigue esperando. Aun los más fervientes sostenedores de estos esfuerzos científicos se están preguntando si ha valido la pena la investigación. La respuesta de las más altas autoridades del cáncer sigue siendo, "Sí, no tenemos más bananas!" Suena positivo, y la primera palabra que oímos es "¡Sí!" Pero el resultado final sigue siendo "no tenemos más bananas."

UN ENEMIGO MALÉVOLO

El cáncer se origina con mutaciones genéticas que son causadas por errores en el proceso de la reproducción celular o por la acción de agresores externos tales como químicos. Estas células mutantes son similares a las células embriónicas de rápido crecimiento. La diferencia es que las células cancerígenas no maduran. En vez de crecer solamente hasta llegar a la madurez o "adultez", ellas continúan creciendo. No tienen una determinada estructura, ni cumplen funciones específicas.

Este incontrolable crecimiento finalmente invade los tejidos de alrededor, y en la mayoría de los casos, envía racimos de células desde el tumor principal a otras partes del cuerpo a través de los sistemas linfático y circulatorio (una expansión del cáncer se llama "metástasis"). Entonces el cáncer crea una relación parasitaria con el organismo. Para sobrevivir, consume al huésped y a la larga lo mata. Cuando uno tiene cáncer, su cuerpo viene a ser el huésped de esas parasitarias y destructivas células cancerígenas.

Ahora bien, ¿por qué el cáncer ha frustrado las distintas técnicas científicas diseñadas para su destrucción? El hombre ha resuelto efectivamente obstáculos increíbles en la industria de la computación, electrónica, física, matemática y microbiología. Hasta hemos enviado hombres a la luna y los hemos traído de vuelta. ¿Por qué la ciencia no puede resolver el misterio del cáncer?

Creo que una razón es que el cáncer tiene la particularidad de adaptarse a las condiciones más inhóspitas y seguir sobreviviendo, creciendo y diseminándose. Además, el cáncer tiene muchas causas. Pero hablaremos más de eso en la próxima sección.

Este formidable enemigo se ha burlado de las mentes más brillantes y capaces que existen en el mundo con su habilidad de eludir los patrones de la predicción. El cáncer no tiene ninguna honra; pelea sucio, despreciando las reglas de los métodos científicos.

Los pacientes con cáncer como Laura, Roberto y millones más enfrentan esta sucia pelea en sus luchas diarias contra este monstruo, que no respeta edad, sexo, cultura, religión ni situación social.

Roberto murió tranquilo unas pocas semanas antes de que Laura decidiera buscar mi ayuda y tratamiento en el Hospital Oasis de Esperanza. Él había hecho todos sus arreglos, aun las medias que usó en su ataúd. (Quería que combinaran con su corbata favorita y con el revestimiento del ataúd.)

Laura vio el anuncio de su muerte en la sección necrológica, recordando lo último que le había dicho en una oportunidad en el vestíbulo del edificio médico. "Este es mi destino," había dicho. "Todas las oraciones en el mundo no cambiarían nada. Créeme, ya pasé por eso. ¿Y qué sucedió? Mi tumor es más grande cada vez que me examino.

"Lo mejor que se puede hacer es poner todos los asuntos en orden, seguro de vida, hipoteca, préstamos y el funeral. Al menos desde que no recibo quimioterapia, me siento bastante bien para hacer todo eso."

Las palabras de Roberto le preocuparon por días. La tristeza por Roberto y su familia se apoderó de su mente. Pero más que eso, su muerte resaltaba el temor y la duda sobre qué curso de acción debería tomar.

UNA ELECCIÓN ALTERNATIVA

Recuerdo el día cuando una vivaracha y traviesa niña de cuatro años entró corriendo en mi oficina, tocando todo. Afortunadamente, su madre Laura Red, la distrajo con un libro para colorear. Laura y su esposo, Joe, relataron su historia, esperando que pudiera ayudarles.

Habían pasado unos pocos meses desde su primer encuentro con el cáncer, y el manto de tristeza que la rodeaba era casi tangible. Todavía se podía apreciar vestigios de su belleza en su porte. Un turbante cubría su calvicie, y su excesivo maquillaje intentaba cubrir sus huecas mejillas. Se movía pausadamente, como una mujer de edad avanzada, y su frente arrugada delataba su constante dolor.

"Si hubiera escuchado a Roberto," dijo ella con pesar, "No hubiera optado por los tratamientos agresivos que devastaron mi calidad de vida y me dejaron sin esperanzas. No quiero morir, pero debo admitir que este monstruo es más grande que la ciencia y la tecnología. Mis fuerzas para luchar sucumben ante su poder."

Laura era una mujer con educación, que siempre había creído, sin saberlo, en las capacidades de los avances modernos para superar los problemas. Estudió todo lo que pudo acerca de su enemigo, y ahora ella estaba sobrecargada con información. Parte de esa información era fácil de comprender; otra era confusa y hasta contradictoria. Y no hallaba en ella, la respuesta que esperaba encontrar.

Los avances que se han logrado con más quimioterapia y radiación han sido escasos. Lo más que ellas podrían ofrecer eran unas pocas semanas más de vida con mucho menos calidad de vida. De manera que Laura tomó la firme decisión de optar por una terapia alternativa. Cambió su dieta, su actitud, y aun sus creencias.

Según el cáncer de Laura progresaba, descubría que su fe en la ciencia la había defraudado. "Las situaciones de vida o muerte requieren toda la ayuda que puedas encontrar", reflexionó. "Suena curioso, y sin sentido, tener que dejar al azar la posibilidad de recibir ayuda. Dejando de lado todas mis reserva con respecto a Dios, esto solo hace que tenga más sentido clamar a Él por ayuda. Oraré todo lo que sea necesario hasta recibir un milagro. ¿Qué puedo perder?"

Aunque ella no quería dejar a sus niños pequeños huérfanos, Laura también me confesó (con vergüenza) que estaba verdaderamente aterrada de la muerte, así que estaba llevando a cabo esta batalla también por sí misma.

Entendí su angustia moral. "Es imposible vivir la vida sin algo de egoísmo," le dije tranquilizándola. "Recuerde, la tripulación de las aerolíneas le dicen siempre que, ante un eventual contratiempo, debería ponerse su propia máscara de oxígeno primero, y luego atender a sus niños. Esto no es egoísmo; es solo usar el sentido común. Si usted está saludable, podrá ayudar mejor a su esposo e hijos."

De todos modos ella se preguntaba acerca de esta lucha, la inversión, angustia, las veces lejos de sus hijos. El costo financiero de este monstruo había casi agotado el fondo reservado para los estudios terciarios de los niños. ¿Valía realmente la pena todo este trabajo, dolor y sacrificio? O después de todo, ¿tenía Roberto la razón?

LA ESPERANZA DE VIVIR SIN CÁNCER

Las estadísticas parecen estar abrumadoramente en contra de las personas con cáncer. Solamente en los Estados Unidos muere un paciente de cáncer por minuto, lo que significa que casi 560,000 van a morir este año en ese país, que es el más avanzado del mundo tecnológicamente.[3] Millones sucumben ante el cáncer anualmente en todo el mundo. Paradójicamente, pareciera que cuanto más sabemos del cáncer, más gente muere víctima de él.

¿Hay realmente esperanzas de vivir libre del cáncer hoy en día? ¿Hay esperanzas de evitar que el cáncer arruine a tantos? ¿Hay esperanzas para aquellos que ya han caído en sus devastadoras garras?

Sí, yo creo que podemos librarnos del cáncer, no es una tontería, ni simple retórica optimista lo que estoy diciendo. Hay verdadera esperanza de vivir libre del cáncer. Yo he encontrado que podemos caer víctimas del cáncer, o podemos levantarnos vencedores sobre él. ¡Y en la mayoría de los casos, es una cuestión de elección!

Permítame presentarle a través de este libro un arsenal de estrategias de avanzada que le ayudarán a liberarse de las garras del cáncer. Prevenir el cáncer, antes de enfermarse, es la forma más efectiva de vivir sin él. Pero cuando la prevención, deja de ser una opción, nunca es demasiado tarde para contrarrestarlo o aun vencerlo.

Déjeme compartirle mis experiencias con estrategias de avanzada efectivas, tanto las convencionales como las no convencionales. Estas terapias no solamente combaten los tumores; también estan dirigidas al cuerpo, alma y espíritu, y ellas proveen recursos físicos, emocionales y espirituales para ayudar a las personas a triunfar en esta batalla de vida o muerte, tal como Laura lo hizo.

La nueva vida de Laura

Laura comenzó la terapia alternativa. Pasaron semanas, meses y años. Al escribir este libro, han pasado nueve años desde que le pronosticaron a Laura cáncer por primera vez. Ella ha estado desde entonces disfrutando una vida plena con sus hijos, y lo más probable es que disfrutará las bodas de sus nietos.

Hace un año atrás ella decidió visitar a los oncólogos que le habían "profetizado" su muerte. Quería compartirles sus buenas noticias. Como puede imaginarse, estaban sorprendidos de poder verla. El equipo médico revisó su caso y pidieron una serie de exámenes, ninguno de los cuales mostró cáncer. Laura estaba contentísima, y amablemente compartió con ellos su experiencia con las terapias alternativas. También dio gracias a Dios por su milagro.

"Quizá deban considerar estos tipos de tratamientos," sugirió al oncólogo.

"Laura," dijo él, "Lo siento, pero no existe ningún tratamiento sobre la tierra que pueda curar el cáncer avanzado del páncreas."

"Entonces, ¿qué sucedió conmigo?"

"Bueno," comenzó el médico, "No resultaría extraño cometer errores de diagnóstico. Creemos que nuestro patólogo se equivocó al diagnosticarla. Lo más probable es que usted tenía pancreatitis crónica, y que luego evolucionó favorablemente. Los 'tumores' que tenía deben haber sido una inflamación de los tejidos, y la dilatación de los nudos linfáticos favorecieron a controlar la infección que probablemente tenía. Esta es la más convincente explicación a lo que usted llama 'milagro.' "

Laura estaba impactada. "¿Está usted queriéndome decir que nunca tuve cáncer, y que me prescribió tratamientos de radiación y quimioterapia, que amenazaron mi vida, y que jamás los necesité?"

"La medicina no es perfecta. Se cometen errores," replicó el médico terminantemente.

Laura estaba comprensiblemente molesta, a causa de que el médico rechazó su experiencia y sanidad. Inmediatamente me llamó, confundida y enojada.

Yo escuché comprensivamente. Por supuesto, no era la primera vez que había escuchado tal historia. En el transcurso de la vida, he desarrollado un trágico sentido del humor por la ceguera que encuentro en mis propios colegas. Así que, consolé a Laura con esta historia:

Un agnóstico trató de disuadir a un creyente de la Biblia diciendo,

> "El 'milagro' del Mar Rojo es una farsa. En el tiempo de Moisés, el Mar Rojo tenía, como mucho, un par de pies de profundidad!"
>
> "Wow," replicó el creyente, "entonces hubo más de un milagro, y fue aún más grande de lo que pensé!"
>
> "¿Qué quiéres decir?", preguntó el agnóstico perplejo.
>
> "Bueno, no solamente Dios dividió el Mar Rojo, sino que todos aquellos egipcios se ahogaron ¡con tan poca agua!"

Laura comenzó a reírse.

"Laura, permítame decirle que no es tan fácil cometer un error de diagnóstico como ellos le han dicho," le aseguré. "Una pancreatitis crónica nunca, repito, nunca produce una metástasis en el hígado, y esa metástasis se podía ver claramente en su tomografía computarizada. "Pero," añadí, "aun reconociendo esa posibilidad, quiere decir que Dios la curó de pancreatitis crónica, lo cual aún, sigue siendo un gran milagro!"

Hoy Laura tiene treinta y ocho años y está libre del cáncer. Descubramos cómo fue posible que sucediera.

2

Estrategias de avanzada

¿Cómo alcanzó Laura Red su milagrosa recuperación? Ella trabajó arduamente para prepararse para ello, usando cada recurso que tuvo a su alcance.

Los éxitos siempre dependen de los recursos. Alguna gente logra el éxito por sus recursos financieros, otros por su inteligencia, otros por su fuerzas físicas. Las personas más equilibradas en estas tres áreas, tienen las mejores oportunidades para alcanzar el éxito.

Durante una entrevista hace algunos años, Bárbara Walters le preguntó a John F. Kennedy (hijo), si se sentía presionado a ser exitoso a causa de su apellido. Él pudo haber respondido con un simple sí o no, pero no lo hizo. En lugar de eso, dijo algo asi como, "Debemos aprovechar todos los recursos que nos han sido dados." La profundidad de su respuesta me impactó. Él escogió reconocer que tenía la responsabilidad de ser un buen administrador de los recursos que se le habían dado. Ni más, ni menos.

Los países del primer mundo han alcanzado un gran nivel de confort utilizando sus recursos. Pero aquellos recursos han sido también explotados a veces y han dañado el medio ambiente.

Aunque como nación, nosotros los mexicanos no hemos aprovechado todos nuestros recursos, tenemos un sentido de 'abundancia' lo que hace que la sensatez y la felicidad sea una prioridad por sobre los logros y el materialismo. Yo creo que todos nosotros necesitamos un equilibrio para nuestro bienestar físico, emocional y espiritual, tanto a nivel personal y comunal.

Los pacientes necesitan información

Años de práctica y miles de entrevistas me han llevado a ser sensible con las necesidades individuales de los pacientes. Algunos pueden necesitar ser mimados, otros firmeza para ayudarles a que cumplan sus programas de tratamiento. Pero todos los pacientes quieren que les explique el curso del tratamiento. Todos ellos quieren entender las acciones y reacciones de la medicación; también quieren saber por qué y para qué es esto o aquello; quieren una aclaración de su pronóstico. Sin importar su personalidad, cultura o preparación académica, todos quieren información, información y más información.

Los doctores son por lo general "desafiados a comunicar." Estoy seguro de que esto no es nada nuevo para usted. Nosotros los doctores dedicamos muy poco tiempo a nuestros pacientes, y si hablamos con ellos, o mejor dicho, hablamos acerca de ellos, lo hacemos en un idioma extraño. Esto causa que el paciente se sienta disminuido y con temor. Un paciente así, asiste a los programas de terapia en completa ignorancia, y de ese modo, llega a ser un miembro inútil del equipo en el proceso de la cura de su enfermedad. Yo creo que cuánto más informado el individuo esté, mejor cooperará con el tratamiento y responderá al mismo.

Con frecuencia individuos rechazan terapias al no estar convencidos de que era lo mejor para ellos. He aprendido a respetar el derecho de una persona a tomar decisiones tales como estas en tanto esté seguro de que ellos tienen la suficiente capacidad para hacerse responsables. Animo a los pacientes a hacer preguntas y a que sean activos participantes, tanto en el consultorio como en la habitación del hospital. Una persona instruida es el mejor aliado en la conquista de la cura.

Tratar al paciente, y no al cáncer

Mientras exploramos en este libro, la lucha contra el cáncer esta siendo intensamente llevada a cabo en los más prestigiosos centros de investigación y universidades de los países más ricos del mundo. Si todo ese talento, dinero y tecnología aún no han resuelto el misterio del cáncer, es evidente que algo no estamos haciendo bien.

Estamos buscando en la dirección equivocada.

Los tratamientos convencionales contra el cáncer se centralizan en destruir el tumor. Al principio, esto pareció ser el camino obvio a seguir. Pero casi cien años de tratamientos han demostrado lo contrario. Si bien las cirugías, radiaciones o agentes químicos disuelven tumores con algo de efectividad, no han contribuido a disminuir los índices de muertes por el cáncer en ninguna parte del mundo, ¿no deberíamos entonces intentar alguna otra cosa?

Por mi parte, me rehúso a tratar a los tumores cancerígenos; en lugar de ello, prefiero tratar a individuos. Este cliché es tan viejo como la medicina, pero rara vez se toma en cuenta. Puesto que el cáncer, o cualquier otra enfermedad, es una falla del cuerpo para mantener apropiadamente sus funciones debido a un pobre manejo, pérdida o falta de recursos, mi misión es proveerle a mis pacientes los recursos necesarios para que se sanen a ellos mismos.

Recursos para una salud completa

Cada criatura tiene la capacidad de regenerarse a sí misma a nivel celular, lo cual es la causa de que la creación no tenga ninguna pieza de repuesto colgada a su alrededor. Esto se aplica a los seres humanos también, y pienso que no es casualidad. El hígado reemplaza sus células en un cien por ciento casi cada tres meses. Algunos glóbulos de la sangre se reproducen cada ocho minutos. Nuestro cuerpo constantemente reproduce células para reemplazar a las que han muerto.

Para que los pacientes se compongan a sí mismos, se les debe proporcionar recursos dirigidos a la persona en su totalidad, cuerpo, mente y espíritu. Los pacientes a quienes les acontece lo mejor son aquellos que han sido capaces de almacenar recursos.

Si bien soy especialista en cáncer y he adquirido conocimientos en este campo, me siento abrumado por la complejidad del cáncer. En mis esfuerzos por ayudar realmente a la gente, he encontrado que hay muchas más formas de lograr el éxito para ayudar a mis pacientes que las típicas intervenciones: los guío a ellos a identificar qué recursos necesitan su cuerpo, mente y espíritu, para recuperarse y conservarse totalmente saludables. Esta es una lista de algunos de esos recursos:

Físicos	Mentales/Emocionales	Espirituales
• Alimenticios	• Relaciones familiares	• Relación con Dios
• Farmacéuticos	• Amigos	• Oración
• Vitaminas/ minerales	• Consejeros	• Fe
• Ambiente de vida saludable	• Meditación	• Promesas bíblicas de sanidad
• Ejercicios	• Manejo del estrés	• Confesión
• Conocimiento	• Conocimiento	• Conocimiento
• Sabiduría	• Sabiduría	• Sabiduría

Tomemos una breve mirada a algunos de estos recursos, comenzando con los tangibles. Dicho sea de paso, no será lo último que escuche al respecto. No solamente son críticos para la intervención, sino también para la prevención, ¡la cual es la mejor cura!

La mayoría de las enfermedades modernas, a excepción de las hereditarias, son el producto de nuestra conducta y de la calidad de nuestro medio ambiente. Las causas más comunes de muerte son las afecciones cardiovasculares, cáncer, diabetes, obesidad, infecciones y accidentes. Los factores determinantes de las mismas son cosas que podemos controlar, como fumar, alcoholismo, malos hábitos de alimentación y condiciones de trabajo insalubres. En otras palabras, podemos proveernos de mejores recursos.

Una dieta saludable

En los Estados Unidos, un alto porcentaje de fatalidades (ataques cardíacos, cáncer, alteraciones cerebrovasculares, diabetes y obesidad) están directamente relacionadas con el estilo de vida.[1] Hipócrates dijo, "Que tu alimento sea tu medicina y tu medicina tu alimento." Desafortunadamente, hemos adquirido el terrible hábito de comer las convenientes, pero no saludables comidas rápidas.

En 1994 se reportó que el 25% de la población de México estaba desnutrida mientras el 70% era obesa.[2] Estas estadísticas parecen contradictorias, pero ambas reflejan la mala alimentación. A causa de ello, los trastornos que han sido erradicados en otros países, tales como los problemas esqueletales y cardiovasculares, se estaban incrementando en México.

Las compañias de seguro cobran sumas adicionales directamente proporcionales al peso de sus clientes. En otras palabras, cobran más por obesidad, simplemente porque las personas obesas tienen mayores riesgos de morir de ataques cardíacos, cáncer, embolia cerebral y diabetes.

Todos necesitamos una buena alimentación para

mantenernos saludables. Cuando comemos bien, estamos más saludables, en nuestros cuerpos y en nuestras mentes. Un reciente estudio llevado a cabo en el estado de Nueva York lo ha demostrado. La administración de escuelas públicas en Nueva York, en conjunto con el gobierno estatal, eliminaron las comidas ofrecidas en la cafeterías de las escuelas que contenían aditivos artificiales colorantes y saborizantes, entre otros tipos de aditivos y conservadores. También redujeron significativamente los productos que contenían azúcar y harinas.

El estudio reveló que un millón de estudiantes en 803 escuelas públicas de Nueva York elevaron sus calificaciones en un promedio del 39 al 54.9% durante el período del estudio.[3] Ni el más mínimo cambio se había hecho en el plan de estudio ni en el plantel de las escuelas. Estas impresionantes estadísticas fueron el resultado de los cambios realizados en la alimentación de los alumnos en el horario escolar. Los científicos que realizaron el estudio llegaron a la conclusión de que si estos cambios en la alimentación, se hubieran extendido a los hogares, los resultados habrían sido extraordinarios.

Otros estudios fueron realizados en centros juveniles de detención, que involucraron 8,076 jóvenes de doce centros correccionales. Los aditivos químicos, azúcar y harina refinada fueron excluidos de su alimentación. Una vez concluidos esos estudios, la conducta agresiva y destructiva de los jóvenes detenidos disminuyó en un 47%.[4]

En Virginia, 276 jóvenes con graves antecedentes criminales recibieron una alimentación saludable por dos años. Durante ese período los robos en la cárcel declinaron en un 77%, la insubordinación en un 55% y la hiperactividad en un 65%.[5]

Otro estudio acerca de la sana alimentación en Los Ángeles, fue realizado con 1,382 adolescentes con antecedentes delictivos. Una vez más, los resultados fueron positivos. Hubo una reducción del 44% en sus comportamientos e intentos de suicidio.

Todos estos estudios demuestran que cuando los jóvenes (y adultos también) siguen una dieta saludable, incluyendo los alimentos altamente nutritivos tales como los vegetales, frutas y cereales, y excluyendo el azúcar, colorantes artificiales, saborizantes y conservadores químicos, su salud física y mental mejoran.

He observado que los malos hábitos en la alimentación y estilos de vida son transmitidos de generación en generación con facilidad, mientras que cambiarlos mediante la educación es un proceso bien lento. Por tal motivo, estoy haciendo todo el esfuerzo posible para que la gente sepa que la enfermedad comienza por la boca. Si usted no presta atención en lo que está poniendo en ella, va a enfermarse. La alimentación sana es el principal aliado de la salud.

Vitaminas y minerales

Necesitamos las vitaminas y minerales, pues nunca tomamos de la comida las sustancias suficientes que necesitamos para prevenir las enfermedades. Las vitaminas son nutrientes que mejoran el metabolismo, previenen enfermedades y hacen más lento el proceso de envejecimiento.

El cuerpo humano no está capacitado para extraer los minerales directamente del ambiente o crearlos de otras sustancias. El único medio para obtener minerales es a través de los alimentos o suplementos. Los minerales son los más importantes de todos los elementos que nuestros órganos necesitan para el buen funcionamiento.

Ejercicio

Un poco de ejercicio tiene grandes resultados. No se necesita demasiado para ver importantes cambios. Para mantenerse bien físicamente usted debería por lo menos caminar enérgicamente un promedio de veinticinco a sesenta minutos, tres veces por semana. ¡Eso no cuesta tanto!

El ejercicio reduce las causa químicas del estrés en nuestro cuerpo mediante la neutralización de ácidos. Mejora también la agilidad mental y la memoria, y rehabilita el sistema nervioso. Mejora la postura, reduce la disfunción de las articulaciones y fortalece los huesos.

Los ejercicios ayudan al sistema digestivo, previniendo el estreñimiento. Mejora además el rendimiento del corazón y los pulmones, incrementa la circulación, reduce el colesterol y fortalece el sistema inmunológico. Ayuda también a combatir la depresión y anima al espíritu.

Un buen ambiente de vida

Un buen ambiente de vida tiene un impacto positivo, no solamente en la salud física, sino también en la emocional y espiritual. Permítame darle un ejemplo. Muchas veces podríamos pensar que un niño hiperactivo tiene problemas emocionales, cuando en realidad lo que tiene es alergia a algo en la casa. El niño ignora la alergia o la causa de su malestar, pero a través de su conducta e inconscientemente, envía señales a sus padres de que algo no anda bien. Probablemente sea difícil, pero si sus padres pudiesen descubrir y quitar el elemento que le produce alergia a su hijo, el niño ya no tendría más hiperactividad.

Constantemente vemos que sucede esto. Una persona deprimida puede no tener problemas emocionales o espirituales, tanto como uno podría suponer en un principio. La depresión puede ser causada por una simple deficiencia de vitaminas. Démosle a esa persona la vitamina que necesita y su depresión se irá.

Si puede crear un buen ambiente de vida donde sienta paz, podrá ver que los problemas físicos, emocionales y espirituales disminuirán.

Bueno, tal vez todo esto tiene sentido para usted. Después de todo, sabemos que necesitamos alimentarnos bien y respirar un aire limpio para vivir. Aun podemos admitir que necesitamos hacer ejercicio. ¿Pero qué acerca de aquellas cosas menos tangibles, tales como el conocimiento, relaciones y fe? ¿Necesitamos realmente de estos recursos para mantenernos saludables?

He descubierto que sí, los necesitamos. Veamos cómo ayudan.

Controlando el estrés

Podemos experimentar el estrés físico, emocional y espiritual en forma independiente o en combinación. Por esta razón, necesitamos emplear técnicas de control del estrés para cada área. El estrés físico es aquel que está afectando a nuestros cuerpos, tales como el calor, peso o resistencia. La mejor forma de controlar estos tipos de estrés es alejándose de los factores que lo provocan o emplear algo que pueda contrarrestarlos. Por ejemplo, si está comenzando a sentir calor, puede alejarse del sol o resguardarse bajo una sombrilla.

El estrés emocional puede ser más difícil de identificarlo. Puede ser causado por sobreexigencias en el trabajo, problemas económicos, presiones en el hogar, o lo peor de todo, ansiedades ocultas. Es importante comunicarse con otros y entablar relaciones de confianza con personas que puedan "acompañarle" en su camino. El ejercicio es también una forma efectiva de aliviar el estrés emocional.

El estrés espiritual generalmente resulta cuando el estrés físico o emocional se torna incontrolable, y nos corroe por dentro. La duda y el temor nos domina, y preguntas como quiénes somos y por qué existimos no encuentran respuestas. Yo encuentro que la oración, el ayuno y la comunión con personas maduras espiritualmente me ayudan en esos momentos.

El estrés no resuelto, sea físico, emocional o espiritual, puede manifestarse a sí mismo en una enfermedad física. Por eso es importante controlar el estrés ahora.

Actitud positiva

No es la ropa lo que hace a la persona; es lo que ella piensa en su corazón. Muchos pacientes que he visto triunfar sobre el cáncer han tenido una actitud positiva. Las cosas que declaramos con nuestra boca a menudo se hacen realidad. La autopredicción verdaderamente se cumple. Si usted declara que el cáncer va a destruirlo, seguramente lo hará. Sea positivo con sus palabras a diario, coménteles a otros y a usted mismo que va a ponerse bien. El resto de su cuerpo se esforzará en cumplir lo que dicen sus palabras positivas.

Relaciones interpersonales

Las relaciones interpersonales son muy importantes. Muchas de mis pacientes que padecen cáncer del seno han expresado que no se sienten amadas por sus esposos. Yo les digo a los esposos que pueden ayudar a prevenir el cáncer del seno amando a sus esposas y alentándolas.

Los seres humanos necesitan amor para vivir. La vida puede escabullirse fácilmente. Disfrute cada relación que tenga, ya sea con su hermano, compañero de trabajo, cónyuge o hijo. Si usted consigue el mundo entero, pero no tiene amor, ¿de qué le sirve?

La relación médico-paciente es fundamental para la cura de la enfermedad. Si usted es paciente, necesita comunicar todo lo que está sintiendo o experimentando a su médico. Al principio, el médico podrá no saber qué hacer con tanta información de parte suya, pero le ayudará a encontrar lo que usted realmente necesita.

Conocimiento y sabiduría

Laura Red se encuentra bien hoy debido a que decidió aprovechar los recursos que tenía, y perseguir aquellos que le faltaban y utilizarlos sabiamente para restaurar sus mecanismos naturales de defensas, los cuales fueron diseñados para destruir cualquier agresor amenazante, incluso el cáncer.

¿Demasiado bueno para ser verdad? Es bueno, y definitivamente cierto. Esto también es simple, aunque no necesarismente se alcanza sin esfuerzo. Librarse del cáncer a menudo depende de cuán informado se encuentre el paciente. ¿No sería bueno que los momentos difíciles de la vida llegaran en el tiempo oportuno? ¿Por qué será que esas enfermedades generalmente llegan en el peor momento? Debido a que así sucede, es importante informarse ahora acerca de los mejores tratamientos terapéuticos, ortodoxos y alternativos. Eso incluye las terapias generales como también aquellas que son para un tipo específico de cáncer.

Pero a la mayoría de nosotros no nos gusta gastar dinero y tiempo en informarnos acerca de los temas relacionados con la salud, particularmente con aquellos que nos causan temor. Si usted piensa que informarse es caro, pruebe la ignorancia. La Biblia dice que seríamos destruidos por falta de conocimiento. (Véase Oseas 4:6.) Creo que eso es verdad.

Muchos de los pacientes con cáncer y sus familias por lo general no tienen conocimiento de alternativas hasta que se dan cuenta que las terapias oncológicas establecidas han fallado, y que "nada más puede hacerse." Solo cuando los pacientes se encuentran dándose la cabeza contra la pared es cuando comienzan a buscar opciones, y esta búsqueda puede llegar a ser frenética e imprudente. Las personas que están desesperadas no comprenderán nada, y hay farsantes de sobra afuera. Es conveniente informarse ahora.

Cuando el cáncer azota, la mayoría de los oncólogos recomiendan las opciones de tratamiento más avanzadas basados en los últimos descubrimientos científicos. Pero nosotros, los expertos, dejamos de decirles a nuestros pacientes que los últimos y más avanzados tratamientos provistos por los centros oncológicos de vanguardia, no son del todo efectivos.

Con frecuencia los pacientes no tienen conocimiento de la existencia de opciones alternativas, y sus doctores raramente les hablan de ellas. En este caso, la mayoría de los pacientes no serán advertidos de que ha sido científica y estadísticamente probado que los pacientes con determinados tipos de cáncer viven más y mejor si ellos rechazan algún tipo de terapia agresiva, tal como la radiación y quimioterapia.[6]

Nadie se interesa más por usted que usted mismo. Escoger correctamente entre las terapias existentes y a su debido tiempo, puede ser una cuestión de vida o muerte. Nútrase de información que le ayudará a usted y a su médico a hacer lo que es mejor para usted. No se deje llevar por las circunstancias o por cómo ellas se presentan. Cuando no se cumplen las expectativas, las desesperadas preguntas como, "¿a quién recurriremos ahora?" le atormentarán. Así que, encárguese del asunto.

Cuando estamos preparados, las cosas nos van mejor. Permítame explicarle.

Muchos inventos y descubrimientos fueron alcanzados "por casualidad", ¿pero no es interesante, el hecho de que esos descubrimientos "casuales" fueron realizados en su mayoría, por investigadores expertos en la materia y no por algún don nadie? Usted debe saber qué es lo que está haciendo para aumentar las probabilidades de que esa "casualidad" le ocurra a usted. "La suerte", dijo Luis Pasteur, el famoso microbiólogo francés, "está a favor de las mentes preparadas."

En otra palabras, la educación es como un imán que atrae a esos "casuales" descubrimientos de avanzada. Si quiere que esa "casualidad" le ocurra a usted, prepárese. Si quiere un milagro de parte de Dios, prepárese.

La salud comienza por la educación. Creo que los doctores deberíamos ser procuradores más que restauradores de la salud. Cuánto más eduquemos, menos tendremos que intervenir.

Laura Red aprovechó los mejores recursos que tenía disponibles: terapéuticos, mentales, emocionales y espirituales. Ella estuvo dispuesta a tomarse el tiempo para adquirir conocimientos y aplicarlos sabiamente en el proceso de tomar decisiones. Ella enfrentó lo que parecía abrumador y a menudo confundió datos, pero buscó diligentemente la información pertinente y se comprometió a seguir su programa para alcanzar lo que se propuso.

Esa es la misión de este libro, la de proveer información poderosa y profunda basada en las últimas investigaciones, sabiduría antigua y en los sorprendentes testimonios de pacientes que han "estado allí y lo han vivido." Queremos ayudarlo y alentarlo a usted y a su ser querido con fortaleza espiritual que es inconmovible, aún cuando pareciera que Dios no tuviera ningún sentido.

Esto nos lleva a valernos de un recurso superior en el arte de mantener el equilibrio y la buena salud: nuestra propia relación con Dios.

La relación con Dios

Estar "curado del cáncer" no es la única forma de ser liberado de sus garras, su devastación y su control. He aprendido de mis pacientes que el cáncer afecta a la gente más allá de su cuerpo físico. El estrés emocional es devastador para su alma, y deprime su sistema inmunológico. La desesperanza, el desconsuelo y la desesperación destruyen las relaciones personales y aun a las familias.

Pero el resentimiento espiritual, es el daño más destructivo que el cáncer puede causar.

Desafortunadamente, los pacientes pocas veces se dan cuenta de que cuando Dios parece estar más lejos que nunca, ellos pueden disfrutar de su amor, misericordia y salvación con el simple susurro de una oración. He descubierto que la reconciliación con Dios y reforzar los lazos espirituales existentes, es la herramienta más potente, para estimular el sistema inmunológico y la recuperación.

El éxito ante cualquier adversidad requiere reconocer y enfrentar los obstáculos primero. Entonces, podremos con una actitud positiva y optimismo utilizar los recursos que tenemos a la mano. No se puede esperar tener una vida sin problemas, sin embargo clamar la ayuda es sabio y razonable.

En el Hospital Oasis de Esperanza, los pacientes obtienen recursos para su cuerpo, sí. Pero también se les presenta la oportunidad de recibir a Cristo como su salvador, pues Él representa una fuente inagotable de recursos. Esa es la causa por el cual los pacientes con estrechos lazos espirituales con Dios pueden enfrentar mejor la enfermedad.

La relación que ellos tienen con Dios, les ayuda a lidiar con el enojo, frustración y desesperación que todos experimentan al principio, cuando descubren que padecen una enfermedad. Ellos confían en Dios y se llenan de esperanzas. Mantienen una actitud espiritual positiva ya que se fortalecen mediante la oración y leyendo su Palabra. El paciente que sabe que es salvo por los méritos de Cristo no le tiene temor a la muerte, pues sabe hacia donde va.

Muchos descartan estos conceptos porque los consideran simplísticos, pero olvidan que todos los seres humanos de cualquier cultura y religión conocen intuitivamente que son eternos espiritualmente. Como médico, me corresponde proveerle al paciente una buena calidad de vida durante su efímera existencia física. Pero, ¿no debería también ocuparme de su existencia eterna?

Con frecuencia vencemos a la enfermedad, pero a veces ella es la que nos vence. De todas maneras, el aspecto más importante de una estrecha relación con Dios es el propósito y significado que las personas encuentran para sus vidas, ya sea que se curen del cáncer o no. Algún día, tarde o temprano, cruzaremos de esta vida transitoria a otra que no tiene fin. No queremos que ninguno de nuestros pacientes tenga que partir sin antes conocer que vivir en Cristo es la mejor vida, ahora y para siempre.

Laura Red está bien hoy porque resolvió depender de la voluntad de Dios para su futuro. Aun antes de que los tumores hayan desaparecido, ella proclamó victoria sobre el cáncer. Ella oró, "Señor, si tú me sanas, dedicaré mi vida para traer más gente a ti, si tú no me sanas, estoy lista ahora para encontrarme contigo en ese lugar donde no hay más llanto ni dolor."

RECURSOS PARA LA VICTORIA

Greta, una enérgica paciente de origen sueco, vino al Hospital Oasis de Esperanza por una consulta. Tenía una sonrisa en su rostro que nunca se desvanecía, y esa preciosa sonrisa ha quedado grabada en mi mente desde que por primera vez la vi.

En ese momento, Greta tenía cincuenta años. Dejando a un lado su contagiosa energía y vitalidad, había sido enviada a su casa para morir, pues no había "evolucionado favorablemente" después de la cirugía y la quimioterapia para el cáncer de las tiroides, el cual se había extendido a los pulmones. Este tumor estaba creciendo a una velocidad muy rápida. Cuando la mayoría de los oncólogos le dijeron que ya no quedaba más por hacer, ella decidió intentar con el "curandero." ¡Tal como lo dijo!

Greta me relató su historia con su fuerte acento. Las palabras salían de su boca como disparos de ametralladora. "Doktor, ¡no estoy lista para morrirr!" declaró.

Greta solía ser autodisciplinada, de modo que seguía nuestro programa a la precisión. Cada vez que ella venía a una consulta de seguimiento, el tumor en su pulmón era más grande. Pero ella no se daría por vencida. "Doktor, ¡no estoy lista para morrirr!", siempre decía.

El tumor seguía creciendo, luego más tumores aparecieron en el pulmón, después otros tumores estaban en ambos pulmones. Greta siempre venía con la misma actitud y la misma sonrisa. "Doktor ¡no estoy lista para morrirr!"

Después de casi trece años de una excelente y milagrosa calidad de vida, ella vino a su cita con una nueva decisión y esa típica sonrisa. "Doktor, ¡ahora sí estoy lista para morrirr!" Greta vivió exitosa y cómodamente con cáncer por muchos años. Aunque finalmente ella partió, ¡el cáncer no la derrotó!

Puede sorprenderle el hecho de descubrir que las personas que han sido enviadas a sus casas para morir pueden vivir por años, aun décadas, con cáncer. Solo tienen que aprovechar todos los recursos disponibles, físicos, terapéuticos, mentales, emocionales y espirituales.

Es mi objetivo prepararlo a usted, mediante la sabia prevención, para repeler al cáncer antes de que comience; para capacitarlo en la elección de las apropiadas opciones de tratamiento para combatir el cáncer, si usted lo tiene; y para preparar el camino para que usted ejerza pleno control en su búsqueda de ser libre del cáncer.

Pero primero, enterémonos de la enfermedad en general, sus causas y los tratamientos para combatirla. Creo que está claro que todos nosotros necesitamos un cambio radical en nuestra manera de pensar acerca de la enfermedad para ganar la batalla contra el cáncer.

3

Pensamientos que enriquecen

"Han envenenado las fuentes. ¡Matémoslos!" Ese fue el grito de miles de europeos a mediados del siglo XIV. La peste bubónica estaba esparciéndose por todo el continente, matando a millones, y muchos lo atribuyeron a un complot de los judíos.

La noticia de esta presunta traición llegó a Estrasburgo, Alemania, la cual había estado hasta aquí sin la peste bubónica. Las autoridades de la ciudad intentaron rescatar a los judíos, pero fueron depuestos e instalaron un nuevo gobierno. En el Día de San Valentín de 1349, dos mil judíos fueron quemados hasta morir en un cementerio judío de Estrasburgo.

Sin embargo, aquellos que habían culpado a los judíos por esta gran plaga descubrieron su error cuando la plaga estalló en Estrasburgo ese verano, matando a dieciséis mil personas.

La gente ha tratado siempre de descubrir cuáles son las causas de las pestes, males y enfermedades. Algunos esfuerzos han sido equivocados y trágicos a la vez; pero otros han conducido a descubrir curas para las enfermedades.

Científicos han sacrificado sus propias vidas y las de sus familias en su compromiso de hallar curas para las enfermedades que oprimen a la sociedad. Hoy, investigadores y clínicos talentosos, apoyados por el gobierno y por donaciones privadas de todo el mundo, se encuentran librando una guerra sin cuartel contra el cáncer.

Nuevos campos de investigación, sorprendentes herramientas de diagnóstico, únicas y emocionantes técnicas quirúrgicas, se encuentran a la orden del día en los congresos médicos por todo el mundo.

De todos los más renombrados centros de investigación se nos dice que la ingeniería genética traerá la cura del cáncer, aun el reemplazo de extremidades. La esperanza ha estado flotando en el aire por mucho tiempo, y sin resultados.

En la actualidad, la industria depende por completo de los avances tecnológicos, los cuales han mejorado cada aspecto de la producción, rendimiento y desarrollo. La productividad personal hoy, probablemente se ha incrementado a pasos agigantados desde comienzos de siglo. Piense solamente en la cantidad de tiempo que una calculadora de $20 le ahorra a un ingeniero.

Entonces la pregunta es, ¿en qué medida los avances en el campo de la medicina le han beneficiado a las víctimas del cáncer?

El dinero y la tecnología, ¿cómo han ayudado?

Los norteamericanos están obsesionados con su salud. Ningún país en el mundo invierte más dinero en el desarrollo de equipamiento médico que los Estados Unidos. Sin embargo los norteamericanos son menos saludables y se cuidan menos que otros occidentales.[1]

En el comienzo de la última década del milenio, el *National Institute of Health* [Instituto Nacional de la Salud] estimó que el costo del cáncer es de 107 mil millones de dólares por año en los Estados Unidos.[2] El costo del dolor, la angustia emocional y la vida humana es, por supuesto, incalculable.

"Los Estados Unidos poseen un sistema de salud que es único en el mundo,"declara un artículo publicado en la *New England Journal of Medicine* [Revista de Medicina de Nueva Inglaterra] el 7 de enero de 1999. "Es el más caro de todos los sistemas, superando considerablemente a cualquier otro país, en materia de gastos realizados para la atención médica."

De acuerdo con el artículo, la principal razón del incremento en las acciones del sector de la salud en el producto bruto interno en los últimos treinta años es el avance tecnológico de la medicina. "El sistema de billón de dólares de la salud en los Estados Unidos es enorme, en realidad, más grande que los presupuestos de la mayoría de las naciones, y sirve como una perpetua fuente de trabajo, dando empleo a unos nueve millones de personas," comenta Arnold Relman, Doctor en Medicina graduado de *Harvard*. "Nuestro sistema de atención médica se torna cada vez más caro, disfuncional y menos equitativo."[3]

¿No son un poco irrealistas las metas de la medicina norteamericana? En su libro *False Hopes: Why America's Quest for Perfect Health Is a Recipe for Failure* [Falsas esperanzas: por qué la búsqueda de Estados Unidos por la salud perfecta es una receta para el fracaso], Daniel Callahan, un filósofo y moralista mundialmente reconocido, dice que "Hemos enfatizado demasiado el uso de costosas innovaciones tecnológicas a cambio de márgenes de ganancia."[4] Según Callahan, el principal obstáculo para el cuidado médico es el concepto de una fe desmedida en la tecnología y demasiada confianza en la ciencia médica para eliminar las enfermedades y retrasar la muerte. "Necesitamos darnos cuenta que la salud perfecta es inalcanzable, y debemos estar dispuestos a limitar nuestros gastos para la atención médica a fin de poder compensar las necesidades de otros artículos y servicios que también son esenciales."[5]

En general, todos tenemos la noción de que la medicina ha llegado lejos. Eso es muy cierto, la cantidad de logros han sido tan asombrosos como diversos. Pero no podemos dejar pasar por alto la realidad de que, en su mayor parte, los fracasos eclipsan los logros. De las aproximadamente mil quinientas enfermedades descritas en los libros médicos, ¡solamente tenemos cura para casi veintitrés de ellas! Para las demás, simplemente esperamos controlar los síntomas y demorar la muerte en el mejor de los casos, pero muchas veces a expensas de la calidad de vida del paciente.

Más que nunca la gente muere de cáncer hoy en día, aunque tenemos más conocimiento acerca de la enfermedad y herramientas de terapia más poderosas y sofisticadas que jamás hayamos tenido. A pesar de décadas de investigación e innumerables pruebas con diferentes terapias, el cáncer continúa siendo una causa principal de morbosidad y mortalidad.

Créame, estoy criticando con pasión mi profesión, la más servicial de las profesiones. Le ruego que no olvide el sacrificio, compromiso y pasión con que muchos médicos tratan a sus pacientes. Aunque debe haber alguna excep-ción, no conozco aún, a ningún médico que deliberadamente quiera perjudicar a un paciente. Entonces, ¿por qué fracasan los doctores en su compromiso de curar?

Creo firmemente que tiene que ver con la dirección que la ciencia médica ha escogido seguir. Solamente una perspectiva histórica puede iluminar estos pasos equivocados. Miremos entonces, en forma retrospectiva, el fascinante nacimiento de la medicina moderna y los eventos que precedieron a la introducción de los métodos científicos en los últimos cien años o más. Es una historia de épicas, o mejor dicho, de epidémicas proporciones.

¿CÓMO FUE EL AVANCE DE LA MEDICINA?

A través de la historia, las epidemias le han costado la vida a un vasto número de personas. A fines de la época medieval las epidemias comunes eran la malaria, lepra, tifus, influenza y Fuego de San Antonio. Quizá la peste más destructura que azotó a Europa fue la peste bubónica, una plaga de tipo pulmonar. Esta se originó alrededor del año 1333 en la región central de Asia y se extendió hasta el Mar Mediterráneo, Rusia e Irlanda; alcanzó su punto culminante en el año 1348. Se dice que una cuarta parte de las poblaciones donde azotó (veinte y cinco millones de personas) murieron.

A fines del siglo XV, la sífilis tomó proporciones de epidemia, sin respetar la clase social, rango o sexo. El cólera demandó las vidas de cien mil franceses en 1832. El tifus hizo lo propio con tres millones de polacos y rusos en 1914, seguido por una epidemia de gripe que le costó la vida a veinticinco millones de personas en 1918.

Las autoridades tomaron medidas extremas para controlar las epidemias. Quemaron todos los cadáveres juntamente con todas sus pertenencias. Incluso pusieron ciudades enteras en llamas, clamando a los cielos y ofreciendo toda clase de sacrificios. Los judíos eran a veces acusados y masacrados por la multitud.

En el siglo XVII, fueron identificadas nuevas enfermedades: raquitismo, tuberculosis y beriberi. La viruela atacó a Europa en el siglo XVIII, pero un importante acontecimiento médico contribuyó en la batalla contra esta enfermedad.

UN NUEVO MODELO MÉDICO

Edward Jenner (1749-1823), un médico rural británico, se topó con una popular creencia de que la gente que contraía cowpox, no podía luego contraer viruela. Este fue el tema de investigación de Jenner por el lapso de dos años. Luego en 1796, inyectó secreciones de cowpox en el brazo de un muchacho. Luego de seis semanas inoculó al joven con el germen de la viruela. Absolutamente ningún síntoma de viruela fue experimentado por muchacho, naciendo así la inmunización.

La inmunización está basada en el principio de que las personas que alguna vez padecieron el ataque de un germen, están protegidos para fututos ataques. Por lo tanto, si una persona esté expuesta a un ataque, podría estar protegido durante una epidemia. Ya que el suero de Jenner era obtenido del ganado (o vacca en latín), este método de inmunización llegó a ser conocido como "vacunación."

Hasta ese momento, los científicos nada podían hacer más que estar listos y observar cómo las plagas se llevaban a sus víctimas. Pero la invención del microscopio y el descubrimiento del germen trajo a luz las causas de estas devastadoras plagas infecciosas. Cuando los doctores estuvieron capacitados para mirar a sus enemigos a la cara, se dieron cuenta de que la muerte no venía por causa del azar, juicio divino o por los judíos.

Con el enemigo enfrente, el temor de Dios fue transferido al temor a los gérmenes. Doctores, inmunólogos, microbiólogos, fisiólogos, y muchos otros especialistas libraron batallas contra un infinitamente pequeño pero tremendamente poderoso enemigo. Sus impulsos científicos, que habían estado restringidos por tantos siglos, emergieron con una fuerza apasionada que no podría ser detenida. Los médicos por fin tenían la gran esperanza de lograr el éxito sobre las enfermedades infecciosas causadas por estos minúsculos e insolentes microbios.

DOS ESCUELAS DE PENSAMIENTOS

Dos diferentes formas de pensamiento o modelos surgieron inmediatamente después del dramático descubrimiento de los gérmenes y la gran esperanza que esto dio a la gente medieval. Estas escuelas de pensamientos opuestos fueron lideradas por dos gigantes figuras, Claude Bernard y Luis Pasteur. En la cuestión del método de desarrollo de la enfermedad, lo que era negro para uno, era blanco para el otro.

La capacidad del cuerpo para sanarse a sí mismo depende de su condición general, es decir, cuán bien nutrido está, según Claude Bernard (1813-1878), médico y fisiólogo francés. Bernard creía que si el cuerpo poseía un adecuado ambiente interno, sabría cómo mantenerse equilibrado y saludable, sin importar a qué germen pudiera estar expuesto.

Bernard llegó a la conclusión que los gérmenes son solamente responsables del desarrollo de la enfermedad cuando el cuerpo ofrece las condiciones favorables para el germen, es decir, un pobre estado de salud.

No obstante, si el cuerpo mantiene un adecuado *milieu intérieur*, o ambiente interno, estará capacitado para combatir al germen y evitar la enfermedad.

Parecía ser un argumento imposible de refutar. ¿Cómo podría explicar uno el hecho de que, aunque estuviéramos en contacto con el mismo germen, solo unos pocos se enfermaran?

La teoría de Bernard fue fundamental para la escuela de pensamiento "humorista". Por supuesto que Bernard tenía sentido del humor, pero el nombre "humorista" no se refería a eso. El nombre fue asignado en honor a Hipócrates, quien quinientos años antes de Cristo y sin la ayuda de los microscopios, sabía que había "fuerzas dentro de nosotros que realmente curan." El anciano griego creía que el cuerpo estaba formado por cuatro *humores* (del latín "líquidos"). Cualquier alteración en su perfecto equilibrio causaban dolor, enfermedad y aun cambios emocionales; de allí viene la moderna referencia a estar de de buen o mal humor.

Luis Pasteur (1822-1895), sin embargo, estuvo en desacuerdo con Bernard, afirmando que los gérmenes eran los verdaderos culpables de la enfermedad, y que neutralizándolos, podrían prevenirse y aun curarse las enfermedades. Él probó su creencia mediante sus vacunas y tratamientos. Esta es la teoría fundamental de la escuela de pensamiento "causalista", llamada así por su creencia de que si se puede determinar la causa de una enfermedad, también se puede desarrollar el antídoto salvador.

El prestigio de Pasteur estaba fundado en sus conocimientos de la microbiología. Los experimentos que llevó a cabo confirmaron que las enfermedades eran el resultado de la acción de los gérmenes. Pasteur también demostró que los gérmenes se reproducen como lo hace cualquier otro organismo. Si estas ideas suenan familiar, es porque estos avances constituyeron los principios básicos para la investigación de control de enfermedades. En la actualidad, muchos deben sus vidas a los descubrimientos de Pasteur, aunque los métodos empleados en su investigación fueron imprudentes. Frecuentemente Pasteur llevaba a cabo experimentos que no eran nada éticos ni humanos.

Unos de sus logros fue la vacuna contra la rabia. Pero con no más información clínica que la que tenía Jenner, Pasteur preparó la vacuna, dándola a un saludable voluntario y ¡luego lo infectó con rabia! Pasteur y sus colegas tuvieron que pasar muchas horas y días preocupados, esperando el fatal desenlace, pero el "conejito de indias" sobrevivió y fue declarado exitosamente inoculado.

Este experimento captó la atención de todos y le dio a Pasteur aún más notoriedad que antes en los ojos de los científicos y el público. Sobria y humildemente, y demostrando su genialidad, Pasteur declaró, "la suerte está a favor de las mentes capacitadas."

Una de las grandes desgracias de la humanidad es el hecho de que debemos atravesar largos caminos de oscuridad, esperando respuestas. De modo que, cuando finalmente Pasteur encendió la luz en la investigación del ilusorio germen, casi todos lo siguieron en la escuela del pensamiento causalista.

El gobierno francés fundó un centro de investigación para que Pasteur pudiera continuar con el análisis de los microorganismos. El Instituto Pasteur, comenzó en 1886, y hasta la fecha, está a la vanguardia en descubrimientos científicos. Su último gran descubrimiento fue el síndrome de inmunodeficiencia adquirida (SIDA).

Cuando pienso acerca de Pasteur, me siento como un simple ladrillo al lado del Rascacielos Sears de Chicago, y estoy seguro de que muchos de mis colegas sienten lo mismo. Pasteur y otros fueron ejemplos de dedicación. Ellos verdaderamente pusieron sus vidas por la pura alegría del descubrimiento.

Tomemos, por ejemplo, a Elie Metchnikoff (1845-1916), el biólogo y patólogo ruso que descubrió que los glóbulos blancos atacan a cualquier nuevo invasor. Luego se mudó a París para trabajar junto a Pasteur en su instituto. Con el paso de los años, pudo absorver los "avances" en la lucha contra la infección, pero sus observaciones e investigación le llevaron a preguntarse acerca de la teoría de Pasteur de que los gérmenes causan las enfermedades. Finalmente, se plegó a la escuela de pensamiento de Claude Bernard.

Metchnikoff y varios colaboradores, ante un grupo de médicos, bebieron un líquido contaminado con la mortal enfermedad del cólera. Él quiso probar la perspectiva humorística de que el sistema inmunológico es fuerte, y tiene poder para resistir a los gérmenes. Pocos prestaron atención a su trabajo porque Pasteur no estaba de acuerdo.

La demostración de Metchnikoff maravilló a sus colegas cuando ni uno solo de los participantes en el experimento se enfermó de cólera. Aunque si bien el curso de la historia no cambió, Metchnikoff adquirió prestigio, tanto que Pasteur lo nombró su sucesor en 1904. Metchnikoff continuó sus estudios en inmunología y fisiología, y ganó el Premio Nobel de Medicina en 1908.

La búsqueda de nuevos gérmenes prosiguió. Robert Koch (1843-1910) descubrió dos de los gérmenes más temidos de todos los tiempos, aquellos de la tuberculosis y el cólera. Por eso recibió el Premio Nobel por su trabajo en 1905. Durante ese tiempo fueron descubiertos los gérmenes que causan la fiebre tifoidea, gonorrea, malaria, difteria, amibiasis, tétanos, meningitis, sífilis y rubeola.

EN LA BÚSQUEDA DE LA "BALA DE PLATA"

Los científicos han intentado descubrir tratamientos que pudieran destruir gérmenes específicos sin dañar las células normales. Esta búsqueda de la "bala de plata" continúa siendo el principio guía de la industria farmacéutica moderna.

El descubrimiento accidental de la penicilina, una de esas balas de plata, ocurrió en 1928. Alexander Fleming (1881-1955), un bacteriólogo británico, estaba buscando los gérmenes que habían causado la epidemia de influenza que mató a veinticinco millones de personas en 1918. Al irse de vacaciones, accidentalmente dejó los cultivos de bacterias sobre su mesa de trabajo en su laboratorio de Londres. Cuando regresó, encontró que se habían contaminado con unos hongos verdes, los cuales sorprendentemente habían destruído los microorganismos del cultivo. No queda duda de que este tipo de oportunidades "favorables" le ocurren a las personas capacitadas. Su descubrimiento le llevó a ganar el Premio Nobel en 1945.

A partir de los cincuentas comenzaron las producciones masivas de antibióticos, y desde entonces, doctores e investigadores no se han detenido. Se han entregado a la lucha incansable de conquistar los infecciosos e insolentes microbios que producen las enfermedades.

El éxito de los antibióticos garantizó que floreciera la escuela del pensamiento causalista. Ahora se ha convertido en una inamovible institución. Aquellos que se oponen a esto hoy en día, son ignorados y considerados anticuados, pues a este modelo de pensamiento se le reconoce como dogma de la medicina.

Sin embargo, he descubierto en mi trabajo con miles de pacientes que Bernard fue acertado cuando dijo que el ambiente interno en su adecuado equilibrio es lo que verdaderamente determina la salud.

Una protagonista dejada de lado: la condición de vida

Según la industria médica, el desarrollo de los medicamentos que destruyen los gérmenes y bacterias, ha beneficiado a la humanidad contribuyendo para una mejor salud. De todas maneras, las pestes y enfermedades han sido también controladas mediante una buena higiene, mejor dis-tribución de los alimentos y la planificación urbana. Los problemas públicos de salud probablemente disminuyeron en gran medida gracias a estos factores, mucho tiempo antes de que se dieran las vacunas.

Es difícil imaginarnos las deplorables condiciones de vida de los siglos pasados. Hace algún tiempo leí un libro llamado *The Perfume* [El Perfume] por Patrick Suskind. Aunque es una novela, describe con exquisita precisión el ambiente de París en el siglo XVIII. (Si usted está comiendo en este momento, le sugiero que lea esto más tarde.)

En la época que nos ocupa reinaba en las ciudades un hedor apenas concebible para el hombre moderno. Las calles apestaban a estiércol, los patios interiores apestaban a orina, los huecos de las escaleras apestaban a madera podrida y excrementos de rata, las cocinas a col podrida y grasa de carnero; los aposentos sin ventilación apestaban a polvo enmohecido; los dormitorios a sábanas grasientas, a edredones húmedos y al penetrante olor dulzón de los orinales. Las chimeneas apestaban a azufre, las curtidurías, a lejías cáusticas, los mataderos a sangre coagulada. Hombres y mujeres apestaban a sudor y a ropa sucia; en sus bocas apestaban los dientes infectados, los alientos olían a cebolla y los cuerpos, cuando ya no eran jóvenes, a queso rancio, a leche agria y tumores malignos. Apestaban los ríos, apestaban las plazas, apestaban las iglesias y el hedor se respiraba por igual bajo los puentes y en los palacios. El campesino apestaba como el clérigo, el oficial de artesano, como la esposa del maestro; apestaba la nobleza entera y, sí, incluso el rey apestaba como un animal carnicero y la reina como una cabra vieja, tanto en verano como en invierno, porque en el siglo XVIII aún no se habíia atajado la actividad corrosiva de las bacterias y por consiguiente no había ninguna acción humana, ni creadora ni destructora, ninguna manifestación de vida incipiente o en decadencia que no fuera acompañada de algún hedor.[6]

Si los habitantes de las ciudades más desarrolladas de Europa vivieron bajo tales condiciones nauseabundas, la condición del resto del mundo antiguo debió haber sido difícil de imaginar. En aquellas miserables condiciones, las enfermedades se esparcían como fuego impetuoso. Nuestros sistemas inmunológicos, aunque increíblemente llenos de recursos, tiene limitaciones. Cuando son expuestas a tales arremetidas por las bacterias, pueden ser desafiadas en condiciones de desfavorables y fracasar.

Imagínese a ese médico que fue despedido de un hospital por sugerir que el personal médico se lave las manos antes de tratar a los pacientes. En 1847 el Dr. Ignas Semmelweis fue despedido del Hospital Universitario de Viena por esta "superstición." En ese tiempo los doctores practicaban una autopsia y luego trabajaban en un parto ¡y sin lavarse las manos! Por supuesto, las mujeres con un increíble sistema inmunológico sobrevivían, pero aquellas con algún tipo de deficiencias sucumbían a las infecciones. Ya que el embarazo viene acompañado por una supresión en el sistema inmunológico para que el cuerpo de la madre no rechace al bebé (un "cuerpo extraño"), muchas víctimas de la escasa higiene de los médicos, murieron.

A propósito, mi primera hija nació en este hospital. ¡Gracias a Dios que esa vez se lavaron las manos!

Creo que deberíamos permitirle a la historia hablar por ella misma. Gracias a las mejoras en los sistemas de aguas residuales y sanitarios en general, las epidemias de viruela comenzaron a declinar antes de que Edward Jenner descubriera la inoculación. La viruela pudo realmente haber desaparecido sin ningún tipo de tratamiento. Pero los doctores, presionados por responder a los sufrimientos humanos, popularizaron el uso general de la vacunación.

Curiosamente, la incidencia de la viruela comenzó a crecer otra vez hacia finales del siglo XIX: "Después de que el uso de la vacuna contra la viruela, se extendiera en Inglaterra, estalló una epidemia de viruela que se cobró las vidas de 22,081 personas. Las epidemias de viruela llegaron a ser peores cada año que fue usada la vacuna. En 1872, 44,480 personas murieron por la plaga. Finalmente, Inglaterra prohibió la vacuna en 1948... Japón estableció la vacuna obligatoria en 1872. En 1892, hubo 165,774 casos de viruela allí, lo cual dejó un saldo de 29,979 muertes... Alemania también instituyó la vacuna obligatoria. En 1939 (esto fue durante el régimen Nazi), el porcentaje de difteria se incrementó a niveles sin precedentes (150,000 casos.) Noruega, que nunca había establecido la vacuna obligatoria, tuvo solamente cincuenta casos durante el mismo período. La polio se ha incrementado en un 700% en los estados que regía la vacunación obligatoria."[7]

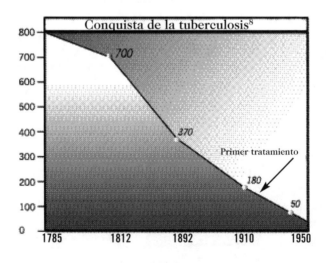

Conquista de la tuberculosis[8]

Otra epidemia sumamente temida en el siglo XIX fue la tuberculosis. Como lo indica la gráfica que precede, en 1812 la tasa de mortalidad por la tuberculosis en Nueva York fue de 700% por cada 100,000 habitantes. En 1892 el porcentaje había disminuido a 370, y en 1910, a 180 por cada 100,000 habitantes.[9]

Entonces, el tratamiento obligatorio comenzó. Aunque en 1950 la tasa estaba en un 50% cada cien mil, la necesidad del tratamiento ha sido seriamente cuestionada ya que la tendencia a disminuir posiblemente continuaría sin necesidad del tratamiento.

Desafortunadamente, la tuberculosis cobró auge otra vez. Usted puede pensar que la gente está mejor nutrida y que las condiciones de nuestras ciudades son mejores ahora que en el siglo XIX. No necesariamente. Las víctimas de la tuberculosis son mayormente la gente sin vivienda y desnutrida, que vive en los barrios bajos de las grandes ciudades en condiciones tan malas como aquellas del siglo pasado. Peor aún, los gérmenes modernos de la tuberculosis son muy resistentes a los antibióticos.

La mortalidad infantil por escarlatina, difteria, tos ferina y paperas disminuyó significativamente por toda Europa entre 1869 y 1896,[10] antes de la introducción de los antibióticos y las vacunas. Mientras los estándares de vida de limpieza y nutrición mejoraron en Europa, la incidencia y mortalidad de todas estas enfermedades disminuyeron.

No debería sorprendernos que Pasteur, en su lecho de muerte, le haya confesado a Metchnikoff, "Bernard estaba en lo cierto. El patógeno (germen) no es nada; el terreno es todo," refiriéndose al ambiente interno que Bernard había postulado.[11]

Todavía, la ciencia médica no cambió su curso. Se siguen buscando esas balas de plata que harían todo, desde destruir los gérmenes, curar el cáncer y hasta mantenernos jóvenes.

Necesitamos un cambio de modelo

Más de cien años de ir tras balas de plata no han convencido a los científicos de que la escuela del pensamiento causalista ofece solo un espejismo. Pero el pensamiento ha comenzado a cambiar.

Muchas autoridades médicas se encuentran ahora promoviendo cambios simples pero radicales. Philip Lee, Doctor en Medicina, profesor de medicina social y director del programa de políticas para la salud de la Universidad de California, San Francisco, fue ante el Senado de los Estados Unidos en 1977 y advirtió al pueblo estadounidense: "Como nación hemos llegado a creer que la tecnología puede resolver nuestros principales problemas de la salud...mediante los milagros de la medicina moderna. Una apropiada educación pública debe hacer énfasis en las desafortunadas y evidentes limitaciones de las prácticas actuales de la medicina para curar las comunes enfermedades terminales."[12]

Los doctores están moralmente obligados a informar al público que la misión de la medicina es mucho más que solo intervenir. Debemos educar a la sociedad en el campo de la prevención mediante cambios en los estilos de vida.

La medicina es un arte. La moderna y sofisticada medicina ha intentado convertir el arte de la medicina en una ciencia exacta a través de la tecnología y mecanización. En los ojos de mi padre, el Dr. Ernesto Contreras Rodríguez, fundador del Hospital Oasis de Esperanza, no practicar la medicina como un arte es una mortal ofensa contra el Juramento Hipocrático. Él me explicó algo acerca de la medicina que siempre llevaré conmigo.

Hasta el siglo XIX, todos los doctores médicos del mundo consideraron su profesión como una mezcla bien equilibrada de arte y ciencia: el arte de establecer una conveniente y hermosa relación médico-paciente y la ciencia de usar sabiamente los conocimientos médicos con el compromiso de hacer progresos.

Pero desafortunadamente, en el siglo XX la ciencia de la medicina comenzó a imponerse sobre el arte de la medicina. Especialidades y superespecialidades nacieron. Ahora los doctores en medicina tienen que dedicar mucho tiempo y esfuerzo para mantenerse actualizados con la tecnología médica, y no están dispuestos a ocuparse en las relaciones con sus pacientes. El arte ha quedado atrás.

Esto es más trágico en la práctica de la oncología, porque en el tiempo presente, con pocas excepciones, los especialistas del cáncer consideran su práctica como puramente científicas. Esta negligencia no es simplemente un problema filosófico o emocional. Esto ha afectado severamente los pobres resultados obtenidos por las extremadamente agresivas y escalofriantes practicas de la oncología de este siglo.

Es imperativo que volvamos a ocuparnos de la practica total de la oncología en las cuales el oncólogo trata no solo los problemas físicos del paciente (la ciencia de la medicina), sino también los problemas emocionales, sicológicos y espirituales de cada paciente mediante una conveniente relación médico-paciente (el arte de la medicina).

"La fantasía abandonada por la razón produce mounstros, pero cuando se une a ella, es la madre de las artes," dijo Francisco Goya, el famoso artista español. La medicina debe retornar a lo que realmente es, primero un arte, y en segunda instancia, una ciencia.

Debemos ser sabios para identificar el engaño detrás de la esperanza. La dependencia en el conocimiento y la tecnología ha sido publicitado desde el comienzo de la industria médica. Pero si unimos éstas con la sabiduría popular y el sentido común, la perspectiva para controlar el cáncer en un futuro cercano, se ve brillante.

Ahora descubramos cómo la ciencia médica y su enfoque causalista hacia las enfermedades, está lejos en la guerra moderna contra el cáncer.

4

La esperanza de una cura

"La terapia contra el cáncer de pulmón, casi perfecta."

"Está cerca la cura del cáncer del seno."

"Una nueva esperanza para aquellos con cáncer de próstata."

La primavera es una época de nuevas esperanzas. También es el tiempo de los fantásticos anuncios sobre posibles nuevas curas del cáncer en los titulares de los periódicos y en los noticieros de televisión, y ha sido así por lo menos en esta última década. Esta explosión en los medios de comunicación de nuevas esperanzas parecen coincidir con los esfuerzos anuales de recogimientos de fondos de las instituciones de educación e investigación del cáncer.

Por demasiado tiempo la ciencia ha ofrecido una zanahoria con un palo a aquellos devastados por el cáncer. Yo veo la triste historia repetirse una y otra vez en la vida de muchos pacientes con cáncer. Las familias creen que la cura para el cáncer vendrá justo a tiempo para salvar a sus seres queridos. Incluso cuando mueren los pacientes, a veces escucho a sus familiares decir: "si tan solo hubiera resistido un poco más...hasta que se hubiera encontrado la cura."

Hay esperanza de una cura, o mejor dicho, de vivir sin cáncer.

Sin embargo, basado en los antecedentes científicos, no creo que esta responsabilidad recaiga sobre la ciencia y la investigación. Decida usted mismo, mientras examinamos la batalla contra el cáncer en la actualidad.

La guerra contra el cáncer

Erradicar el cáncer es el más grande desafío que la ciencia médica jamás haya enfrentado. Ninguna otra enfermedad ha costado más dinero y más horas de estudio científico que el que se le ha dedicado a esta. Desde la década de los veinte cuando el gobierno de los Estados Unidos inició los primeros estudios acerca del cáncer, vastos recursos han sido invertidos en la búsqueda de una cura. Habituales informes de valiosos descubrimientos han sido la norma desde entonces.

Me han contado que durante la segunda guerra mundial, un buque llamado *Liberty*, que cargaba gas mostaza, se hundió. Todos los marineros debieron saltar al agua, donde tuvieron contacto con este gas mostaza. Muchos murieron a causa de leucopenia, o disminución de los glóbulos blancos en la sangre. Ya que los glóbulos blancos fueron mermados, sus sistemas inmunológicos no pudieron combatir contra las enfermedades. Ellos murieron por diversas complicaciones, incluyendo muchos tipos de infeccciones, especialmente neumonía.

Alguien en ese momento se dio cuenta que tal vez ese gas o un derivado, podría ser utilizado para los casos de leucemia, donde el número de los glóbulos blancos son excesivamente altos. Por lo tanto, la primera droga que se desarrolló fue llamada mustargen. Fue de gran ayuda para los niños con ciertos tipos de leucemia aguda, mientras no había nada que pudiéramos ofrecer antes de eso. El problema con esa droga era su toxicidad. Los pacientes comenzaron a vomitar y a sentirse muy mal. Pero era la única cosa que teníamos en ese momento, y era excelente para combatir la leucemia y linfomas.

Luego de eso, por supuesto, la investigación de la quimioterapia como un tratamiento para el cáncer comenzó, pudiendo pasar con la próxima droga, la cual se llamó citoxina. Ese fue el nacimiento del tratamiento del cáncer con quimioterapia.

En 1955, una división del *National Institute of Health* [Instituto Nacional de la Salud], el *National Cancer Institute* [Instituto Nacional del Cáncer], estableció el *Chemotherapy National Service Center* [Centro Nacional del Servicio de Quimioterapia]. Este centro destinó 25 millones de dólares para "promover" la quimioterapia, ya que "demostró" haber sido "un tratamiento efectivo para pacientes con cáncer, no solo en los Estados Unidos, sino también en todo el mundo."[1]

En los años siguientes, muchos científicos, doctores y pacientes con cáncer fueron alentados por la esperanza de que muy pronto podría ser encontrada una cura para el cáncer.

Entonces vino la declaración oficial de la guerra contra el cáncer. En diciembre de 1971, en cooperación con la *American Cancer Society* [Sociedad Norteamericana del Cáncer], el presidente de los Estados Unidos, Richard M. Nixon firmó el *National Cancer Act* [Declaración Nacional contra el Cáncer.] Con ella vino la promesa de una victoria sobre el cáncer y la reducción de la tasa de mortalidad en un 50% en diez años, si se proveían los suficientes fondos.[2]

Quizá esta sería la iniciativa que ganaría la batalla contra el cáncer. Con este esfuerzo en conjunto, vendría el tiempo de encontrar una respuesta.

Pero cinco años después, en una asamblea anual, los directores a cargo del programa presidencial del cáncer informaron que no habían resultados positivos ni tampoco progresos.[3] Entonces en 1980, el *National Cancer Institute* [Instituto Nacional del Cáncer] se vio obligado a informar que muy poco campo había sido ganado, y sus miembros estaban temerosos de perder prestigio.[4]

De hecho, a pesar de la moderna tecnología, la investigación y una abundancia de fondos, las muertes por el cáncer continuaban aumentando. En 1972 casi 330,000 pacientes murieron de cáncer en los Estados Unidos. A pesar de la promesa de cortar esa tendencia en un 50%, en 1982 la tasa de mortalidad a causa del cáncer superó la marca de los 400,000.[5]

En 1984, bajo el Dr. Vincent T. De Vita, el *National Cancer Institute* [Instituto Nacional del Cáncer], anunció teatralmente el "alcanzable" objetivo de reducir la tasa de mortalidad en un 50% en 20 años (1980-2000). Eso significaba que de 490,000 personas que murieron de cáncer en 1980, solamente 245,000 morirían de cáncer en el comienzo del siglo XXI.[6]

PERDIENDO LA GUERRA

Estamos perdiendo la guerra. Los avances contra el cáncer (en cirugía, radiación y quimioterapia) han dejado mucho que desear en vista de los hechos de que las formas más comunes de cáncer permanecían incontrolables. En mayo de 1986, el Dr. John C. Bailar III de la Universidad de Harvard y Elaine Smith de la Universidad de Iowa publicaron en el *New England Journal of Medicine* [Revista de Medicina de Nueva Inglaterra] una "bomba atómica" contra la oncología ortodoxa. Bailar y Smith insistieron que el mundo científico reconsidere los actuales principios guías para la investigación del cáncer, juntamente con su aplicación.

La tasa de mortalidad de los pacientes con cáncer continuó en alza en comparación con las enfermedades cardiovasculares, donde la tendencia a la disminución de casos era evidente. El Dr. Bailar y su equipo concluyeron que ellos "estaban perdiendo la guerra contra el cáncer," y que el "sustancial progreso en la comprensión de la naturaleza y atributos del cáncer" no habían conducido a "una reducción de la incidencia de mortalidad." Por lo tanto, ellos afirmaron que "las más prometedoras áreas en la investigación del cáncer son las de la prevención en lugar del tratamiento."[7]

A pesar del prestigio de estos autores y sus respectivas universidades y la fuerza de sus argumentos, sus sabias recomendaciones entraron por un oído y salieron por el otro, en lo que concierne a la comunidad científica. En el comienzo del siglo XXI, miles de millones de dólares, y veintinueve años después de la declaración de guerra contra el cáncer de Nixon, la perspectiva de un tratamiento efectivo contra el cáncer es aún desalentadora.[8]

Comparemos esta predicción con lo que esta sucediendo ahora. En 1985 más de 485,000 personas murieron de cáncer.[9] En 1995, la *American Cancer Society* [Sociedad Norteamericana del Cáncer] pronosticó 525,000 muertes, pero algunos especialistas en estadísticas, coinciden en que el número actual estaba cerca de los 700,000.[10]

Un lamentable cuadro de la efectividad del "aprobado" tratamiento contra el cáncer (cirugía, radiación y quimioterapia) fue revelado en una evaluación realizada por la *American Cancer Society* [Sociedad Norteamericana del Cáncer] en 1996. Su publicación *Cancer Facts and Figures* no muestra practicamente ninguna mejoría en las tasas de mortalidad entre aquellos tumores que con mayor frecuencia aparecen en los últimos sesenta años, con la excepción del cáncer de estómago y cervical.

El mejoramiento en las tasas de mortalidad del cáncer de estómago es un enigma ya que los tratamientos convencionales no han sido exitosos. Las mejoras son probablemente debido a una mejor higiene, alimentación más saludable y el advenimiento de la endoscopía, la cual detecta enfermedades gástricas en una temprana etapa. No obstante, los tratamientos en si mismos para este tipo de cáncer (cirugía, quimioterapia e radiación) no han demostrado haber contribuído al mejoramiento de la tasa de mortalidad.

El tratamiento aprobado para el cáncer utero-cervical (una vez más, cirugía, quimioterapia e radiación) probablemente no sea el responsable de la mejora en la tasa de mortalidad en esta categoría. De hecho, la tendencia descendente en el gráfico indica que ese mejoramiento comenzó mucho tiempo antes de que los avances de la ciencia moderna, tales como la terapia de radiación, fueran introducidos.

El análisis de Papanicolaou, ha reducido drásticamente las muertes por el cáncer utero-cervical. Este es la invención de un simple ensayo realizado por el Dr. George Papanicolaou en 1928 (ahora lleva su nombre) que detecta el cáncer cervical.

Los "enormes avances científicos" no han ayudado a los pacientes a sobrevivir. Por el contrario, cuando las malignidades, tales como el cáncer de pulmón y del seno, son tratados con métodos agresivos (cirugía, quimioterapia e radiación), las tasas de mortalidad son increíblemente altas.[11]

La tasa de mortalidad de personas que padecen cáncer pulmonar literalmente ha estallado. Desde 1960 ha habido un incremento en la tasa de mortalidad por cáncer de pulmón en las mujeres. Entiendo que esto se debe al hecho de que muchas mujeres comenzaron a fumar cigarrillos en la década del sesenta durante el movimiento de liberación femenina. Por razones desconocidas, las mujeres parecieran ser más susceptibles que los hombres a los efectos dañinos del cigarrillo,[12] y son consecuentemente más susceptibles a contraer cáncer de pulmón. En la actualidad el cáncer de pulmón es el principal responsable de la muerte por cáncer en las mujeres, ¡igual que en los hombres![13] Estoy seguro de que este no era el equilibrio que buscaban las mujeres.

¿DÓNDE ESTÁN LAS VICTORIAS?

La revolución tecnológica ha creado nuevos productos impresionantes en casi cada rama de la industria. Hoy, ninguno compraría una computadora de hace 10 años; en Estados Unidos, aún una computadora de hace seis meses ¡es practicamente anticuada!

La mayoría de las ramas de la medicina han experimentado también cambios tecnológicos significativos. Por ejemplo, los catéteres plásticos son ahora tan sofisticados que pueden permanecer adentro del cuerpo por años. Los viejos que solo podían ser dejados en el lugar por unas pocas semanas ya no se usan más.

De todas maneras, en el tratamiento del cáncer, no han ocurrido cambios sustanciales. La comunidad médica continúa la batalla contra el cáncer con las mismas armas que antes (cirugía, quimioterapia y radiación) solo que con versiones más sofisticadas. Sin embargo, no han producido mejores resultados para las víctimas del cáncer.

¿Qué podemos decir acerca del campo de la genética? En 1994, la tapa de la revista *Time* de la edición del día 25 de abril proclamó que "nuevos descubrimientos prometen mejores terapias y esperanza en la guerra contra el cáncer." El artículo se refería a descubrimientos relacionados con las mutaciones genéticas asociadas con la formación de tumores específicos. Desafortunadamente, la aplicación terapéutica de estos descubrimientos pertenecen al futuro distante.

Los científicos han estado trabajando en estas áreas desde la década del sesenta, y sus resultados siguen siendo mínimos. Se encuentran también hurgando en el corazón de la creación manipulando los genes. Los riesgos son enormes, y las consecuencias podrían ser peores que las enfermedades.

Desde que los Estados Unidos patrocina el proyecto Genoma, el mapeo genético del cuerpo humano, el negocio de los génes ha estallado sin importar los tremendos temores sociales que esto engendra. La gente siempre ha querido saber el futuro, pero no necesariamente cómo van a morir.

Las compañías de seguro estarían seriamente interesadas

en obtener tal formidable información de costo-utilidad, especialmente si pudieran encontrar el porte genético de un niño antes de que nazca. Ya que los elevados costos médicos han llevado a muchas compañías a la bancarrota, los empleadores podrían minimizar el riesgo deshaciéndose de los empleados genéticamente comprometidos.[14]

Los genetistas argumentan que las leyes y las políticas gubernamentales acerca de la privacidad pueden tratarse de asuntos sociales. El potencial en cuanto a beneficios en el área de la diagnosis, unido con el enorme futuro en las capacidades genéticas de producir piezas humanas de repuesto, podría cambiar la práctica de la medicina en 180 grados. Pero las ganacias de las ciencias genéticas podría permitir a la gente venir con un proyecto genético a su gusto, lo cual nos trae a la mente la opresión del débil . Todo esto es un futuro plausible.

UNA FRACASO

Entonces, si estamos perdiendo nuestra guerra contra el cáncer, tiene sentido buscar un plan de batalla alternativo. En otra ramas de la ciencia y la industria moderna, continuamente se reemplazan los procedimientos obsoletos por otros nuevos y mejores, aun cuando estos métodos antiguos sigan funcionando. ¡Las cosas deben mejorar!

Pero refiriéndonos al tema del cáncer, la ciencia continúa dando vueltas en el mismo lugar. Tratamientos que han demostrado tener pobres resultados siguen siendo usados. Las autoridades gubernamentales, los científicos comunitarios y las compañías farmacéuticas parecerían querer seguir utilizando drogas, incluso las drogas de quimioterapia, que han demostrado ser inefectivas. Quizá una razón sea que el desarrollar una droga nueva es un proceso muy costoso. Obtener una medicina con la aprobación de la *Food and Drug Administration* [Administración de Drogas y Alimentos] y de procesos clínicos cuesta millones de dólares.

Podemos entender el costo de la prescripción de

medicamentos cuando consideramos cuánto dinero gasta el fabricante solamente por el proceso de aprobación. Además, gasta dinero en investigación, desarrollo y mercadeo. Asi que es facil ver la necesidad de que las medicinas sean aprobadas por el mercado, para recuperar la inversión inicial. Además, podemos ver cómo las compañías farmacéuticas prefieren que la gente no descubra que podrían tratarse sin drogas, cambiando sus hábitos alimenticios y estilos de vida. ¡Las enfermedades y las dolencias son un gran negocio!

Pero realmente es evidente que estos farmacéuticos no están trabajando como planearon. De hecho, es bien sabido que los pacientes que padecen de varias malignidades, viven más y mejor si no se les aplica los tratamientos ortodoxos (cirugía, radiación y quimioterapia).

En 1969, el Dr. Hardin James de la Universidad de California en Berkeley informó en una conferencia de la *American Cancer Society* [Sociedad Norteamericana del Cáncer] que los pacientes no expuestos a la agresiva terapia convencional, realmente tenían una esperanza de vida más larga que aquellos que sí lo estaban, en ocasiones hasta cuatro veces más. Los doctores Bailar y Smith, en el artículo de 1986 del *New England Journal of Medicine* [Revista de Medicina de Nueva Inglaterra] ya mencionado, publicaron las mismas ideas. Ellos notaron que los pacientes con cáncer de pulmón que no eran tratados tenían una esperanza de vida más larga y disfrutaban una mejor calidad de vida que aquellos que recibían tratamiento.[15]

Bailar, luego de evaluar los resultados de las terapias del cáncer hechas entre 1950 y 1980, las tasó como un "fracaso calificado."[16]

En un experimento con pacientes con cáncer en el páncreas, aquellos que recibieron el tratamiento con placebo, en lugar del tratamiento normal, vivieron más y mejor, informó el Dr. Ulrich Abel, fisiólogo de la Universidad de Heidelberg, en 1988.[17]

Parece tener sentido común, en vista de estos "calificados" testimonios, concluir que más doctores deberían evitar los tratamientos convencionales o prescribir placebos. Pero la mayoría de los doctores no se acostumbran del todo a no prescribir ningún tratamiento. Además, las compañías farmacéuticas presionan a los doctores a utilizar sus productos, por razones obvias. Y el hecho de prescribir placebos o no prescribir tratamiento alguno, fuera de los límites de un marco experimental, puede representarle al médico un dilema ético.

Las estadísticas actuales

Una buena forma de ver cómo va la batalla es mirar los hechos y números del cáncer. La información disponible en el sitio de Internet de la *American Cancer Society* [Sociedad Norteamericana del Cáncer] es enorme (www.cancer.org). Esta sociedad publicó un cuadro de proyección de muertes e incidencias de todos los tipos de cánceres por su ubicación del año 1999, la misma puede encontrarlo en el Apéndice A.

Aunque si bien los números en este gráfico son conservadores, todavía se esperó que en 1999 se enfermaran 1,221,800 personas por primera vez de cáncer. Eso es una mitad del 1% del total de la población de los Estados Unidos. El cuadro también muestra que 563,100 personas morirán de cáncer en 1999. Eso significa que 1,500 norteamericanos están muriendo de cáncer cada día.

Según la *American Cancer Society* [Sociedad Norteamericana del Cáncer], 8.2 millones de norteamericanos tienen actualmente cáncer.[18] Eso es el 3% del total de la población. Ahora el 3% puede no sonar mucho, pero piense por un instante. Si usted va a una iglesia de cien miembros, las estadísticas sugieren que tres de los miembros tienen cáncer, sea que usted sepa o no quiénes son ellos. Si usted va a un cine que tiene capacidad para doscientas personas, seis personas de las que están allí con usted, están batallando por sus vidas. ¿Y qué sucedería si asiste al Rose Bowl, el primero del nuevo milenio, el 1° de enero del 2000? Tiene asientos aproximadamente para cien mil personas. Usted no sabría quiénes son, pero tres mil de esas personas, sin importar a qué equipo ellos aclaman, tendrían cáncer.

Las muertes por el cáncer están en segundo lugar, después de aquellas relacionadas con las enfermedades del corazón,[19] pero el cáncer seguramente sobrepasará al líder en esta pavorosa categoría durante la primera década del siglo XXI.

Es tiempo de terapias alternativas

Parece obvio que los métodos actuales de tratamiento y la dirección de la investigación del cáncer debe cambiar. Por décadas hemos estado descortezando el árbol equivocado, y el público esta enterado de ello.

La búsqueda de Pasteur por conquistar el germen nos recuerda que el sistema médico hoy esta basado en los farmacéuticos. Los doctores están entrenados para prescibir la medicina para la mayoría de las enfermedades, y las compañías farmacéuticas hacen un buen trabajo vendiendo a los doctores sus nuevos productos. Esto no es noticia para usted. Muchos pacientes han dejado las oficinas de sus doctores con prescripciones en las manos, pero sin ninguna satisfacción de que sus enfermedades fueran tratadas o sus comentarios hayan sido escuchados.

Basándonos en todo esto, no debería sorprendernos que el sistema establecido no esté abierto a terapias nuevas y alternativas. No hay lugar para ellas. Aunque muchas terapias alternativas han sido demostradas efectivas y que no deterioran la calidad de vida de los pacientes, ellas son ridiculizadas, dejadas de lado y prohibidas por la clase médica dirigente. Sin embargo, los pacientes las requieren.[20]

Aunque si bien he visto avances maravillosos en el mundo alternativo médico, no he visto ninguna terapia que consistentemente produzca disminuciones en cada paciente y con cada tipo de cáncer. Soy un fuerte creyente y promotor de las terapias naturales, no tóxicas y no invasivas, pero también estoy consciente de sus limitaciones. Puede sorprenderle que no crea que podamos poner nuestras esperanzas en las investigaciones médicas, sean convencionales o alternativas.

Después de observar a la comunidad científica gastar exorbitantes montos de dinero en décadas de inútiles investigaciones para encontrar la cura del cáncer, he llegado a una nueva conclusión respecto a nuestra lucha contra el cáncer: la prevención es la mejor medicina. Pero hablaré de eso más tarde.

Por ahora, es fácil entender por qué el cáncer es tan temido. Las estadísticas se tornan peores en lugar de mejorar, sin importar cuánto gastemos en el problema. Podemos ver por qué el cáncer ha sido considerado como una sentencia de muerte. La gente con cáncer enfrenta un duro dilema: enfrentar la enfermedad cuando las terapias disponibles prometen una pequeña ayuda, o escapar del problema y decir, "No importa lo que haga, lo que será, será."

Dado todo esto, es fácil sentirse desesperado, como peleando contra lo desconocido y en total desventaja. El cáncer parece tener la sartén por el mango sin importar lo que hagamos. ¿Hay alguna esperanza?

TOME EL CONTROL

He visto muchísima gente derrotar a su enemigo en estas condiciones. La mayoría de los vencedores han tenido actitudes mentales positivas. Aún los pesimistas que han vencido han tenido gente positiva a su alrededor, ya sea los cónyuges, madres o amigos que se mantuvieron optimistas y animados.

Si usted tiene cáncer, lo animo a que se enfrente con el problema y decida que, no importa lo que pase, el cáncer no triunfará emocionalmente sobre usted. Si en este momento nos rendimos, el cáncer habrá ganado la última batalla, su pelea contra el espíritu humano, no el cuerpo. Si luchamos con el coraje de que no nos rendiremos ante ningún enemigo, podemos dar vuelta el resultado en nuestra batalla contra el cáncer.

Mi meta es motivarle a usted a pensar y a investigar por usted mismo. Encuentre lo que pueda, antes de que necesite saberlo. Muchas universidades permiten al público entrar a sus bibliotecas de medicina, y allí usted puede estudiar los informes sobre diferentes terapias en los periódicos de medicina. Si usted esta hoy enfrentando una decisión de tratamiento, busque dos o tres opiniones. Usted es el responsable, y el tratamiento que sienta que es el más positivo para usted es el que debería escoger.

Necesitamos cambiar nuestra manera de pensar acerca del cáncer. El "statu quo" simplemente no funciona. Las terapias modernas son inefectivas y aún dañinas. Nuevas ideas, nuevas formas de pensamiento y una nueva humildad traerán avances y esperanza.

Ahora, exploremos las causas del cáncer y qué terapias existen para tratarlo.

Sección II:

Restauración desde adentro

5

Restaurando el hombre interior

¿Qué sucedería si un general le dijera a sus soldados, antes de una gran batalla, que estadísticamente hablando, el 90% de ellos morirían? Y mientras se preparan para la batalla, el general grita, "¡Esta es una causa perdida, al final tendrán que morir por nada!"

Los especialistas del cáncer a menudo asaltan la esperanza, emitiendo sus crueles estadísticas clínicas de muertes con un fría certeza, por temor de ofender a la "honestidad" de nuestra profesión (y a los abogados).

En algunas culturas, un diagnóstico de cáncer debe ocultársele al paciente. Si bien no recomiendo este extremo, tampoco creo que las malas noticias deben darse de una manera anticéptica y estadística.

Cuando nosotros los médicos emitimos un diagnóstico de cáncer con certeza profesional, el paciente se va a su casa y se prepara para morir, no para pelear. Eso sucede porque el gran ingrediente que esta faltando en este veredicto es la esperanza. La esperanza no abunda en el ambiente del cáncer, especialmente en los centros oncológicos. De hecho, la desesperación de enfrentar una muerte horrenda es el azote del cáncer.

Muchos pacientes están internamente condicionados a someterse mansamente a tal terrible decreto. Después de todo, un médico les dio la sentencia, y lo que él o ella diga es ley. Si un oncólogo le dice a un paciente que tiene solamente tres meses de vida, el paciente esperará angustiadamente morir en ese día prescrito.

¿Por qué estoy haciendo tanto hincapié acerca de esto? Porque nuestras emociones y actitudes mentales no solo afectan a nuestro sistema inmunológico, sino también determinan su respuesta. Nuestra capacidad para combatir al cáncer, o evitar tenerlo en primer lugar, depende en cómo reaccionamos frente a la adversidad. Un elemento clave de la esperanza de vivir sin cáncer es restaurar, fundamentar y fortalecer el hombre interior: nuestras mentes, corazones, voluntades y emociones.

EL IMPACTO DEL ESTRÉS EN
EL SISTEMA INMUNOLÓGICO

El estrés parece ser una parte integral de la vida moderna. Presiona sobre nosotros desde todos los ángulos, (desde nuestros trabajos, familias, vecinos, otras personas que manejan sus automóviles, el clima) que ya usted sabe. Usted puede pensar que el estrés crea nuestras actitudes, y en verdad puede hacerlo. Pero también trabaja otro factor: Nuestras actitudes internas impactan nuestros cuerpos. Lo que piensa, siente y cree, pueden determinar su salud.

El sistema inmunológico, este complejo y sofisticado defensor de la raza humana, se afecta profundamente por nuestras actitudes internas, emociones y fortaleza espiritual.

Yo defino al estrés como "un déficit de recursos necesitados para resolver un problema." Es una simple, pero acertada definición. Si usted tiene suficiente dinero para pagar el alquiler, no hay ningún estrés; sin embargo cuando usted oye los pasos del propietario que se acerca y tiene que darle alguna escusa, ¡la angustia es la que impera! La falta de recursos genera el estrés.

La buena salud mental promueve una buena salud física, según George Lilans, un psiquiatra de Boston. El siguió las vidas de doscientos graduados de Harvard por treinta años y estudió los informes de exámenes médicos y psicológicos. Lilans descubrió una estrecha relación entre la infelicidad con las enfermedades y la muerte.

Muchos de mis propios pacientes pueden señalar que las situaciones de estrés ayudaron a que sus cánceres se desarrollaran. Pero ¿cómo puede usted medir el impacto que nuestras emociones tienen sobre el sistema inmunológico? La siguiente es una escala creada por el Dr. Thomas H. Holmes y el Dr. Richard H. Rehi de la Escuela Médica de la Universidad de Washington que mide cada situación de estrés con un puntaje.[1]

Muerte de un cónyuge 100
Divorcio 73
Separación del cónyuge 65
Encarcelamiento 63
Muerte de un familiar 63
Enfermedad o accidente 53
Matrimonio 50
Quedarse sin trabajo 47
Reconciliación matrimonial 45
Proceso de retiro 45
Enfermedad en la familia 44
Embarazo 40
Problemas sexuales 39
Nuevo integrante en la familia 39
Reajuste personal 39
Ajuste financiero 38
Muerte de un amigo 37
Cambio de trabajo 36
Discusiones familiares 35
Hipoteca mayor de $25,000 31
Juicio hipotecario 30

Holmes y sus colaboradores estaban realmente capacitados para predecir enfermedades basados en esta escala. Casi la mitad (49%) de la gente que había acumulado trescientos puntos en un lapso de doce meses desarrollaron algunas enfermedades críticas, mientras que solo el 9% de aquellos que acumularon menos de doscientos puntos en el mismo período se enfermó. Este experimento irrefutable establece el impacto que el estrés acumulado puede tener en nuestros cuerpos.

Alguna gente que tiene una mayor capacidad para controlar el estrés son menos susceptibles para enfermarse. Aprovecho para añadir, que perder el trabajo a los veinticinco años no es lo mismo que perderlo a los cincuenta, ni es lo mismo una separación matrimonial de común acuerdo que uno que se produce en medio de una acalorada batalla.

Tanto los eventos positivos que producen felicidad, como aquellos problemáticos que provocan tristeza causan estrés. Casarse, por ejemplo, significa unirse con una persona amada. Aun así, implica una adaptación que requiere esfuerzo por parte de ambas partes, de modo que puede ser estresante.

Cualquiera que sea el caso, tenga en mente que nuestras emociones determinan la respuesta de nuestro sistema inmunológico. ¿Por qué se enferman algunos bajo situaciones de estrés y otros no? Todo depende de cómo reaccionemos ante tal situación.

Para comprender mejor todo esto, consideremos al sistema inmunológico. Es su propia milicia personal, que patrulla buscando a los enemigos invasores y los destruye. Y aguarda sus (inconscientes) órdenes. Acompáñeme en este breve viaje.

El sistema inmunológico

La obra maestra de la creación es el ser humano, pero con todo el esplendor y la grandeza que Dios nos dio, nuestra sobrevivencia es aún muy frágil. En un mundo plagado por agresores invisibles, cobran suma importancia nuestros mecanismos de defensa. Aunque el cuerpo cuenta con algunas barreras naturales como la piel, vello nasal, secreciones mucosas y procesos inflamatorios, la gran responsabilidad sobre las tareas de defensa recaen sobre el sistema inmunológico.

En el momento en que un microorganismo entra al cuerpo, es lanzado un elaborado y extremadamente complejo ataque. Los capilares se dilatan como túneles flexibles para permitir el paso de un ejército de defensores llamados leucocitos. Como una verdadera y eficiente línea de defensa, el sistema inmunológico ataca con una estrategia que es dividida inicialmente en dos tipos de reacciones: la no específica y la específica.

La reacción inmune no específica

La reacción inmune no específica es el sistema principal de defensa de los recién nacidos, hasta que ellos desarrollen anticuerpos. No obstante, esta reacción nunca deja de ser útil y necesaria. Conjuntos de corpúsculos blancos llamados monocitos y fagocitos se encargan de atacar cualquier invasor nunca antes encontrado.

Los macrófagos son derivados de los monocitos. Presente en casi todos los tejidos orgánicos, tienen la misión de rodear y desintegrar las células indeseables. De los fagocitos vienen los micrófagos, las cuales se dividen en dos secciones, neutrófilos y eosinófilos. Los neutrófilos son un gran ejército a cargo de desintegrar la bacteria invasora. Los eosinófilos, un grupo más selecto, apuntan a sustancias extrañas tales como las células cubiertas por anticuerpos y alergénicos.

La reacción inmune específica

Antes de nacer, la reacción inmune específica se desarrolla como una respuesta a los microorganismos y sus toxinas. Esta gigantesca tarea solo puede ser llevada a cabo por los sorprendentes linfocitos, llamados así porque son producidos por los ganglios linfáticos. Una cuarta parte de todos los glóbulos blancos son linfocitos, los cuales se dividen en tres ramas, las células T, las células B, y las células agresoras naturales. Estas están distribuidas estratégicamente en todo el cuerpo de acuerdo a las necesidades específicas.

Las células T son citotóxicos. En otras palabras, envenenan a los invasores a través de una guerra química. Estas son tan importantes en la línea de defensa, que el 80% de los linfocitos son células T. Un 15% de los linfocitos son células B. Estas son más especializadas, ya que producen las poderosas inmunoglobulinas, las cuales son anticuerpos extremadamente importantes. En un proceso que llamamos inmunidad humoral, las inmunoglobulinas mantienen la memoria de qué sustancia química específica destruirá a un específico invasor. Las células agresoras naturales, el 5% restante, son el grupo de asalto de los linfocitos. Con fuerza brutal ellas se encargan de los invasores, de las células anormales como el cáncer o aquellas infectadas con un virus.

EL SISTEMA INMUNOLÓGICO EN ACCIÓN

Entonces, los leucocitos (glóbulos blancos) en todas sus ramificaciones son las tropas de asalto que atacan cuando invasores de afuera ponen al cuerpo en peligro. Invisibles y resbaladizos combatientes cargan con armas, ellos maniobran alrededor de las células, buenas y malas, como los taxistas de Tijuana, México, en una avenida congestionada, confrontando los microorganismos patógenos cara a cara.

Visto a través de un microscopio, los linfocitos se parecen a un huevo frito rociado con pimienta negra. Cada "puntito de pimienta" es un arma química mortal. Los neutrófilos en el torrente sanguíneo se inflan como globos antes de atacar. Los micrófagos exáctamente parecen como recostarse, enterrados entre los tejidos, pero entran en acción cuando hay un ataque. Los neutrófilos, armados con proteínas y agentes químicos no específicos, hacen el trabajado de soldados comunes, atacando al enemigo con fuerza bruta y una ventaja numérica.

Los linfocitos, como tanques de guerra, arriban con artillería pesada. Su estrategia puede variar. Mientras algunos linfocitos flotan en la sangre y atacan a cualquier microorganismo extraño que viaje a través de ella, otros se plantan en órganos vitales y persiguen cualquier invasor que haya podido atravesar la primera línea de defensa. Incluso, otros linfocitos acorralan a los invasores en los nudos linfáticos, los cuales sirven como cámaras de ejecuciones.

Cuando finaliza la batalla, los neutrófilos juntan los desechos celulares y realizan el vital trabajo de limpieza.

Debido a que los patógenos pueden camuflarse con barreras químicas hechos de desechos celulares, citoplásmicos, agentes coagulantes y membranas destruídas, la dotación de limpieza es comandada por los anticuerpos, los cuales guían a los linfocitos a los patógenos camuflados. Sin embargo los anticuerpos son mil veces más pequeños que la bacteria, ellos atraviesan a sus enemigos como *banderillas* incrustadas en el toro, debilitando y neutralizando sus formas irregulares en preparación para el ataque definitivo de los *matadores*, los leucocitos.

En los períodos saludables, veinticinco mil millones de leucocitos circulan libremente en el torrente sanguíneo, y otros veinticinco mil millones descansan en las paredes de los vasos sanguíneos y otros tejidos. Cuando aparece una infección, miles de millones de reservas saltan a través del torrente sanguíneo desde la médula ósea. La sangre puede movilizar rápidamente hasta 10 veces el número normal de leucocitos. Los médicos pueden por lo tanto medir la seriedad de una infección por el número de leucocitos en la sangre. Cuanto más alto es el número, mayor es el grado de la infección.

La primera vez que un agente invade el cuerpo, uno de los linfocitos circulantes (células B) se contacta con este patógeno, memoriza su figura y tamaño y arremete hasta el nudo linfático más próximo. Este linfocito luego ingresa a una fábrica química transfiriendo la reciente información adquirida a miles de otros linfocitos. Todos estos linfocitos llegan a ser como fábricas que producen anticuerpos. En unas pocas horas el cuerpo tendrá miles de millones de anticuerpos específicamente diseñados para exterminar a los nuevos invasores. Una vez que los nudos linfáticos producen un anticuerpo, la fórmula queda guardada permanentemente de tal forma que cuando la agresión se presente nuevamente, la reacción pueda ser inmediata.

Los anticuerpos son las expresiones más altas de la inmunidad específica. Un anticuerpo protege nuestro organismo de una simple infección. Por ejemplo, el anticuerpo contra el virus del sarampión no tiene ningún efecto contra el virus de la viruela.

El tiempo de la reacción inmunológica es más determinante del éxito que la reacción misma. El cuerpo necesita tiempo para organizar sus defensas. Aquí los antibióticos brillan pues ellos destruyen a millones de bacterias, dándole al cuerpo ese tiempo crucial. Pero un antibiótico nunca extermina a un germen. Aun cuando elimine a todos y deje uno solo, ese microbio se reproducirá inmediatamente en cantidades industriales. Solamente el sistema inmunológico extermina el 100% de los invasores.

Pero aun con estos contratiempos, no podemos negar que la raza humana ha sobrevivido todos estos siglos, gracias al sistema inmunológico.

EL PODER DE LA ACTITUD NEGATIVA

Arnold Hutschnecker, autor de *The Will to Live* [Voluntad para vivir], escribió, "La depresión es una entrega parcial a la muerte, y parece que el cáncer una depresión a nivel celular."[2]

Los seres humanos están obsesionados con lo negativo. ¿Ha visto usted alguna vez un noticiero por televisión que solamente de buenas noticias? Escuché que un individuo intentó promover algo así, pero pronto fue a la bancarrota. El estrés es malo para usted, y a menudo es lo que contribuye a la enfermedad.

Muchos de los primeros esfuerzos para demostrar que las emociones producen enfermedades fueron llevados a cabo por Hans Seyle en la Universidad de Praga en la década de los años 20.[3] Más tarde, como directora del Instituto de Medicina Experimental y Cirugía en la Universidad de Montreal, Seyle "descubrió que el estrés crónico suprime al sistema inmunológico el cual es responsable de hundir y destruir las células cancerígenas y los microorganismos. El punto importante es el siguiente: Las condiciones físicas que describe Seyle producidas por el estrés son virtualmente idénticas a aquellas bajo las cuales las células anormales podrían reproducirse y dispersarse dando forma a una peligroso cáncer."[4]

En el mundo moderno estamos bajo constantes presiones emocionales. Por todos lados hay crisis y guerras. ¿Cómo podemos evitar el estrés que causa esa angustia, temor y depresión?

Las acciones y reacciones de nuestros cuerpos son, más que nada, respuestas a las actitudes con las cuales confrontamos los eventos, problemas, desafíos, experiencias, recuerdos y expectativas de nuestras vidas. Investigadores están descubriendo precisamente cómo la depresión, pesimismo, emociones y optimismo afectan directamente y fisicamente las reacciones y capacidades de nuestro sistema inmunológico. Aún Galeno, en el segundo siglo, ya había afirmado que el hombre y la mujer con tendencias depresivas caían víctimas del cáncer con más facilidad que aquellos que tenían un temperamento más sanguíneo.

Un testimonio publicado por el Dr. William Morton de la Universidad de Oregon muestra que las madres, amas de casa, que se sienten inútiles contraen cáncer en un 54% con más frecuencia que la población en general y en un 157% de mayor incidencia que la mujer que trabaja.[5] Esposas y madres que sienten que son de un gran aporte, y que saben que son un miembro irremplazable en la familia, tienen una menor incidencia de cáncer. Qué asombrosa correlación entre la frustración e insatisfacción y la neutralización de los mecanismos de defensa del cuerpo.

Las personas divorciadas tienen un índice altísimo de enfermedades cardiovasculares, neumonía, tensión arterial alta, cáncer y, aunque no lo crea, accidentes fatales (¿suicidios camuflados?). ¿Se fijo que en la escala del estrés, un divorcio causa más estrés que un encarcelamiento? El número de parejas separadas por diferencias inconciliables es pasmoso. Una gran cantidad de estas personas se encuentran en una categoría de alto riesgo.

Tenemos una sociedad de adultos deprimidos y resentidos. Además, niños que se odian a ellos mismos porque se sienten responsables de la causa de un divorcio u odian a sus padres porque fueron abandonados por ellos. No debería sorprendernos que la revista *Time* haya declarado: "La historia del odio en la familia es una de los principales factores que determinan riesgo, el riesgo de contraer cáncer, la plaga más devastadora del siglo XX." [6]

EL PODER DE LA ACTITUD POSITIVA

Hasta muy recientemente, dar esperanza a los pacientes estaba considerado casi criminal. Hemos elegido "Oasis de Esperanza" como el nombre de nuestro Centro Contreras de Tratamiento del Cáncer porque toda nuestra existencia depende de la esperanza.

Después de haber realizado una disertación en una reunión de oncología recientemente, un colega me acusó de vender "falsas" esperanzas. Tratando de calmarlo, le pregunté cuál era su definición de "verdaderas esperanzas". Yo le hice esa pregunta para que entendiera que, o hay esperanza o no la hay. La esperanza no es verdadera o falsa. Tener esperanza o no tenerla, esto es lo que los pacientes enfrentan. El temor de los médicos de animar a sus pacientes a tener esperanza, es porque ellos conocen las limitaciones de las terapias disponibles. Y aún la desesperanza hace al cáncer vencedor.

Gracias a Dios, más y más médicos están reconociendo el valor de alentar y animar a sus pacientes. Pero el amor por el paciente fue cambiado tiempo atrás por la pasión académica por la investigación. Sentimientos, emociones, temores y expectativas son todavía ridiculizadas. Esto es trágico, especialmente en vista de la investigación científica que muestra cuán beneficiado es un paciente con una perspectiva de esperanzas.

La persona feliz no es aquella que solamente le suceden cosas buenas, sino la que mantiene una actitud positiva, aún en circunstancias adversas. Una gran parte de esta actitud positiva es espiritual. Aquellos que descansan en Dios, y confían en Él sin importar lo que pase, atraviesan mejor las situaciones difíciles.

En la Biblia leemos acerca del profeta Habacuc, quien en medio de buenos momentos exclamó:

> Aunque la higuera no florezca, ni en las vides haya frutos, aunque falte el producto del olivo, y los labrados no den mantenimiento, y las ovejas sean quitadas de la majada, y no haya vacas en los corrales; con todo, yo me alegraré en Jehová, y me gozaré en el Dios de mi salvación.
>
> Jehová el Señor es mi fortaleza, el cual hace mis pies como de ciervas, y en mis alturas me hace andar.
>
> —HABACUC 3:17-19

Habacuc estaba listo y dispuesto a mantener una perspectiva positiva, dando gracias aún cuando su destino se tornara para lo peor.

El concepto de que somos hijos de un Dios todopoderoso que cuida de nosotros y actúa sobre nuestros problemas es algo místico para muchos. Para muchos Dios es un concepto, no un ser, y mucho menos una persona de acción. Pero Jesús dijo:

> ¿Qué hombre hay de vosotros, que si su hijo le pide pan, le dará una piedra? ¿O si le pide un pescado, le dará una serpiente?
>
> Pues si vosotros, siendo malos, sabéis dar buenas dádivas a vuestros hijos, ¿Cuánto más vuestro padre que está en los cielos dará buenas cosas a los que le pidan?
>
> —MATEO 7:9-11

Si la ciencia lo convence de que no es razonable creer en un Dios de amor, entonces no puede aprovechar de los enormes beneficios, físicos y espirituales, que esa fe produce.

Pero si usted acepta el ofrecimiento de confiar en el cuidado de Dios para usted, y verdadera y razonablemente deposita su confianza en Dios, sus percepciones acerca de la vida y sus problemas comenzarán a cambiar. La acción de Dios es a menudo sofocada y estrangulada cuando no le entregamos todo a Él.

A menudo aconsejo a mis pacientes a volcar sus temores del cáncer que está atacando sus cuerpos sobre Dios. He observado cómo estos individuos son aliviados de sus temores y responden mejor a sus tratamientos. Es casi como si el cáncer se detuviera en sus intenciones y dijera, "no tiene gracia atacar a esta persona" "ya no me tiene más miedo". Y el cáncer deja el cuerpo de esa persona y busca otra víctima.

Lo que realmente sucede es que el estrés causado por el temor es perjudicial para el sistema inmunológico. Una persona con un sistema inmunológico deprimido tiene un tiempo mucho más difícil en la lucha contra el cáncer. Cuando una persona puede dejar el temor, se reduce el estrés, y el sistema inmunológico funcionará mejor para ayudar al paciente a ganar su batalla contra el cáncer.

En todas estas cosas podemos llegar hasta lo más alto y alcanzar mejor.

Cultivemos el hábito de pensar en grande, y aprenderemos a usar palabras que permitirán a Dios hacernos conquistadores. No digamos que no podemos cuando Dios dijo que Él puede hacerlo.

Las actitudes: mensajes a nuestros cuerpos

Las actitudes positivas y negativas actúan como mensajes desde nuestras mentes, consciente o inconscientemente, y son capaces de entablar procesos bioquímicos en nuestros organismos que afectan directamente el estado de alerta de nuestros sistemas inmunológicos. Las funciones del cuerpo, desde el insignificante movimiento de un músculo hasta la gran cantidad de glóbulos blancos que circulan por la sangre, dependen de nuestros estados de ánimo. Ellos son activados o bloqueados por mensajes bioquímicos, probablemente a través de enzimas u hormonas como las endorfinas.

Es importante darles a nuestros cuerpos los correctos mensajes a través de nuestras actitudes. No queremos darles a ellos mensajes negativos, ni tampoco mixtos.

Vino a verme un paciente con cáncer de Chicago a quien le habían dicho que ordenara sus cosas y se preparara para morir. Le pregunté por qué un acaudalado corredor de bolsa como él elegiría venir a Tijuana para buscar ayuda de un supuesto curandero.

"Porque usted es el único que me ofrece un rayo de esperanza," fue su respuesta. Este hombre estuvo dispuesto a cruzar la frontera, no solo geográfica, sino también cultural, para demostrar que estaba comprometido a recobrar su salud.

"¿Qué tiene usted en el bolsillo de su camisa?", le pregunté.

"Es un paquete de cigarrillos."

"Señor, usted tiene cáncer de pulmón. ¿No piensa que sería buena idea dejar de fumar?"

"Si, definitivamente sé que debería hacerlo, pero no he podido."

Este es un claro ejemplo de mensajes mixtos. Por un lado, el paciente está diciendo a su cuerpo, "Estoy tan interesado en ti que estoy dispuesto a viajar a México. No me han dado ninguna esperanza para recuperarme, pero intentaré una medicina alternativa. Quiero seguir viviendo." Por el otro, al rehusarse a dejar de fumar, el paciente está diciendo a su cuerpo, "Mi compromiso no incluye dejar a un lado el placer de fumar, aunque los cigarrillos te aniquilen."

El proceso de la cura require que el paciente esté 100% comprometido a recuperarse. Nuestros cuerpos son demasiado listos para aceptar algo menos.

¿Qué se requiere para recuperarse? Están envueltos muchos factores, sí, pero todo esto se resume al impacto que cada uno de aquellos factores tienen sobre el sistema inmunológico. Y de todos los factores, el más grande es el amor.

EL PODER DEL AMOR

Ningún medicamento en el mercado puede igualar el resultado de los efectos positivos del amor. Si los científicos pudieran encontrar una forma de encapsular el amor, tendrían el mercado del siglo, el adelanto del milenio. ¡El costo sería bajo, y los efectos secundarios serían bienvenidos!

Aunque la investigación del amor está en su infancia, los estudios están comenzando a confirmar sus efectos secundarios. La Fundación Menninger de Topeka, Kansas, encontró que la gente enamorada tenía menos niveles de ácido láctico en el torrente sanguíneo, lo cual causó que se sintieran menos cansados. También tenían altos niveles de endorfinas, lo cual causó que se sintieran más eufóricos y con menos susceptibilidad al dolor. Sus glóbulos blancos respondieron mejor a la infección y tuvieron menos resfríos.[7]

Un trabajo más revelador fue hecho en Israel por Jack Medalie y Uri Goldbourt.[8] Los dos investigadores estudiaron a diez mil hombres con condiciones de alto riesgo tales como angina de pecho, ansiedad, colesterol alto e irregulares latidos del corazón; todos los precursores de una condición cardiovascular mortal. Mediante exámenes psicológicos ellos determinaron con un grado alto de certeza quiénes tendrían un ataque al corazón y quiénes no.

Luego de que todo fue dicho y hecho, los que tenían la más alta incidencia de ataques cardíacos fueron los que habían contestado no a la pregunta, "¿Le demuestra amor su esposa?"[9]

Las compañías de seguros de vida han descubierto que

los hombres que se dirigen al trabajo por la mañana con un beso de sus esposas son mejores clientes porque tendrán menos accidentes de autos y vivirán, en un promedio, cinco años más.[10] Si las compañías de seguros no estuvieran en el negocio de evaluar riesgos para incrementar sus ingresos, yo tampoco lo creería. Pero así es, ¡simple y románticamente científico!

En 1982 David McClelland y Carol Tishnit, psicólogos de Harvard, descubrieron que las películas de amor incrementan los niveles humanos de inmunoglobulina-A en la saliva, la primera línea de defensa contra los resfríos y otras enfermedades virales. Aunque este mejoramiento inmunológico duró menos de una hora, puede ser prolongado trayendo a la mente momentos en los cuales ellos recibieron amor de parte de alguien.[11] Si nosotros amamos, somos felices; aquellos a nuestro alrededor forman parte de nuestro mundo positivo y no agotan nuestras defensas.

Estoy totalmente de acuerdo con la investigación del amor. Quizá cuando su valor sea probado, los médicos aprovecharán este conocimiento poderoso en su práctica diaria.

No es sorprendente que la esencia del mensaje bíblico sea el amor, descripto inmortalmente por el Apóstol Pablo:

> Si yo hablase lenguas humanas y angélicas, y no tengo amor, vengo a ser como metal que resuena, o címbalo que retiñe.
>
> Y si tuviese profecía, y entendiese todos los misterios y toda ciencia, y si tuviese toda la fe, de tal manera que trasladase los montes, y no tengo amor, nada soy.
>
> Y si repartiese todos mis bienes para dar de comer a los pobres, y si entregase mi cuerpo para ser quemado, y no tengo amor, de nada me sirve.
>
> El amor es sufrido, es benigno; el amor no tiene envidia, el amor no es jactancioso, no se envanece; no hace nada indebido, no busca lo suyo, no se irrita,

no guarda rencor; no se goza de la injusticia, mas se goza de la verdad.

Todo lo sufre, todo lo cree, todo lo espera, todo lo soporta.

El amor nunca deja de ser; pero las profecías se acabarán, y cesarán las lenguas, y la ciencia acabará...Y ahora permanecen la fe, la esperanza y el amor, estos tres; pero el mayor de ellos es el amor.

—1 Corintios 13:1-8, 13

Reglas de actitud

Las historias de dos de mis pacientes ejemplifican el dramático poder del amor y la esperanza, y la falta de ellas. Una mujer de diecinueve años que había sido diagnosticada con cáncer del intestino delgado vino a verme a fines de 1975. El tratamiento de quimioterapia a la cual había sido sometida no había arrojado buenos resultados. En esas condiciones, su pronóstico era la muerte dentro de tres o seis meses. Sus médicos la habían desahuciado.

Esta muchacha era miembro del seleccionado de su país, el cual en ocho meses estaría participando en los juegos olímpicos de Montreal. Ella vino a mi porque no aceptó el pronóstico de sus médicos, y me dijo que bajo ninguna circunstancia se perdería la competencia.

Como se podrá imaginar, ella comenzó su tratamiento con mucha fe y disciplina. Los resultados eran realmente sorprendentes. A decir verdad, nuestros resultados con los pacientes con este tipo de tumor son pobrísimos. Pero su determinación y tenacidad estimuló sus defensas tan poderosamente, que ellas destruyeron su tumor.

Creo que el tratamiento solo sirvió como un refuerzo emocional. Todo lo que ella necesitaba era alguien que le diera esperanza, alguien que le mostrara interés y amor. Hasta el momento, mientras escribo este libro, esta paciente está viva y saludable.

También recuerdo una mujer de mediana edad con cáncer del seno que vino a mí, después de que le habían extirpado el seno izquierdo. Su cáncer estaba disperso en sus huesos y pulmones. Las terapias convencionales habían fallado, y sus médicos la enviaron a su casa para morir.

En el comienzo de nuestro tratamiento, los vestigios de su anterior belleza podían ser vistos solo con dificultad. Se veía como un esqueleto, y estaba calva. Todo esto era el resultado del agresivo e inútil tratamiento con quimioterapia.

Poco a poco ella comenzó a mejorar. Su cabello volvió a crecer, recuperó peso y la belleza resurgió en su rostro. En seis meses, ella era una nueva persona. Aunque la mutilación quirúrgica le había provocado una situación de dolor, logró superarlo.

Una vez que su esposo vio que ella estaba lo suficientemente fuerte para afrontarlo, le pidió el divorcio. Este es un hecho devastador en cualquier circunstancia, pero en este caso ella lo interpretó como un rechazo hacia su cuerpo mutilado. Luego de casi tres semanas, su cuerpo experimentó una invasión de tumores.

Aunque vino otra vez a verme, ella me confesó que la pérdida del amor de su esposo representó el peor tipo de rechazo. La vida ya no tenía sentido. Ningún poder humano estaba capacitado para cambiar su perspectiva. Su sistema inmunológico cedió, y los tumores aprovecharon las puertas abiertas y la vencieron.

CÓMO AMARNOS A NOSOTROS MISMOS COMO CORRESPONDE

El amor es tan importante y poderoso que Cristo resumió todos los mandamientos en uno, la Regla de Oro: "Amarás a tu prójimo como a ti mismo." ¿Pero por qué hay tan poco amor? Mi cuñado, Joel Ordaz, un ministro independiente, dice que nuestros problemas son precisamente porque amamos a nuestro prójimo como nos amamos a nosotros mismos.

Entonces, ¿Cómo nos amamos a nosotros mismos? Lo hacemos comiendo alimentos de escaso valor nutritivo como envasados y comida rápida, bebiendo bebidas alcohólicas y fumando. El amor no está siendo ejercitado. Nos amamos a nosotros mismos discutiendo y buscando siempre hacer nuestra voluntad. ¡Nuestro prójimo, ciertamente no necesita ser amado con ese tipo de amor!

La propia estima en cada cultura es vital para la preservación de la buena salud. El narcisista ama solo su apariencia, pero las personas que se aman y que se estiman a sí mismas aceptan el hecho de que son seres imperfectos. Una vez que usted y sus defectos están cómodos el uno con el otro, lo más probable es que usted sea feliz en este mundo. Todos aquellos que están en paz con ellos mismos y con los demás disfrutan de una larga y mejor vida.

Este amor propio incluye aceptar la responsabilidad por la salud de su cuerpo, alma y espíritu. Aun con nuestras imperfecciones, amar sigue siendo la respuesta.

SIENDO AMADOS POR DIOS

Cada uno de nosotros está diseñado para ser una criatura unificada en cuerpo, alma y espíritu. Aunque el ritmo de la vida moderna no da espacios para cultivar una vida íntegra y balanceada, no podemos ser divididos. Aquellos que le dan exclusiva importancia al cuerpo, pero desatienden su intelecto y su espíritu están dejando de aplicar una medicina adecuada.

El cultivar el espíritu es el dedicar un tiempo considerable a nuestra relación con Dios. El espíritu es esa parte de nuestro ser que nos permite comunicarnos con Dios. Esto es lo que permite al ser humano desesperado recobrar el sentido de la vida de una forma sobrenatural, para descubrir la vida como nunca antes.

Cada persona que tiene vínculos espirituales, sin importar su creencia religiosa, vive más y mejor. Pero la gran ventaja del cristianismo es que está fundada sobre el amor.

> Porque de tal manera amó Dios al mundo, que ha dado a su Hijo unigénito, para que todo aquel que en él cree, no se pierda, mas tenga vida eterna.
>
> —JUAN 3:16

Esta manifestación del amor de Dios hacia la humanidad es la que nos permite amarnos a nosotros mismos y a los demás. Es también el fundamento de la esperanza de que, lo que sea que hagamos, nada es en vano, y que vamos a un lugar especial por la eternidad donde no habrá más llanto ni dolor.

Ver a la persona como una trinidad—cuerpo, alma y espíritu—y tratarlo como tal en la práctica de la medicina, es algo que aprendí de mi padre. Cuando converso con mis pacientes, me aseguro que ellos reciban la esperanza que puede ayudarlos a confrontar su situación.

Podemos ver que muchos factores afectan el estado de nuestro sistema inmunológico: temor, estrés, actitud, esperanza, amor y confianza en Dios. Ahora veamos los factores externos que pueden afectar nuestra salud y conducir al cáncer.

6

Restaurando el cuerpo

El objetivo tradicional de las labores de investigación del cáncer ha sido encontrar los agentes exterminadores del cáncer. Pero si yo estaría buscando la cura del cáncer, me enfocaría en identificar qué es lo que causa el cáncer.

El común denominador en la causa del cáncer, o cualquier enfermedad crónica degenerativa, es el estrés que afecta y que desequilibra la armonía que el cuerpo necesita para funcionar correctamente. El estrés, tanto el externo como el interno, quiebra el equilibrio derribando nuestro sistema de defensa inmunológico e incrementando nuestra susceptibilidad al cáncer.

Lo que nos produce el estrés interno, son las cosas que suceden en nuestras vida mental, emocional y espiritual. La mayoría de la gente piensa en el estrés como algo emocional y psicológico: es mucho más que eso, una crisis familiar o las presiones del jefe nos hace sentir estresados. En el capítulo anterior, hemos aprendido que ya que este puede manifestarse como enfermedad física, controlar el estrés emocional y espiritual es crucial. Ahora, miremos el estrés en nuestro sistema inmunológico viniendo de nuestro ambiente exterior. La esperanza para vivir libre del cáncer incluye restaurar el cuerpo de los efectos devastadores de un ambiente tóxico.

No solamente podemos estar estresados emocionalmente, sino también nuestros cuerpos pueden estar afectados físicamente. Si estuviéramos en el desierto, expuestos al extremo calor y sin agua, estaríamos experimentando un estrés físico. Los arquitectos e ingenieros que diseñan los edificios buscan asegurar la estructura de modo que puedan soportar el estrés que ejerce el peso y la presión de los materiales.

De la misma forma, las enfermedades físicas pueden ser el resultado de las presiones externas. A diario estamos en contacto con los causantes del estrés físico. Veamos algunos de ellos.

CONTAMINACIÓN DEL AGUA

La raza humana siempre ha usado a los océanos y otros cuerpos de agua como basureros gigantes, creyendo que unos cuantos ciclos biológicos absorberían los desechos y purificarían el agua. Aunque el ciclo del agua fue diseñado justamente para eso, no fue diseñado para tratar los desechos sintéticos y la cantidad de contaminantes que se están arrojando a nuestras aguas.

El advenimiento de la industria petroquímica en este siglo ha conducido a la manufacturación de productos sintéticos, algunos cuestan menos que antes y otros son nuevos y maravillan a los consumidores. En ese año mil millones de libras de sustancias químicas sintéticas fueron producidas. La producción se incrementó a cincuenta mil millones de libras en la década siguiente, y para la década de los años '80, la producción excedió el medio billón de libras. ¿Podría la naturaleza hacer frente a todos estos químicos?

En los Estados Unidos, existen cuatro millones de compuestos químicos reconocidos. Este número se incrementa cada año aproximadamente a mil nuevos compuestos. El tiempo y el costo de los exámenes de laboratorio realizados para controlar ciertos niveles en los componentes como carcinogénesis y teratogénesis hacen posibles que continúe la producción. Todavía hay millones de sustancias que aún no han sido sometidas a controles de seguridad, y aún es sabido que algunas seiscientas de ellas son altamente carcinogénicas (que producen cáncer).

Tomaron tres décadas y millones de dólares probar inequívocamente que el tabaco produce cáncer. Los productores de cigarrillos confiaron en los enormes recursos económicos para contrarrestar esas investigaciones. ¡Ahora imagine los vastos recursos de la industria petroquímica! Mientras tanto, esos químicos y sus derivados están dañando el suelo y el agua.

Desafortunadamente, las plantas de tratamiento del agua no pueden aún detectar, mucho menos desintoxicar, la mayoría de las sustancias químicas que son arrojadas al agua. Los actuales métodos de tratamiento consisten en filtrar los desechos peligrosos de contaminantes ya conocidos. Esto está bien para empezar, pero la realidad es que los nuevos contaminantes escapan a los más modernos sistemas de filtración.

DESECHOS TÓXICOS

En mayo de 1971, en los Establos Shenandoah en St.Louis, tres mil ochocientos litros de aceite fueron desparramados en el terreno para controlar la polvareda en el recinto donde se entrenaban los caballos. Una práctica común en este medio. Sin embargo, pájaros, gatos y perros en el área comezaron a morirse por deshidratación. De los ochenta y cinco caballos que mantenían allí para ser entrenados, cuarenta y tres murieron en un año. No pasó mucho tiempo hasta que los propietarios de los establos comenzaron a sufrir dolores de cabeza, de pecho y diarrea severa.

Varios estudios se llevaron a cabo en un esfuerzo para determinar qué estaba causando esta situación. Se descubrió que el aceite echado en la tierra contenía dioxina, un alto tóxico contaminante que no había sido removido del aceite antes de ser aplicado a la tierra.

Los desechos tóxicos son sustancias generadas por la industria, agricultura o el gobierno que deben ser colocados de una modalidad específica tal como está regulado debido a los potenciales efectos dañinos que pueden tener sobre los seres humanos. Se estima que una tonelada de desechos tóxicos son producidos por persona cada año por las industrias comerciales en los Estados Unidos,[1] pero la industria militar norteamericana genera aproximadamente una tonelada de desechos tóxicos cada minuto.

En Norteamérica, la incidencia de enfermedades ambientales es mucho más alta en áreas cercanas a los depósitos de materiales tóxicos.[3] La experiencia ha mostrado que la deficiente administración de los desechos tóxicos es extremadamente cara para corregirla. A pesar de los esfuerzos para controlar la colocación de esos desechos, muchos países no tienen la suficiente infraestructura, ni administrativa ni tecnológica, para asegurar que el proceso se haga correctamente.

A veces, cuando las regulaciones para los desechos llegan a ser demasiadas rigurosas en su propio país, ellos buscan arrojar los mismos en otros países que no tienen ninguna experiencia en el manejo de esos materiales peligrosos: "Las ciudades mexicanas fronterizas están siendo afectadas por desechos tóxicos arrojados ilegalmente por maquiladoras industriales de los Estados Unidos."[4]

CONTAMINACIÓN DEL AIRE

En nuestro mundo de hoy, cada vez es más difícil salir a tomar "un poco de aire fresco." El mundo industrializado que nos rodea esparce toneladas de anhídrido sulfuroso y otras sustancias tóxicas en el aire cada día. En nuestro andar diario, no pensamos acerca de los gases tóxicos que están en el aire que respiramos. Sin embargo, sabemos que esas toxinas socaban la salud de población, pues cada día oímos más acerca de enfermedades pulmonares, alergias y fatiga.

En 1990, el gobierno de la Ciudad de México reveló que el constante aumento de la polución en el aire estaba poniendo seriamente en peligro la salud de los habitantes de la ciudad. Una quinta parte de la población nacional, unos veinte millones de personas, viven allí. Es además el hogar de tres millones de vehículos motorizados, treinta mil empresas industriales y doce mil empresas de servicio. En 1990, unas 13,500 toneladas de contaminantes fueron producidas allí diariamente, más que en cualquier otra ciudad del mundo.[5] Ese es un dato espantoso si usted considera que la *Environmental Protection Agency* [Agencia de Protección Ambiental] está muy preocupada porque en todo Estados Unidos, con sus cientos de ciudades industrializadas, se producen 74,000 toneladas a diario.[6]

Miles de elementos tóxicos son introducidos en el aire, los cuales son producidos por motores, refinerías de petróleo, las chimeneas de las fábricas químicas, entre otros. Este sucio compuesto conocido como smog es producido por hidrocarburos, monóxido de nitrógeno y otras partículas que, expuestas al sol, se convierten en tóxicos. Aunque algunos países como Japón, Alemania y Estados Unidos han establecido patrones de control de emisiones tóxicas, muchos otros países en desarrollo no los tienen.

Los vehículos motorizados son la principal causa de emisiones tóxicas que provocan el smog. Un estudio hecho por la Universidad del Sur de California demostró el daño hecho por el smog. Investigadores realizaron autopsias a cien víctimas jóvenes de accidentes de automóviles en el área de Los Ángeles, y encontraron daños relacionados con el smog en los pulmones de todos estos jóvenes. El jefe de la investigación declaró que los pulmones de los jóvenes que viven en las grandes ciudades están siendo, literalmente, destruidos.[7]

Nuestros cuerpos no están diseñados para respirar las partículas de smog. Y gracias que, algunas de las toxinas son eliminadas por el riñón. Pero las partículas de smog que no son eliminadas, con frecuencia pasan al torrente sanguíneo y se acumulan en los tejidos grasos y otras células. Esto causa todo tipo de daños, que a menudo son irreversibles, no solamente en los seres humanos, sino también en los animales y las plantas.

Las enfermedades provocadas por esta polución incluyen dificultades para respirar, vértigo, dolores de cabeza, laringitis, irritación ocular, náusea, asma, bronquitis, enfisema pulmonar, neumonía, cáncer del pulmón, enfermedades vasculares, enfermedades de la piel, reducción de glóbulos rojos, enfermedades del riñón, retraso mental, esterilidad y embarazos de alto riesgo. En 1940 la visibilidad en la Ciudad de México era de 10 millas; ahora es menos de dos.

DESECHOS NUCLEARES

Las partículas radiactivas introducidas en el medio ambiente por explosiones nucleares y plantas de energía nuclear han preocupado a los físicos por décadas. Desde 1950, comunidades en los Estados Unidos han elevado quejas en relación al número de pruebas nucleares realizadas en los desiertos de Nevada y Utah. Por muchos años, ha existido la evidencia del peligro que representa estar expuesto a los residuos de tales detonaciones.

Sin embargo, ninguna acción fue emprendida por el gobierno de los Estados Unidos hasta el año 1984, cuando un juez federal en Utah afirmó que diez personas habían desarrollado cáncer como resultado de la radiación producida por las pruebas militares. Un año más tarde, cortes británicas culparon a su industria militar por la elevada incidencia de cáncer en los veteranos que habían participado en las pruebas de armas nucleares en Christmas Island en 1950.

Luego de una explosión nuclear, los átomos de uranio y plutonio producen alrededor de trescientos isótopos radiactivos.[8] Este conglomerado radiactivo queda suspendido en la atmósfera y desciende lentamente a la tierra en forma de lluvia radiactiva. Todas las criaturas, especialmente el hombre, son susceptibles a estos radioisótopos. Ellos invaden nuestros cuerpos a través del aire, agua y alimentos contaminados. Aunque algunos de ellos son fugaces, la mayor parte estarán en la tierra casi para siempre. Por ejemplo, el tiempo de semi-desintegración de un isótopo de carbono 14, ¡es de 5,760 años!

El 26 de abril de 1986, en Chernobil, Ucrania, el mundo fue sacudido por el peor accidente nuclear industrial de la historia. La explosión contaminó la atmósfera con 100 millones curies de radioisótopos que se esparcieron desde Ucrania hasta Gran Bretaña.[9] Solamente treinta y un personas murieron en la explosión, pero el número de muertes por la radiación introducida en el ambiente por accidente es imposible de calcular.

Diez mil venados tuvieron que ser sacrificados en Europa porque comieron forraje contaminado por la lluvia radiactiva que permanecerá al menos por treinta años.[10] El problema es que los europeos no fueron privados de esta delicadeza, sino que ellos, juntamente con sus cultivos y el suelo, fueron bañados con esta lluvia. Los efectos persistirán por décadas, debido a que la larga exposición a pequeñas dosis de radiación pueden causar serias enfermedades.[11]

Uno de los contaminantes fue el conocido estroncio-90, un isótopo que ha sido muy estudiado pues fácilmente contamina la leche. En casos donde animales o seres humanos están expuestos a este, la incidencia de leucemia y cáncer de los huesos es significativamente más alta que en el resto de la población.[12]

Los gobiernos han puesto mucho énfasis en proteger al

medio ambiente de la contaminación nuclear, y los países desarrollados han incluído en sus presupuestos grandes montos de dinero con este propósito. Sin embargo, la contaminación del agua por elementos nucleares va en aumento en nuestro planeta.

Los países que utilizan materiales nucleares no son lo suficiéntemente cuidadosos con los desperdicios radiactivos. Por ejemplo, el Estudio de Incidencia del Cáncer del Seno fue iniciado por una organización dentro del Departamento de Energía para estudiar la más alta incidencia de cáncer del seno entre las mujeres empleadas por la industria nuclear.[13]

Los arrojos de desechos nucleares cerca de los establecimientos humanos pueden ser frenados si hubiera suficiente conciencia y disposición para tomar las medidas necesarias. Un ejemplo es el caso de Sierra Blanca. Norteamericanos apelaron al gobierno de los Estados Unidos a abstenerse de establecer un basurero de desechos nucleares en Sierra Blanca, Texas. Grupos mexicanos los apoyaron ya que lo que se propusieron afectaría también a la salud de la población fronteriza. "La gente organizada pacíficamente, en una lucha sin violencia es un arma poderosa."[14]

CONTAMINACIÓN DE AMBIENTES CERRADOS

Para evitar el smog, la gente se queda en lugares cerrados. Sin embargo, los lugares cerrados tampoco están libres de contaminación. Cuando los clientes y empleados de un banco en Encino, California, experimentaron dolores de cabeza, náuseas y vómitos, los oficiales determinaron que la causa era una excesiva concentración de monóxido de carbono, ¡veinte veces más que la concentración en un aire contaminado con smog![15]

En un futuro es posible que la contaminación interior pueda llegar a representar un problema más grande que la contaminación exterior. El Dr. Alfred Zamm, alergista, descubrió que el aire dentro del típico hogar norte-americano contiene "monóxido de carbono, ácido nítrico, y dióxido de nitrógeno en concentraciones hasta cuatro veces más que el máximo aceptado por las directivas federales."[16]

El asbesto, altamente apreciado por su efectividad y resistencia al calor, está en muchos de los edificios en los Estados Unidos, particularmente en las escuelas. En Norteamerica unos quince millones de niños están expuestos a él, y aún, esta es una causa probada de asbestosis, mesotelioma maligna y cáncer de pulmón, boca, laringe, esófago, estómago, riñón y de colon.[17] Países desarrollados han comenzado a abandonar el uso de este material (demasiado tarde para las once millones de personas que morirán de cánceres provocados por productos de asbesto).

Los expertos calculan que estamos en constante contacto con unos treinta y cuatro productos de alta tóxicidad (hechos por el hombre) que nuestro cuerpo no puede metabolizar o neutralizar.[18] La amenaza es real pues muchos de esos productos se encuentran en cualquier rincón de nuestras casas, escuelas, iglesias, comercios y oficinas.

Los alimentos que comemos

Años atrás, producíamos alimentos para sobrevivir; ahora producimos alimentos para hacer dinero. La agricultura moderna ha llegado a ser una industria lucrativa, siempre al acecho de formas para llegar ser más lucrativa todavía.

En el negocio alimenticio, la productividad (y las ganancias) va en aumento por la manipulación de la naturaleza con fertilizantes químicos para acortar el tiempo de la cosecha y con pesticidas para disminuir las pérdidas. Las ganancias también son incrementadas a través de la transformación de los alimentos perecederos en no perecederos. Pero los muchos métodos usados para incrementar la productividad y las ganancias también dañan severamente y practicamente eliminan los valores nutricionales de los alimentos. Estos alimentos procesados de alto rendimiento (la base de la industria alimenticia) son tan artificiales y poco nutritivos que representan un auténtico riesgo para la salud.

Pero nuestros cuerpos necesitan alimentos reales y nutritivos para enfrentar los desafíos de la vida moderna. Contrario a las creencias populares, comer no es solamente una actividad recreacional. La mayoría de la gente no utiliza su tiempo teniendo en consideración la calidad nutricional de los alimentos que consume. Para muchos individuos, esto puede resultar ser un error fatal. ¿No es irónico que la comida rápida, diseñada para hacernos ahorrar minutos en el día, por último nos robe años de nuestras vidas?

¿QUÉ HAY EN LA CARNE?

Los expertos dicen que un animal con dientes caninos está diseñado para comer carne. No tengo ningún deseo de meterme en problemas con los vegetarianos, pero el ser humano tiene dientes caninos. Desafortunadamente, ¡comemos carne como si nuestro diente canino tuviera un metro de largo! Para suplir la enorme demanda, la industria de la carne ha desarrollado métodos científicos para incrementar la producción de carnes rojas y blancas.

Por décadas, las autoridades de la salud nos han dicho que necesitamos consumir todas las proteínas que podamos para suplir las necesidades del cuerpo. Los productores de carne respondieron al desafío con banderas desplegadas de todos los colores (¡y con colores artificiales también!). Los productos lácteos han sido también promocionados por dietistas y nutricionistas como vital. ¿Todo el mundo necesita leche, no?

En 1940 más de cuatro libras de forraje eran necesarias

para producir una libra de carne; en los '80 solo dos libras fueron necesarias.[19] Hace cincuenta años atrás, una vaca producía dos mil libras de leche por año. En la actualidad, el promedio de un productor es de cincuenta mil libras de leche por año y por vaca.[20] ¡A eso es lo que llamo eficiencia!

En mi opinión, la producción de carne y leche representa una de las maravillas de la tecnología aplicada. Los alimentos para animales mejorados con químicos, la ingeniería genética, las drogas y hormonas son algunas de las herramientas utilizadas por la industria ganadera moderna para crear los super pollos y las vacas mostruos. El grito del Dr. Frankenstein "¡Vive!" habría sido repetido si hubiera presenciado esta monstruosa tecnología.

Los consumidores tienen ahora la información de los alimentos que ingieren, gracias a a las recientes normas para etiquetar los productos establecidas por la *FDA* [Administración de Drogas y Alimentos]. Pero a pesar de las fuertes demandas, los productores ganaderos no tienen que enumerar los ingredientes de sus productos. Usted puede pensar que la leche es leche, pero la *FDA* permite la administración de hasta ochenta y dos drogas para las vacas de producción de lácteos.[21] Por supuesto que, de acuerdo a la industria, esas drogas son beneficiosas.

LOS ANTIBIÓTICOS

El excesivo uso de antibióticos, ya sea para prevención o tratamiento de las infecciones en los animales, ha llegado a ser una medida eficiente y remunerativa de la industria alimenticia, y de las compañías de drogas también. "Casi la mitad de los 50 millones de libras de los antibióticos producidos en los Estados Unidos es utilizado en animales. El 80% no es usado para el tratamiento de animales enfermos, sino para promover el crecimiento de los animales añadiendo pequeñas dosis en sus forrajes."[22] Aún, los antibióticos presentes en los alimentos que comemos tienen efectos nocivos, como la destrucción de aquellas bacterias que son benéficas. Debido a nuestro constante consumo inadvertido e involuntario de antibióticos en la carne y en la leche, además de los que son prescriptos, nuevos y resistentes grupos de bacterias se están desarrollando.

LOS NITRITOS

Los nitritos, muy usado en carnes como los perros calientes y el tocino, son otros pilares en la industria de la carne. Los nitritos no solo preservan por más tiempo la carne, sino que también le dan a la carne una buena apariencia intensificando el color rojo. Cuando se calientan, los nitritos se convierten en carcinogénicos. Los niños que comen doce o más perros calientes al mes son 9.5 veces más propensos a enfermarse de leucemia.[23] Cuando las madres consumen perros calientes durante el embarazo, la incidencia de cáncer en el cerebro de sus bebes es considerablemente incrementado.[24]

HORMONAS DE CRECIMIENTO

Las hormonas de crecimiento bovino y los estrógenos usados en el ganado son las drogas de las que más se abusa. El efecto sinérgico, o combinados, provoca problemas en el hombre tales como artritis, obesidad, intolerancia a la glucosa, diabetes, enfermedades cardíacas y otros problemas menos serios pero fastidiosos como dolores de cabeza, fatiga, trastornos en la visión, vértigo, problemas menstruales y de la actividad sexual.

De todas las drogas usadas para engordar el ganado y tiernizar su carne, la más dañina para los humanos es la hormona femenina llamada estrógeno. Cuando consumimos las carnes que se venden en los comercios, ingerimos hormonas que fueron dadas a los animales en el proceso de la producción de carnes. Los niveles excesivos de estrógenos tanto en el hombre como en la mujer han estado relacionados con ciertos tipos de cáncer.[25]

Nuestro mundo está contaminado artificialmente con sustancias como el estrógeno y otras similares a estas. Como lo mencioné anteriormente, casi todos nuestros alimentos contienen pesticidas, muchos de los cuales tienen la estructura química del estrógeno y, cuando son ingeridos, provocan un leve efecto del estrógeno en nuestros sistemas. Otros estrógenos sustitutos vienen de la industria petroquímica en forma de plásticos, usados para fabricar productos como los biberones entre otros. Debido a sus leves efectos, son considerados seguros. Pero cuando la sinergia toma lugar, cuando estos pesticidas son combinados, los efectos negativos para nuestros organismos pueden ser devastadores. "Los químicos hechos por el hombre usados en plásticos, pesticidas y detergentes que imitan la acción del estrógeno han llegado a estar relacionados con una disminución en el contaje de esperma y en un incremento en cánceres del seno y testicular."[26]

Las investigaciones abrumadoramente apoyan la idea de que el estrogeno incrementa la incidencia de muchas enfermedades de la mujer, incluyendo el cáncer del seno, útero y ovarios, entre otros. Por ejemplo, la extremadamente alta incidencia del cáncer del seno en Long Island, Nueva York, captó la atención de los investigadores del *National Cancer Institute*, [Instituto Nacional del Cáncer]. Ellos están ahora buscando la conexión entre los pesticidas utilizados en los suelos de los cultivos antes de haber sido transformados en comunidades urbanas y la alta incidencia del cáncer del seno. Hoy, los pesticidas abundan en el agua de los grifos.

Las biopsias de los tumores del seno de las mujeres de Long Island mostraron altas concentraciones inusuales de pesticidas DDT y DDE, según Mary Wolf, Doctora en Medicina y profesora en la Escuela de Medicina Mt. Sinai en Nueva York. La incidencia del cáncer fue cuatro veces más alta en estas mujeres que en mujeres cuyas biopsias mostraron poca o ninguna concentración de pesticidas.[27]

Las mujeres occidentales disfrutan sin privaciones del consumo de proteínas y grasas animales, acompañándolas con carbohidratos refinados. Esta dieta no solo incrementa sus riesgos de cáncer de colon, sino también sustancialmente la producción de estrógenos. Este exceso de estrógeno, el cual normalmente es eliminado a traves de la excreción, es contenida en el colon por causa del estreñimiento y facilmente pasa al torrente sanguíneo, el cual ya tiene demasiado.

FRUTAS Y VEGETALES CONTAMINADOS

La forma más fácil de transportar nutrientes de la tierra a nuestros cuerpos es consumiendo frutas y vegetales. No obstante, estos frescos, y alimentos perecederos son bastantes vulnerables a los ataques de una gran variedad de factores naturales (desde una bacteria hasta insectos) que provocan su descomposición.

Estos factores han sido siempre una gran preocupación para la industria alimenticia, la cual emprende batallas con todas clases de pesticidas para "proteger" al consumidor. La verdad es que ellos están protegiendo sus cosechas, pero los consumidores pagan el precio de ser expuestos a esos químicos.

Para hacer crecer los vegetales y las frutas más grandes y más rápido, se arrojan en la tierra cantidades indiscriminadas de fertilizantes. Tan pronto como la cosecha finaliza, se prepara la tierra para la próxima siega. El abuso de nuestro suelo y el excesivo uso de fertilizantes y pesticidas lo desgasta y lo despoja de sus nutrientes.

Los fertilizantes que con más frecuencia se utilizan acaban con el hierro, la vitamina C, ácido fólico, minerales, lisina y muchos otros aminoácidos y nutrientes. Los pesticidas contaminan el suelo y lleva mucho tiempo eliminarlos luego. Por ejemplo, el tiempo de semidesintegración de la clorodina es de veinte años. Recordemos que todas las plantas absorben las sustancias encontradas en la tierra. Por supuesto, comer frutas y vegetales que contienen químicos industriales es altamente peligroso.

El problema es que las frutas y vegetales no son solamente rociados con pesticidas por afuera. Como los pesticidas penetran en el suelo, las frutas y vegetales, los cuales atraen los minerales y nutrientes del suelo, también reciben los pesticidas. De esta manera, estos alimentos están internamente saturados con pesticidas.

Mientras las autoridades han prohibido el uso de algunos pesticidas fuertemente carcinogénicos, los pesticidas con acciones levemente carcinogénicas aún se consideran seguras. El problema es que en los laboratorios, los pesticidas son examinados individualmente, pero los agricultores normalmente los usan en combinación debido a sus efectos sinérgicos; esto también incrementa su potencial carcinogénico a niveles exorbitantes.

Es aterrador pensar que no solamente nuestras frutas y vegetales están expuestos a los pesticidas, sino la mayoría (94%) de los productos alimenticios del mercado también estaán contaminados con ellos.[28] Sin duda alguna, la contínua exposición a ellos puede causar cáncer y otras enfermedades degenerativas.[29]

En 1968, un grupo de investigadores encontró que pacientes que habían muerto de cáncer en el hígado, en el cerebro, esclerosis múltiple y otras enfermedades degenerativas tenían significativamente niveles más altos de pesticidas en sus cerebros y tejidos grasos que los pacientes que habían muerto por otros tipos de enfermedades.[30]

La aplastante evidencia de la toxicidad de los pesticidas esta forzando a la industria a buscar nuevos métodos para proteger a los consumidores.

Esta industria progresista ha recurrido a la tecnología de la era moderna y ahora está utilizando la radiación para esterilizar los productos. Pero los radioisótopos no solamente eliminan los valores nutritivos; ellos son también partículas que con facilidad entran en nuestras células, incrementando el riesgo de mutación y cáncer.

PRODUCTOS ALIMENTICIOS REFINADOS

El azúcar refinado, la harina refinada y los aceites procesados son los más claros ejemplos de alimentos manufacturados. Ellos son los más escenciales productos de la industria alimenticia. Cuestan muy poco producirlos, y tienen un largo período de conservación y, debido a que son ingredientes indispensables en todos los alimentos procesados, su demanda y las ganacias que ellos dejan son impresionantes. De hecho, el mayor logro alcanzado por la industria alimenticia fue el descubrimiento doscientos años atrás que hizo posible "purificar" el azúcar de algunos elementos que pueden descomponerlo, sin sacrificar su dulzura. Este proceso fue llamado "refinar."

El azúcar

Desde su invención en 1751, el azúcar refinado ha sido el producto alimenticio más consumido en todo el mundo. Sin embargo, el proceso de refinamiento elimina de la caña de azúcar todo su valor nutritivo. El azúcar refinado está compuesto por 96% de sacarosa, 3% de materiales de desecho, 1% de agua y 0% de nutritivos. Sus calorías son despojadas de nutrientes. El azúcar refinado es el prototipo de los alimentos sin valor nutricional. Los alimentos con escasas o sin calorías también se los conoce como "anti-nutritivos" pues se encuentran en la cima de los alimentos que no aportan valores nutritivos, y además toman de los nutrientes almacenados tales como tiamina, riboflavina, niacina ¡solo para ser utilizadas!

Existe una directa relación entre la explosión de enfermedades crónicas en la década de los años '40 y la industrialización del azúcar en la década de los años '20. Una alimentación que consiste principalmente en azúcar puede traer muchas enfermedades, entre ellas neurosis, hipoglucemia, diabetes sacarina, cáncer en los conductos biliares, cáncer colorectal, artritis, arteriosclerosis, insuficiencia coronaria y otras.

La conciencia pública acerca del azúcar ha tenido un impacto positivo, y el consumo de azúcar está disminuyendo rápidamente. En respuesta a eso, la industria alimenticia ha incrementado la utilización de azúcar refinado en todos los alimentos procesados (aún los que contienen sal) en un 100%. El azúcar refinado es ahora un producto ubicuo. El norteamericano promedio consume 170 libras al año, y un enorme 82% viene de azúcar camuflada en comidas procesadas sin valor nutritivo.[31] Aún con los avances, el azúcar sigue constituyendo el 25% de todas las calorías que una persona ingiere.

La gente que come menos azúcar por año tiene una menor incidencia de enfermedades y vive más tiempo. Los adventistas del séptimo día, por ejemplo, tienen una dieta vegetariana, y evitan los preservativos y alimentos refinados. No es coincidencia que ellos viven un promedio de doce años más que el resto de la población.

La harina refinada

Por varias generaciones el trigo ha sido la base de muchas dietas en muchas culturas. Es una de las principales fuentes de proteínas, aminoácidos, carbohidratos y fibra. Pero ya no tenemos todos los beneficios de la harina, debido a que la que comemos ahora es "refinada."

En el proceso de refinamiento, la harina pierde alrededor del 82% de vitamina B_1 (tiamina); 67% de B_2 (riboflavina); 80% de B_3 (niacina) y B_6; 98% de vitamina E; 90% de minerales y micronutrientes; 80% de biotina; 76% de vitamina K; 75% de ácido fólico; 50% de ácido linoleico; 85% de su fibra. También pierde otros veinte y siete nutrientes.[33] Pero la virtual extracción de fibra es el problema más grande con el refinamiento.

Nuestra salud depende de nuestra capacidad para alimentarnos y eliminar los desechos. La fibra tiene la tarea vital de ayudar a nuestros cuerpos a eliminar los desechos. El resultado de una dieta baja en fibra es una sociedad con estreñimiento crónico.

Grupos de investigación como el de H.S. Goldsmith (Lancet, 1975) y Reddy y Wynder (*Journal of the National Health Institutes,* [Revista de Institutos Nacionales de la Salud] 1975) informaron que los occidentales producen pequeñas cantidades de excremento cada veinticuatro a cuarentaiocho horas, y que esas heces son duras, segmentadas, frecuentemente dolorosas y difícil de excretar. Por otro lado, aquellos que comen dietas primitivas evacúan tres veces más y con heces blandas, voluminosas y que se eliminan con más facilidad.

Una de las principales formas de desintoxicar nuestros cuerpos es a través de la excreción, la orina y la transpiración. Si una persona tiene estreñimiento, esa persona no excreta toxinas. Cuanto más dura el estreñimiento, más tóxicos retendrá esa persona. Además, una de las principales formas de excretar el estrógeno es a través de la evacuación intestinal. Una persona estreñida no está excretando lo suficiente, de modo que esta es reabsorbida, incrementando el riesgo de contraer cáncer. Grupos de africanos, sudamericanos y japoneses que viven en áreas rurales y comen dietas primitivas, las cuales consisten principalmente en vegetales, frutas, granos ricos en fibra y raras veces algunos productos animales, no tienen casi ningún riesgo de enfermarse de cáncer.

Como puede ver, podemos hacer elecciones personales para ayudar a restaurar nuestros cuerpos de los efectos agresivos del medio ambiente. Podemos controlar lo que comemos, pero algunos de los factores están más allá de nuestro control. Creo que cada uno de nosotros debería hacer su parte ya que, pase lo que pase, seremos expuestos al estrés exterior.

La genética

Se ha estimado que cerca del 25% de los casos de cáncer del seno diagnosticados antes de los cuarenta años, son causados por mutaciones en un gen particular conocido como BRCA1.[34] Luego de que este fue descubierta en 1994, un gen similar, llamado BRCA2, fue descubierto.[35] Las mujeres que sufren un cambio (mutación) en estos genes tienen un alto riesgo de cáncer del seno y del ovario.[36]

Pruebas genéticas están ahora disponibles para detectar mutaciones en estos genes, pero ya que las mutaciones dependen de varios factores, es muy difícil predecir realmente quién tendrá cáncer. Otros factores también deben ser tenidos en cuenta, tal como la existencia del cáncer del seno en la historia familiar.

Algunos creen que un gen de cáncer puede ser transmitido de generación en generación. Yo creo que lo que está siendo transmitido son malos hábitos alimenticios y malos estilos de vida. Un hombre, cuya madre tenía cáncer de colon estaría propenso a tenerlo también pues estuvieron comiendo en la misma mesa por muchos años, ¿no? Creo que la elección de nuestro estilo de vida es un factor con mayor peso que el genético.

Otros factores de riesgos del cáncer

1. Consumo de alcohol

Los expertos no pueden explicar la relación entre el consumo de alcohol y el cáncer del seno, pero las estadísticas indiccan que las mujeres que toman bebidas alcohólicas tienen una mayor incidencia de cáncer del seno.[37] El alcohol también puede incrementar la producción de estrógeno. He observado que el alcohol puede también jugar un papel importante en el incremento de la tasa de proliferación de células del seno, que también pueden ser carcinogénicas.

2. Fumar cigarrillos

Los índices del cáncer del seno y del pulmón comenzaron a aumentar exactamente al mismo tiempo que lo hizo la revolución sexual. Eso fue cuando la mujer comenzó a hacer las mismas cosas estresantes que el hombre estaba haciendo: trabajos con alto estrés, beber y fumar.

No piense que fumar es el único responsable del cáncer del pulmón. Como el número de mujeres fumadoras se ha incrementado, de la misma manera sucedió con las tasas del cáncer del pulmón, del seno y de los ovarios.[38]

3. Radiación

Se sabe que las dosis moderadas y altas de radiación incrementan el riesgo de cáncer en el seno. Debido a que la mamografía es básicamente un rayo X (radiación) del seno, yo no la recomiendo a mis pacientes por dos razones: 1) Pocos radiólogos están capacitados para leer mamografías correctamente, por lo tanto limita su efectividad. El hombre que ha desarrollado esta técnica declaró a la televisión nacional que solo cerca de seis radiólogos en los Estados Unidos pueden leerlos correctamente. 2) Agrego a lo dicho, cada vez que los senos están expuestos a un rayo X, el riesgo de cáncer del seno se incrementa un 2%.[39]

Yo recomiendo la autoexaminación. De hecho, recomiendo que los esposos aprendan cómo examinar a sus esposas. Es más probable que un matrimonio detecte un bulto en el seno que un radiólogo pueda hacerlo leyendo una mamografía.

4. Campos electromagnéticos

El Instituto Nacional del cáncer y la Agencia de Protección Ambiental han encargado estudios para investigar la conexión entre los campos electromagnéticos y el cáncer. Los científicos están tratando de encontrar por qué los campos electromagnéticos son perjudiciales para nuestra salud y cómo protegernos de ellos. Hasta que desarrollemos una adecuada línea de defensa, recomiendo abstenerse de usar aparatos electrónicos por períodos extensos de tiempo.

Sea precabido con todas las posibles causas del cáncer. Con esta conciencia, usted puede comenzar a identificar cosas que puede hacer para disminuir su propio riesgo de cáncer y el de los miembros de su familia.

Una vez que el cáncer azota, ¿qué estrategias se encuentran disponibles? Pasemos ahora a las estrategias convencionales y sus resultados.

7

Estrategias de la medicina convencional

Desde que era un niño, sabía que quería ser cirujano. Asistí a un establecimiento terciario cristiano en los Estados Unidos, y luego a una escuela de medicina en México. Mi sueño se hizo realidad cuando fui aprobado como oncólogo cirujano en la Primera Universidad de Viena, Austria, (la mejor de todo el mundo).

Los profesores fueron pacientes conmigo mientras aprendía alemán rápidamente, y me ubicaron en donde las demandas del lenguaje eran mínimas: la sala de operaciones. Pasé más tiempo allí, realizando cirugías en pacientes con cáncer que cualquiera de mis compañeros que hablaban alemán.

Durante un lapso de cinco meses, llegaba al hospital antes de que saliera el sol y me iba de la sala de operaciones después del anochecer. Nunca ví el brillo del sol durante ese tiempo, y estaba realmente un poquito traumatizado por eso. Ese es el motivo por el cual todas las salas quirúrgicas en mi hospital tienen grandes ventanas que permiten que brille la "terapia natural."

Fui adiestrado en medicina convencional a lo largo de

mis entrenamientos quirúrgicos en oncología. Mi padre fue entrenado en medicina convencional también, con una especialidad en patología. Pero rápidamente, incorporó terapias alternativas, tal como la megadosis de vitaminas. He trabajado con él desde 1983, y juntos hemos llegado a ser conocidos principalmente por la medicina alternativa.

Hemos usado y probado todo tipo de tratamientos y métodos, ortodoxos y no ortodoxos, y concordamos en que hay buenos y malos en ambas modalidades. Creo que es más importante cómo y por qué un médico usa una terapia que si esta es convencional o alternativa.

En este capítulo y en el próximo, le mostraré un panorama de las estrategias utilizadas en los tratamientos del cáncer, tanto convencionales como alternativas. Le compartiré cuáles son las opciones de tratamientos que se están usando, pero no le aconsejaré qué terapia es la mejor para usted o su ser querido. Una relación personal con un médico competente es una parte vital en el proceso de tomar decisiones acerca de un plan terapéutico. Recuerde, los médicos son similares a los políticos en que cada uno tiene una diferente opinión o plan sobre cómo resolver una situación difícil.

En las últimas décadas los tratamientos contra el cáncer del seno, por ejemplo, adquirieron una modalidad multidisciplinaria. Un comité formado por un cirujano, un especialista de radiación y un oncólogo planearon la estrategia de tratamiento con el fin de "atacar" el cáncer. Este enfoque multidisciplinario continúa vigente en la actualidad.

La primera opción que a menudo se considera es la cirugía.

LA CIRUGÍA

Ya hemos descubierto que mucho de la terapia convencional del cáncer está basada en la teoría de que los tumores son la enfermedad, y deben ser destruidos. Hay varias maneras de remover o destruir con éxito los racimos de células malignas que invaden un organismo. La más primitiva es la cirugía.

Literalmente cientos de procedimientos han sido desarrollados para remover los tumores de todas partes de la anatomía. Los tumores pueden ser tan grandes y estar en partes tan complejas del cuerpo que mediante la habilidad y experiencia, un cirujano debe proponer una técnica individual para remover un tumor específico. Esta es mi especialidad, y es tan emocionante como desafiante.

A veces es muy poco lo que la cirugía puede aportar. Muchas veces, las cirugías deben durar doce horas o más para remover tumores complicados. Pero cuando un tumor puede ser removido con éxito, le concede al paciente las mejores posibilidades para recuperarse. Créalo o no, la cirugía es la menos agresiva de los terapias convencionales.

La cirugía puede ser una útil y compasiva modalidad de tratamiento para el cáncer, dependiendo de cada circunstancia. Si uno de mis pacientes tiene obstruída una vía intestinal, no le daría zanahorias para que coma ni le diría que el jugo de esas zanahorias lo van a curar. Ellas pueden hasta llevarlo a morir. En su caso, la cirugía sería un salvavidas.

Estoy alarmado, sin embargo, en cuán agresivos han llegado a ser algunos cirujanos. Necesitamos ser conservadores acerca de cuándo y cómo proponer la cirugía. Cualquier tipo de cirugía es estresante para un paciente y tiene riesgos.

CIRUGÍA TEMPRANA DEL CÁNCER

La idea de que el cáncer crece esparciendo sus "tentáculos" viene de mucho tiempo atrás a través de William Halsted (1852-1922), considerado el padre de la cirugía en los Estados Unidos, y el antropólogo Rudolph Virchow.

Podemos seguir la historia de la cirugía del cáncer al analizar el cáncer del seno. En los días de Halsted, el cáncer del seno se trataba de la siguiente manera: se extirpaba el tumor mismo, o se procedía a extirpar el seno completo. El cáncer de hígado y pulmón, creían ellos, provenían directamente a través de esos "tentáculos" desde el seno hasta los órganos. Por lo tanto, el máximo posible de los tejidos en los cuales estos "tentáculos" pudieran estar escondidos, tenían que ser removidos.

Basado en esta teoría, Halsted expandió las técnicas que había aprendido en Alemania y comenzó a practicar la mastectomía radical, una operación que incluía extirpar por completo el seno, muchos de los tejidos que lo rodean, los músculos adyacentes del pecho y todos los nudos linfáticos de la axila.

Los procedimientos de la mastectomía radical de Halsted era ampliamente aceptada en los Estados Unidos y Europa. Su técnica se convirtió en modelo de enseñanza en la cirugía de los Estados Unidos. La filosofía y técnica de la cirugía radical para el cáncer del seno comenzó a ser usada rápidamente en otros tipos de cáncer.

Evidencia de metástasis

Las células cancerígenas se esparcen desde el tumor original hasta órganos distantes a través del torrente sanguíneo (se lo denomina "metástasis"), según una teoría publicada en 1910 por James Ewing del Hospital Memorial de Nueva York. Por lo tanto, la teoría de los "tentáculos" de Halsted y Virchow cayó en descrédito.

Las metástasis y su recurrencia constituyen una pesadilla para los cirujanos. Aunque, si bien fue probado que la cirugía radical no era necesaria porque no había tentáculos para remover, los cirujanos permanecieron culpándose a ellos mismos por no remover suficiente tejido cuando los tumores recurrian. Muchos cirujanos reaccionan de la misma manera hoy. Como consecuencia, se desarrollaron aún más las técnicas de cirugía radical. Hasta la fecha, estas drásticas cirugías continúan practicándose sin ningún fundamento "científico."

Avance de la cirugía conservadora

La desfiguración y el dolor de la cirugía radical ha creado una controversia. Durante la década de los años '50 un grupo de cirujanos cuestionaron las ideas de Halsted acerca de la cirugía radical. George Crile de la Clínica Cleveland, un practicante de la cirugía radical, descubrió los maravillosos resultados de un cirujano británico, Geoffrey Keynes, en la práctica de la cirugía conservadora. Crile convenció a sus colegas de que le permitan seguir la estrategia conservadora. Crile fue el primer médico en los Estados Unidos en intentar una prueba clínica con cirugía conservadora para cáncer del seno.

La mujer que participó en esta estrategia de avanzada recibió mastectomías parciales. Crile removió todo el tumor y un amplio márgen de tejido sano. Los resultados de Crile fueron sorprendentes. Este método más suave, probó ser tan exitoso como la cirugía radical. La clase médica dirigente censuró a Crile acusándolo de extremista y casi de curandero.

La brecha entre los defensores de las cirugías radicales y los defensores de la modalidad conservadora comenzaron a ampliarse. La cirugía se tornó aun más agresiva. La mastectomía de Halsted se extendió no solo a remover el seno entero, los músculos del pecho y los nudos linfáticos de la axila, sino también a todos los ganglios linfáticos bajo el esternón. Esto dejo al tórax de los pacientes como tablas de lavar la ropa, porque las vértebras estaban entonces cubiertas solo por la piel.

Los cirujanos, constantemente presionados por la necesidad de cirugías cada vez más extensas, inventaron la "mastectomía super-radical." En este procedimiento, la clavícula era fracturada y la primera vértebra removida para permitir a los médicos cortar más tejidos con mayor facilidad. Afortunadamente, este procedimiento se abandonó rápidamente debido a sus desastrosos resultados, en gran parte debido al impacto psicológico de la mutilación.

Durante la década de los '60 ocurrió un resurgimiento del entusiasmo por las cirugías conservadoras para el cáncer del seno. Los médicos se inclinaron hacia las cirugías menos agresivas y la preservación literal del seno, lo cual significó que solamente era removido el tumor. Este procedimiento era considerado como una extirpación local, tumorectomía, lumpectomía y nodulectomía. Cuando era necesario quitar una parte del seno, se le llamaba mastectomía parcial.

En 1964 se inició el primer gran estudio científico de la cirugía conservadora para el cáncer del seno. El estudio comparó la extirpación local del tumor junto con algunas sesiones de terapia de radiación contra la mastectomía radical. El estudio concluyó que la esperanza de vida de las pacientes tratados con la cirugía conservadora y radiación era la misma que aquellas que recibieron mastectomías radicales.[1] Este estudio, el cual fue llevado a cabo en el Hospital de Guy en Londres, fue seriamente criticado, y el movimiento conservador sufrió un duro revés.

Fue en este momento que George Crile de la Clínica Cleveland decidió participar en el debate. En 1965, Crile publicó sus experiencias y continuó insistiendo que el tratamiento conservador era seguro y efectivo.[2]

Era evidente la existencia del temor de que un tratamiento conservador podría alterar el "statu quo." En la Universidad de Harvard, Oliver Cope, quien practicaba la cirugía conservadora, escribió acerca de sus experiencias para el *New England Surgical Study* [Estudio de Cirugía de Nueva Inglaterra] en 1967, pero se le negó la publicación en la revista. A pesar de la oposición de los promotores de la cirugía radical, las fuerzas conservadoras ganaban influencia y recibían el respaldo de otros que se oponían a la cirugía radical.

Mientras tanto, en 1963 algunos médicos buscaron un equilibrio entre las dos posiciones y sugirieron la remoción del seno y de los nudos linfáticos en las axilas sin remover los músculos pectorales. Aunque si bien se hizo el procedimiento más difícil, los resultados fueron mejores desde el punto de vista estético. Este método ha sido llamado como una mastectomía radical "modificada." Fue muy aceptado internacionalmente, pero aún implicaba, la muchas veces innecesaria mutilación del cuerpo.

Una nueva estrategia en la cirugía del cáncer

En 1957 el Dr. Bernard Fisher de la Universidad de Pittsburgh organizó un grupo multi-institucional llamado *Surgical Adjuvant Breast Project* (NSABP) [Proyecto Adyuvante de Cirugía del Seno]. Fisher formó este grupo para estudiar varios aspectos del cáncer de mamas pues no estaba convencido de la validez de la idea de Halsted que la mastectomía radical era escencial. Mediante una serie de estudios el NSABP refutó exitosamente muchas de las ideas de la hipótesis de Halsted. Ninguna otra institución o individuo ha contribuído más a la comprensión del cáncer que el Dr. Fisher y el NSABP.

Hallazgos del NSABP

* Las células del cáncer no siguen un patrón de orden, pero se desprenden fuera del tumor y viajan a través de los nudos linfáticos.

* Los nudos linfáticos no obstaculizan el paso de las células cancerígenas, por el contrario a menudo ayudan a esparcir el cáncer. La infección de ellos es un indicador de un sistema inmunológico debilitado.

* La condición del paciente influye directamente en el progreso del tumor.

- El torrente sanguíneo sirve de "carretera" para que las células cancerígenas se dispersen a través del cuerpo.

- Las células del cáncer comienzan a circular en una muy temprana etapa. El cáncer es una enfermedad sistemática.

- El tratamiento localizado tiene poco efecto en las posibilidades de un paciente para sobrevivir.

La hipótesis de Halsted

- Las células de los tumores se esparcen por extensión directa, y lo hacen de una manera ordenada.

- La red de nudos linfáticos trabajan como barreras al paso de las células de los tumores, y no están involucrados en la expansión de la enfermedad.

- Los tumores crecen y se ramifican por ellos mismos, y la condición del paciente no influye de ninguna manera en el proceso.

- El torrente sanguíneo no juega un papel importante en la dispersación de los tumores del cáncer.

- Los tumores permanecen aislados y encapsulados dentro del cuerpo por mucho tiempo.

- El tratamiento quirúrgico es muy importante para la supervivencia del paciente.

Halsted creía que era absolutamente necesario remover los nudos linfáticos al tratar el cáncer del seno. En un estudio del NSABP, cirujanos trataron a más de mil mujeres con cáncer de mamas, de las cuales ninguna de ellas tenían el cáncer esparcido en los nudos linfáticos. Las pacientes fueron divididas en tre grupos: pacientes tratadas con mastectomía radical, pacientes tratadas con mastectomía simple junto con terapia de radiación en los nudos linfáticos y pacientes tratadas con simple mastectomía sin radiación en el ganglio linfático.[3]

Aproximadamente el 18% de las pacientes tratadas experimentaron que el cáncer se había extendido a los nudos linfáticos. Lo sorprendente fue que la tasa de sobrevivencia fue la misma para los tres grupos. Por lo tanto, se hizo evidente que no hubo ningún provecho al remover los nudos linfáticos con cirugía y con el tratamiento de radiación.

El mito de que los nudos linfáticos necesitaban ser removidos, lo cual fue impulsado por los que promovían la cirugía radical, fue completamente desacreditada. El pronóstico de un paciente con cáncer no mejora con más agresión quirúrgica. El NSABP concluyó que los cirujanos pueden dejar los nudos linfáticos solos, aún cuando ellos alberguen células cancerígenas, sin poner en peligro las posibilidades de supervivencia del paciente.

Es verdad que el 20% de las pacientes tratadas con cirugía conservadora experimentan recurrencias, pero también es verdad que ellas pueden ser tratadas con otra operación conservadora. Aunque si bien el 20% parece ser un alto porcentaje, recuerde que el 80% son sometidos a devastadoras operaciones que reducirían seriamente la calidad de sus vidas. Vera Peter, Doctor en Medicina, de Toronto, consideró que "si bien la tasa de recurrencia es significativamente más alta en pacientes tratados con cirugía conservadora, sus esperanzas de vida son las mismas."[4]

En 1985 el NSABP publicó los primeros resultados de un estudio comparativo de tratamientos de cirugía conservadora (mastectomía simple, lumpectomía con terapia de radiación post-operatorio). El estudio concluyó que las pacientes tratadas con lumpectomía, el tratamiento más conservador, vivieron tanto como las otras que habían recibido uno de los otros tratamientos.[5]

Ningún otro cáncer ha sido tan extensamente estudiado como el cáncer del seno. Aún cuando a una paciente con cáncer del seno se le da la opción de escoger la cirugía conservadora, como la lumpectomía, ella a menudo expresa su preferencia por el tratamiento radical. ¿Por qué? Porque con frecuencia los cirujanos presentan la opción conservadora como "riesgosa," argumentando que aún no hay suficientes datos que apoyen a esta opción como la mejor metodología.

Al final de este siglo, la cirugía radical es aún (increíblemente) la más aceptada como tratamiento contra el cáncer del seno. Sin embargo, este enfoque está en el proceso de ser modificado, y el conservador está siendo cada vez más aceptado.

El comportamiento de los tumores recurrentes es un misterio. Algunos cirujanos piensan que dejar algunas células cancerígenas vagando luego de la cirugía es un error fatal. Otros creen que esas células simplemente se convierten en tumores que pueden ser removidos sin ningún tipo de amenaza para la vida del paciente. Aun, muchos líderes en el campo de la cirugía oncológica, esto sin temor ni arrogancia, continúan demandando que se lleven a cabo más estudios antes de modificar los tratamientos tradicionales.

CAMBIANDO NUESTRO PENSAR ACERCA DE LA CIRUGÍA

Sesenta años después del descubrimiento de que los tumores se esparcen por medio del torrente sanguíneo, nuestro criterio acerca de la cirugía no han cambiado. ¿Cómo es posible? ¿Qué justificación podríamos tener para continuar mutilando gente cuando estudios científicos clínicos probaron que tal curso de acción es absolutamente innecesario?

Poco es lo que ha cambiado la oncología del último siglo

y la del presente, porque su principal instrumento continúa siendo el bisturí. Hoy, cuando se encuentran los tumores en su temprana etapa, la cirugía es considerada la única arma efectiva. Si el paciente no termina mutilado, la cirugía es también considerada el tratamiento menos agresivo.

Desde 1965 mi padre, basado en los estudios de Crile y otros, ha denunciado estos procedimientos. Como otros antes de él, fue duramente criticado y acusado de "curandero" y un ignorante de la oncología.

Uno solo puede esperar que la clase médica dirigente finalmente le dé el crédito a los "curanderos" que fueron pioneros en tales valiosas investigaciones. Los promotores de una nueva y revolucionaria idea son tenidos como villanos, ridículos e ignorantes. Cuando el cambio finalmente es aceptado como valioso, aquellos que actuaron como los más duros oponentes, a menudo toman el crédito por la idea.

Cambiando nuestro pensar acerca de la terapia de radiación

La terapia de radiación es la segunda línea de ataque. Por un corto tiempo, se usó radiación total sobre el cuerpo; no obstante, esa práctica fue suspendida cuando muchos pacientes murieron por causa de la extrema toxicidad. Ahora la terapia de radiación ha desarrollado una terapia localizada en las cuales las sesiones, como también el tamaño de los campos (áreas sobre las cuales se emite la radiación), han disminuído significativamente. Los rayos X son utilizados para realmente quemar las células malignas. Hay reacciones adversas a la terapia pues, aunque los campos son limitados, los rayos se dirigen (dentro del campo) sobre las células malignas como también sobre las benignas.

La terapia de radiación, en la cual pusimos muchísima fe algunas décadas atrás, ha probado ser otro desacierto médico. Motivados por la desesperación de fracasar, los terapistas de radiación han ideado nuevas formas de aplicar cada vez más sesiones agresivas a sus pacientes. Ellos han "quemado" literalmente a pacientes, dejando a muchos de ellos discapacitados. Además, estos pacientes han tenido que experimentar los temporarios efectos secundarios de náusea severa, malestares, pérdida del apetito y de otra funciones.

Las sesiones de radiación tienen que ser específicamente administradas, y hay una dosis de aire, dosis de piel y dosis de tumor. El cálculo tiene que ser hecho por un experto, muchas veces por un físico. El terapeuta de radiación toma las medidas para prevenir que la piel sea quemada. Cuanto más se exponga la piel a los rayos, más será afectada.

Según el Dr. Mario Soto, cuando el campo de entrada es grande, entonces habrá efectos secundarios. Por ejemplo, si el esófago es tocado durante una sesión de radiación en el toráx, puede traer como consecuencia una esofagitis o que el revestimiento interior del esófago sea quemado. En el caso de cáncer cervical y útero, puede dar origen a la proctitis, o que resulte quemado los revestimientos del recto. En la radiación sobre la cabeza y cuello, si la radiación es aplicada en la lengua, las glándulas salivales pueden ser impactadas, y el paciente quedará sin saliva.

Cada fase tiene que ser analizada e individualizada para ver si hay beneficios para el paciente. Como dicen los europeos, "¿Por qué causaría síntomas cuando el paciente no tiene ningún síntoma?"

Cambiando nuestro pensar
acerca de la quimioterapia

En noviembre de 1998, tuve la oportunidad especial de sentarme en un panel con reconocidos expertos del cáncer en una convención de la salud llamada Exposición de la Salud, que se llevó a cabo en Orlando, Florida. El Dr.

Bernie Siegel, un amigo mío, fue el moderador.

Para abrir la discusión, el Dr. Siegel tomó una copia de mi revista, el *Health Ambassador* [El Embajador de la Salud]. Mi editor estaba sorprendido y con regocijo por cómo el Dr. Siegel leyó el título de la portada: "La quimioterapia, un destino peor que la muerte."

"Como ustedes ven, declaraciones negativas como estas son contraproducentes en la terapia del cáncer," el Dr. Siegel continuó, "Si una persona quiere escoger la quimioterapia y cree que lo ayudará, le puede ir bien y ser beneficiado por ella. No tiene que ser un destino peor que la muerte."

Pude mirar a mi editor encogerse en su silla en el fondo de la sala. Más tarde el Dr. Siegel me felicitó por el trabajo que estamos haciendo en Oasis de Esperanza, de modo que sé que él no pensó que estábamos completamente equivocados; el simplemente no estaba de acuerdo con nuestro título de la revista.

En realidad, concuerdo con el Dr. Siegel. Hay un tiempo y lugar para todo, incluyendo la quimioterapia. He visto a la quimioterapia beneficiar a un paciente, especialmente en bajas dosis que son enfocadas directamente al tumor. No siempre es el caso, sin embargo, muchos de mis pacientes pueden testificar que la quimioterapia parece peor que la enfermedad.

La quimioterapia es el campo de la oncología que está diseñada para destruir tumores a través de químicos que son dados sistemáticamente, por inyección u oralmente, o localmente, inyectando en los tumores mediante una arteria específica (quimioterapia regional). Los muchos agentes quimioterapéuticos son diseñados para destruir las células malignas o bloquear los procesos específicos del desarrollo celular.

La quimioterapia usada contra el cáncer es agresiva porque el cáncer es agresivo. Ya que muy poco es lo que ha aportado en la lucha contra el cáncer, no es de sorprender que la frustración que invade a los quimioterapeutas los lleve a aplicar tratamientos más agresivos, tanto por las dosis como por la variedad de sustancias usadas.

Los oncólólogos se dan cuenta que la quimioterapia es el tratamiento más tóxico y menos efectivo. No obstante, ya que se debe hacer algo por el paciente, la frustración a menudo hace que la quimioterapia parezca la única opción. De modo que los terapeutas continúan confiando en su destructivo tratamiento, lo cual raya en lo sádico.

En la mayoría de los casos, los pacientes de quimioterapia sienten que están muriendo. Los efectos secundarios tienen que ver con el hecho de que las drogas de quimioterapia no solo atacan a las células malignas; sino que también seleccionan cualquier célula que se reproduzca por sí misma rápidamente. Entre ellas se encuentran los folículos pilosos (del pelo), lo cual es el motivo de que los pacientes pierdan el cabello. Los revestimientos de las vías gastrointestinales también se reproducen rápidamente, de modo que cuando la quimioterapia actúa allí, el paciente comienza a padecer náuseas y vómitos. La médula ósea es también un tejido de alta proliferación. La quimioterapia causa lo que se llama depresión de la médula ósea, la cual puede ser controlada si el oncólogo o hematólogo está trabajando de cerca.

Los pacientes que están tomando quimioterapia con frecuencia se sienten débiles, pierden su apetito y a menudo tienen latentes efectos secundarios de pérdida del gusto e hipersensibilidad a los olores a tal punto que no pueden percibir los olores como el jabón y los productos de limpieza.

Según el oncólogo clínico, el Dr. Mario Soto de nuestro hospital Oasis de Esperanza, ciertas drogas de quimio-terapia, tales como la Vincristina, son neurotóxicas, es decir, tóxica para los nervios, y pueden causar severos efectos secundarios en el sistema nervioso. Otra drogas similares tienen los mismos efectos secundarios como el Taxol, el cual es ampliamente utilizado. La Adriamicina puede ser cardiotóxica, es decir, tóxica para el corazón, la

Bleomicina puede causar daños en los tejidos de los pulmones.

Muchos de mis pacientes preferirían morir antes que continuar con tal terapia. Realmente prefieren seguir esperarando, con el cáncer y sin tratamiento alguno antes que sufrir la experiencia de la quimioterapia.

Los resultados de la quimioterapia

Durante sus diez años como especialista en estadísticas, el Dr. Ulrich Abel descubrió que el método usado para tratar la mayoría de los cánceres epiteliales que común-mente ocurren, extrañamente han tenido éxito. Abel publicó un sumario de sus resultados de quimioterapia, *Chemotherapy for Advanced Epithelial Cancer* [Estudios de Quimioterapia del Cáncer Epitelial] en el año 1990.[6] En el mismo trata acerca del cáncer epitelial, el cual es un tipo de cáncer del pulmón, seno, próstata, colon y otros órganos. Los cánceres epiteliales son los responsables del 80% de las muertes atribuídas al cáncer en el mundo industrializado.

Abel afirma que no hay ninguna evidencia que la gran mayoría de los tratamientos del cáncer con quimioterapia ejercen algún tipo de influencia positiva como en la esperanza o calidad de vida. Esta conclusión tiene un significante impacto si recordamos que el Dr. Abel pertenece a la clase de médicos que prescriben tales tratamientos.

Según Abel, la "casi dogmática creencia de la efectividad de la quimioterapia está generalmente basada en las falsas conclusiones tomadas de datos imprecisos." Luego de llevar a cabo entrevistas con muchos médicos, Abel concluyó que "la opinión personal de muchos oncólogos parecen ser notoriamente diferente a las comunicaciones destinadas para el público."[7] En otras palabras, Abel indicó que muchos oncólogos no tomarían quimioterapia si ellos tuvieran cáncer.

De hecho, muchos especialistas del cáncer no tomarían quimioterapia personalmente. La Dra. Heine H. Hansen del Instituto Finsen en Copenhagen hizo una encuesta con 118 médicos, muchos de ellos especialistas del cáncer, y quedo impactada al encontrar que los oncolólogos recomendaban a la mayoría de sus pacientes quimioterapia experimental que ellos mismos no aceptarían. La gran mayoría de los médicos consideró las opciones de tratamiento, con más de dos a seis medicamentos, como in-aceptables si ellos mismos estarían participando en las pruebas clínicas.[8]

Los sectores influyentes de la medicina insisten en que uno de los efectos de la quimioterapia es que prolonga la esperanza de vida por cinco años. Según el Dr. Abel, esta pretensión es totalmente falsa. Solamente hay evidencias de que la quimioterapia extiende la vida en el caso de una pequeña carcinoma en un pulmón, y que el mejoramiento consiste en extender la vida solamente por tres meses.[9]

Estos son algunos de los descubrimientos del Dr. Abel publicados en referencia a algunos tipos de cánceres que comúnmente son tratados con quimioterapia.[10]

- *Cáncer de colon y recto:* No hay ninguna evidencia de que la quimioterapia prolonge la vida de los pacientes que sufren estas malignidades.

- *Cáncer de estómago:* No hay ninguna evidencia de efectividad.

- *Cáncer de páncreas:* El estudio más grande dio como resultado "completamente negativo." Los pacientes que experimentaron prolongación de vida fueron aquellos que no recibieron quimioterapia.

- *Cáncer de vejiga:* A menudo se ha aplicado la quimioterapia, pero sin resultados positivos. Probablemente ningún estudio al respecto fue llevado a cabo.

- *Cáncer del seno:* No hay ninguna evidencia de que

la quimioterapia aumente las posibilidades de sobrevivencia del paciente. Su uso es "éticamente questionable."

- *Cáncer de ovario:* No hay ninguna evidencia directa, pero puede bien valer la pena investigar el uso de platino.

- *Cáncer de útero y cervical:* No hubo ninguna mejora en la tasa de sobrevivencia de las pacientes tratadas con quimioterapia.

- *Cáncer en la cabeza y cuello:* En términos de sobrevivencia, no hubo ningún beneficio con el uso de la quimioterapia. Existió el beneficio ocasional de reducción del tumor.

Frente a estos hechos, usted puede preguntarse de dónde es que se fundamenta la noción de que ¡la quimioterapia es beneficiosa! Es verdad que a veces estas medicinas reducen el tamaño del tumor.[11] Pero en realidad no tienen ningún impacto significativo en relación a la extensión de la vida, y casi siempre reducen la calidad de vida. En la práctica, muchas veces sucede que el cáncer regresa en forma más agresiva que nunca. Aunque el 99% de un tumor sea eliminado, con frecuencia el restante 1% está compuesto de las células más agresivas.[12]

A pesar del informe revelador sobre la quimioterapia del Dr. Abel, no parece haber ninguna tendencia, dentro del mundo de la medicina, a utilizar métodos más conservadores. La realidad es que los médicos presionan a sus pacientes a recibir quimioterapia de inmediato. George Crile afirmó en su libro *Cancer and Common Sense* [Cáncer y el Sentido Común] que "aquellos responsables de dar información al público han escogido usar el temor como arma. Han creado una nueva enfermedad llamada cáncer fobia, la cual es contagiosa y se dispersa desde la boca hasta los oídos."[13]

Mi hermano, el Dr. Ernesto Contreras, un oncólogo y terapeuta de radiación, hizo la siguiente observación después de veinte y cinco años de práctica médica:

> Es realmente frustrante ver cuán poco es lo que hemos podido avanzar en la oncología. La efectividad del tratamiento contra el cáncer es dudosa. He tratado a miles de pacientes, la mayoría de ellos en sus etapas avanzadas del cáncer, y no puedo decir que más del 15% hayan respondido favorablemente a un tratamiento ortodoxo. Solo otro 25% recibió el beneficio de una remisión temporaria o un real alivio de la devastación causada por la enfermedad. Más del 60% restante sintieron solo una insignificante reducción de su dolor.
>
> Puedo decir que solamente unos pocos pacientes fue significativamente prolongada su calidad de vida por los tratamientos agresivos disponibles en la actualidad. Por otro lado, tengo que aceptar, que en muchos casos el remedio fue peor que la enfermedad.
>
> Estoy convencido que el valor práctico y real de la quimioterapia y la terapia de radiación es muy limitado a casos específicos. En tanto no podamos ofrecer mejores tratamientos para la mayoría de los pacientes con cáncer, es una obligación, no solo una ocupación, para los oncólogos y médicos dedicar sus esfuerzos mediante la investigación de tratamientos nuevos y alternativos. Solamente entonces podremos esperar encontrar los tratamientos más efectivos, menos agresivos y menos tóxicos. Recién entonces, podremos esperar prolongar las vidas de los pacientes con cáncer y mantener la calidad de sus vidas también.

CAMBIANDO NUESTRO PENSAR ACERCA DEL CÁNCER

El enorme fracaso de las terapias convencionales no son el resultado de los procedimientos en sí, sino del por qué y cómo ellos son utilizados. Primero, su aplicación está fundamentada en una falsa premisa: los tumores del cáncer son una enfermedad. En realidad, los tumores no son sino un síntoma de una falla en el metabolismo que les permitió crecer. Remover o destruir los tumores sin tomar los recaudos necesarios para restaurar las deficiencias orgánicas que los causó explican la mayoría de las recurrencias y muertes.

El logro es mesurado por lo que le puede suceder al tumor y no por lo que le puede suceder al paciente. La segunda razón del fracaso es el criterio con que se ofrecen la cirugía, la radiación y la quimioterapia. Si el cáncer es agresivo, la terapia debe ser agresiva. El máximo del volúmen del tumor debe ser removido o radiado, tanto como el paciente pueda tolerarlo, y la quimioterapia será aplicada.

Todos estos procedimientos, cuando es entendido que la enfermedad es mucho más que el tumor, pueden ser útiles en casos limitados para disminuir el volúmen de un tumor. Mi criterio para usarlos es si yo mismo estaría dispuesto a recibirlo si estuviera en la misma condición de mi paciente, y si esta va a mejorar su calidad de vida. Ya que en la mayoría de los casos la respuestas a ambas preguntas es no, excepcionalmente las uso.

Las agresiones físicas de las terapias convencionales junto con sus descepcionantes resultados han causado que muchos pacientes exigan alternativas. Permítame compartirle algunas de las estrategias de avanzada que se encuentran disponibles en la medicina alternativa.

8

Estrategias de victoria mediante la medicina alternativa

Mi padre fue invitado a presentar estudios de casos de pacientes que fueron beneficiados por su terapia metabólica en un congreso mundial sobre el cáncer en Sudamérica. Es una norma generalizada que las presentaciones hechas en este congreso mundial sean expuestas en las publicaciones más importantes de la industria médica.

Este no era el caso con mi padre. Una gran cantidad de objeciones fueron levantadas por médicos que no creían que los métodos alternativos deberían ser respaldados al incluirlos en una publicación científica. Le pidieron a mi padre que presentará sus casos ante un panel de oncólogos en el Sloan-Kettering Memorial Hospital para determinar si la ciencia detrás de sus métodos reunía los requisitos para ser publicado.

Acompañé a mi padre con entusiasmo. Pensé que tendría que ocurrir un milagro, pero que de todas formas esta podía ser la oportunidad para que la terapia de mi padre ganara aceptación en los Estados Unidos.

Llegamos a un salón de conferencias con doce médicos, cuyos gestos me decían que estábamos condenados. Mi padre comenzó a presentar su primer caso, y levantó la primera radiografía para explicar el tamaño y la ubicación del tumor cuando comenzó a tratar al paciente. Luego levantó otra placa radiográfica del paciente después de que había sido sometido a la terapia metabólica del Dr. Contreras.

Antes de que pudiera decir otra palabra, un oncólogo se levantó y le dijo a mi padre que se detenga. Se dirigió afuera del salón y rápidamente regresó con dos placas radiográficas. El médico le dijo a mi padre, "Mire esta radiografía. Aquí mi paciente tiene tumores. Luego lo traté, y mire ahora esta otra. ¡El tumor se ha ido completamente! Mire la radiografía de su paciente; el tumor ha crecido."

Mi padre le preguntó al médico, "¿Cómo está su paciente ahora?"

El médico le respondió que el paciente había muerto.

Mi padre le explicó que la segunda radiografía de su paciente había sido tomada ocho años después de la primera y que el paciente estaba aún vivo, trabajando y disfrutando de la vida. El oncólogo le dijo a mi padre que sus métodos no podrían ser considerados efectivos porque los tumores no habían sido erradicados.

La clásica definición del éxito en los tratamientos del cáncer es cuando se destruye un tumor. La condición general de cómo se siente el paciente es un asunto secundario. Si el tumor continúa activo, según los patrones oncológicos, se considera al tratamiento como un fracaso, aún cuando el paciente se sienta estupendo.

Mi padre y yo creemos que la calidad de vida de un paciente es más importante que la destrucción del tumor. ¿Qué prefiere usted? Vivir diez años con una buena calidad de vida y con un tumor cuyo crecimiento está controlado, o pasar por tres meses de terapias agresivas y dañinas que lo enfermarán y lo imposibilitarán de continuar cualquier actividad normal, aún cuando las estadísticas han indicado que usted no tendría mejorías en las posibilidades de sobrevivencia.

Nuestro enfoque es la calidad de vida de nuestros pacientes, y les enseñamos como librarse del temor del cáncer, y a disfrutar de la alegría de vivir. Nunca prometemos una cura o destrucción de un tumor. En lugar de eso, enseñamos a la gente a coexistir con el cáncer. Cuando una persona está en completa paz con el hecho de tener cáncer, el estrés en su sistema inmunológico declina, y la esperanza de la recuperación o remisión espontánea se incrementa. Si el cáncer nunca va a disminuir, el paciente puede disfrutar de la vida que tiene en vez de desperdiciarla agonizando alrededor de la muerte.

BUSCANDO ALTERNATIVAS

¿Qué es la medicina alternativa? En general, la medicina alternativa es cualquiera que no ha sido probada, aprobada, recomendada o respaldada por la *Food and Drug Administration* [Administración de Drogas y Alimentos], también conocida como FDA por sus siglas en inglés, o por la *American Medical Association* [Asociación Médica Norteamericana] también AMA, por sus siglas en inglés. El sistema médico de los Estados Unidos es el punto de referencia para el resto del mundo, y algo que es aprobado por la FDA y la AMA es automáticamente introducido al sistema médico convencional, considerados ortodoxo, aceptado y aprobado por otros países del mundo.

La idea de las terapias basadas en cosas naturales se remonta a los tiempos antiguos. Hasta hace poco, toda la medicina era lo que ahora llamamos medicina alternativa. Pero con el advenimiento de la industria farmacéutica, un nuevo capítulo comenzó. Las terapias naturales fueron reemplazadas por las sintéticas. Y los gobiernos comenzaron a regular la producción y el uso de las mismas. Ahora los médicos aprenden a identificar los síntomas y buscar opciones de tratamientos. Entonces prescriben lo que las compañías farmacéuticas y los estudios dicen que funciona.

Ya que la mayoría de las medicinas alternativas son naturales, sería irrisorio que fuesen aprobadas por la FDA. ¿Por qué? Bueno, aún si fuese probado que una fruta, por ejemplo, podría curar una enfermedad, ¿Por qué se habría de gastar millones de dólares para registrarla por la FDA? No habría ninguna forma de recuperar esa inversión pues la fruta está disponible para todos. De modo que muchas medicinas alternativas permanecen sin aprobación.

Es interesante que la quimioterapia está aprobada por la FDA, y aún, como veremos, los informes indican que esta es tóxica y no muy efectiva. Pero los medicamentos de quimioterapia son elaborados por compañías farmacéuticas con suficiente dinero para completar todas las pruebas requeridas. Los resultados en relación a la destrucción del tumor fueron demostrados adecuadamente. Pero la prueba más importante, sobre si el paciente vive o no, no es uno de los factores considerados en las pruebas clínicas.

No obstante, cuando las terapias convencionales fracasan en cumplir sus promesas, la gente se vuelve extremadamente interesada en las terapias alternativas. En 1994, la revista *MPLS St. Paul* dedicó su portada a la acupuntura, tratamiento con hierbas, terapia de masajes, dieta macrobiótica, quiropráctica y otras terapias. En un artículo titulado "Nuevos métodos que curan," fue reportado que aún a los hospitales ortodoxos se les permitió la admisión de servicios alternativos, no porque creyeran en ellos, sino para recuperar la clientela perdida.[1]

La edición del 6 de abril de 1992 de la revista *Time* rompió todos los records de venta. La tapa mostraba una variedad de vitaminas en tabletas y cápsulas y llevaba el título de "El poder de las vitaminas." El subtítulo decía: "Nuevas investigaciones muestran que pueden ayudar en la guerra contra el cáncer, enfermedades cardíacas y los estragos del tiempo."

En vista de los atroces resultados de los tratamientos ortodoxos del cáncer, el público ha decidido buscar alternativas que son criticadas por la clase médica dirigente. La gente está buscando respuestas que los investigadores en laboratorios no pueden dar. Autoridades del gobierno de los Estados Unidos y científicos, a pesar de la enorme cantidad de estudios llevados a cabo por universidades del mundo, parecen querer mantenernos atados a la creencia de que nada fuera de los tratamientos aprobados es efectivo y que las terapias alternativas no tienen fundamento científico.

Si las autoridades fueran imparciales, prohibirían los tratamientos aprobados para el cáncer, ya que científicamente han demostrado ser inútiles. Más allá de eso, los estudios clínicos han demostrado que esos tratamientos en realidad comprometen la calidad de vida y a menudo son fatales.

MEDICINA CONVENCIONAL Y ALTERNATIVA

Muchas autoridades médicas censuran las terapias alternativas por varias razones. Permítame dirigirme a cada una de estas objeciones a la terapia alternativa:

Prometen milagros sanadores y ofrecen falsas esperanzas. Estoy de acuerdo que si alguien dice que una terapia en particular es capaz de curar todas las enfermedades, esa persona se cree Dios y es peligrosa. Sin embargo, los que apoyan la medicina ortodoxa cometen un grandísimo error al prohibir las terapias alternativas para tratar los problemas donde ellos ya no tienen nada que ofrecer. Aseguran que si la medicina ortodoxa no encuentra una solución, entonces ninguna otra puede.

Una falsa esperanza es una que no tiene ni fundamento

científico ni resultados probados. Mi pregunta es, ¿Ofrecen sus tratamientos científicamente probados una esperanza verdadera? Normalmente no. "Váyase a su casa, y ponga en orden sus asuntos, porque usted va a morir dentro de unos meses. No malgaste el dinero en terapias alternativas," dicen ellos. Eso destruye la esperanza.

Incluyen procedimientos e ingredientes secretos. Las críticas acerca de lo secreto me parece muy extraño ya que el fundamento de la medicina moderna está cimentado en patentes que protegen el secreto de los medicamentos. Pero cuando un médico "curandero" descubre un método que promete longevidad, se le juzga como alguien que practica la medicina basada en secretos. Aunque debo admitir, sin embargo, que creo en que la metodología creativa que ayuda al enfermo debería ser compartida.

Implican un costo exorbitante. Hablando costos, las terapias alternativas son muchísimo más baratas que las convencionales. El costo de los tratamientos oncológicos ortodoxos es realmente exorbitante.

Pero lo más importante es que, la mayoría de aquellos que consultan a aquellos llamados "curanderos" dicen que están satisfechos con el tratamiento recibido. ¿Quiénes tienen que ser satisfechos, las autoridades o los pacientes?

Informan resultados positivos exagerados, basados en historias de casos anecdóticos. Comparadas con las terapias ortodoxas para enfermedades crónicas degenerativas, los resultados de las terapias alternativas son extraordinariamente superiores. Las terapias alternativas están respaldadas por una multitud de estudios, pero esos estudios son a menudo desantedidos por la ortodoxia.

Invitan a abandonar o aplazar el tratamiento médico probado. Vez tras vez, ha sido confirmado que los "tratamientos médicos probados" no son solamente ineficaces, sino también riesgosos. La gran mayoría de los pacientes con cáncer viven más tiempo y mejor sin los tratamientos ortodoxos.

Como ya he mencionado, los estudios revelan que muchos oncólogos no aceptarían estos tratamientos para ellos mismos. No se necesita ninguna investigación científica para probar que los vegetales frescos, las frutas frescas, los jugos, las hierbas medicinales, las vitaminas, los minerales y la fibra no son dañinas para el cuerpo. Sería bueno si existieran pruebas de que la cirugía, radiación y quimioterapia no fueran dañinas.

La clase médica dirigente puede criticar los tratamientos y doctores de la medicina alternativa, pero el hecho es que más y más médicos se están interesando en las terapias alternativas. Asociaciones como la *American College of Advancement in Medicine* (ACAM) y otras asociaciones se están "subiendo al vagón." Cientos de médicos están recomendando y usando terapias alternativas en sus consultorios, y casi todos ellos, según el Dr. Allan Bruckheim de *Tribune Media Services*, están satisfechos con los resultados y planean continuar prescribiéndolos.

DISPONIBILIDAD DE TERAPIAS ALTERNATIVAS

¿Están disponibles las terapias médicas alternativas en los Estados Unidos? Sí. Algunos procedimientos de acupuntura y quiropráctica son terapias usadas para el cáncer, pero ellas no están aprobadas como tales por la FDA. Un paciente con cáncer puede recibir estas terapias, aunque el médico no las prescribe específicamente como un tratamiento contra el cáncer.

Muchos tratamientos médicos, tales como terapias con vitaminas y aun las técnicas de cirugía con láser, se están usando con frecuencia en Canadá, Europa, Asia, Sudamérica y Africa, pero no están disponibles en los Estados Unidos porque no han obtenido la aprobación de la FDA.

Muchos norteamericanos se han dado cuenta de este hecho, y no les gusta la idea de que los europeos, mexicanos y gente de otros países tengan acceso a tratamientos médicos que ellos no tienen. En respuesta a eso, el ex-presidente Ronald Reagan aprobó un proyecto de ley dándole a los norteamericanos el derecho de buscar asistencia médica fuera de los Estados Unidos, y luego retornar al país con una provisión de tres meses de "medicina alternativa," aun si no tiene aprobación de la FDA. Si bien los estadounidenses en busca de terapias alternativas para su atención médica agradecen eso, la mayoría de la gente no quiere dejar su casa para tener acceso a esa oportunidad de tratamiento.

Estrategias alternativas de avanzada que considerar

Debido a que mi padre llegó a ser tan conocido por los métodos alternativos, cientos de médicos y científicos se han acercado a nosotros a través de los años, provenientes de diferentes países, para contarnos sus nuevas terapias milagrosas. Debo decirle que he encontrado unas pocas terapias efectivas y un montón que ni siquiera son dignas del paquete en que vienen presentadas. Compartiré con usted mis comentarios sobre algunas de las terapias de alternativa más famosas que he usado o he visto ser usadas en otras clínicas alternativas, juntamente con mi impresión de cada una de ellas.

Terapia con laetrile

Mi padre es el más célebre pionero del uso de laetrile, también conocido como amigdalina y B_{17}. Él es un verdadero héroe, pero ha sido criticado por los médicos que no creen que el laetrile tenga valor terapéutico. Este agente natural antitumor ha sido la causa de muchas controversias, pero doy fe de los buenos resultados que se han logrado con su uso.

Hablando en términos químicos, laetrile es un glucósido (un azúcar) con un cianuro radical. Existe en todas las semillas, a excepción de las cítricas, y en muchas plantas. Los médicos egipcios lo usaron con propósitos medicinales, desde el tiempo de los faraones, y registros revelan que los chinos también lo usaron en el año 2800 antes de Cristo. Es una exitosa, pero difamada alternativa de tratamiento contra el cáncer.

Los investigadores comenzaron a estudiar la sustancia debido a que las tribus Hunza de los Himalayas disfrutan una de las más bajas incidencias de cáncer en el mundo.[2] Su principal fuente de proteínas es la semilla del albaricoque, una de las mejores fuentes de amigdalina.

Los Indígenas Pueblo de Taos, Nuevo México, Estados Unidos, tradicionalmente comen muchos alimentos ricos en amigdalina. No es coincidencia que el cáncer extrañamente afecte a esta población. Robert G. Houston, quien escribió varios artículos sobre los Pueblo, recibió de ellos la siguiente receta mientras hacía investigaciones para un libro sobre la prevención del cáncer: en un vaso de leche o jugo, agregar una cucharada grande de miel con un cuarto de onza (dos docenas) de semillas molidas de albaricoques frescos, o una semilla por cada diez libras de peso corporal. Houston escribió que la bebida era tan deliciosa que la bebía a diario.[3]

El bioquímico Dr. Ernest T. Krebs (hijo), descubrió que era la amigdalina lo que estaba protegiendo a esa gente de enfermarse de cáncer. Krebs lo llamó vitamina B_{17}. Más tarde, su equipo de investigaciones encontró que la amigdalina tenía poderosas propiedades capaces de exterminar el cáncer, pues contiene cianuro, el cual destruye las células del cáncer.

Juzgada ya como terapéuticamente ineficaz, las autoridades de la salud argumentaron que el laetrile era también ¡un veneno![4] Algo interesante es que, prácticamente cada fruta, a excepción de los cítricos, contienen alguna cantidad de laetrile. Hasta la fecha, hemos tratado a más de cuarenta mil pacientes con altas dosificaciones de amigdalina y nunca hemos tenido un solo caso de envenenamiento por cianuro.

Krebs encontró enzimas que activan (beta-glucosidasa) y neutralizan (rhodenasa) el cianuro en nuestros cuerpos. Las células del cáncer tienen unos 3600 pliegues de concentración de beta-glucosidasa y son extremadamente deficientes en rhodenasa. Esa es naturalmente la causa por la cual el cianuro es tan devastador para los tumores malignos. Rhodenasa, la enzima que neutraliza el cianuro, abunda en nuestros cuerpos y desintoxica del cianuro que es liberado por los alimentos y el laetrile. Así lo quiso Dios.

"La cura para todas las enfermedades del hombre ya existen en el mundo que nos rodea. Es tarea de la ciencia reconocerlas," dijo Selman Abraham Waksman, un célebre y experto farmacólogo.[5] La amigdalina es quimioterapia natural, efectiva y completamente no tóxica. Además, cuando la amigdalina comienza a actuar, produce una potente acción analgésica, otro beneficio para los pacientes con tumores.

La amigdalina es extraordinariamente efectiva en tumores comunes tales como carcinomas de la próstata, seno, colon y pulmones, como también linfomas. Veinte años atrás, científicos alemanes informaron que las enzimas que disuelven proteínas podrían ayudar a la amigdalina a través de la sinergia, o por la energía liberada por la combinación de ellas.[6] Desde ese tiempo, ambas han sido dadas juntas, resultando en una mejoría para nuestras estadísticas.

Permítame compartirle la historia de uno de los pacientes de mi padre. Mi padre tiene registros de miles de pacientes con resultados similares. Este hombre tuvo un tumor primario en el riñón con metástasis en el pulmón. Él vino a ver a mi padre en el año 1987 para tomar laetrile y la terapia metabólica.

Si yo le mostrara las radiografías de 1987, y las de seguimiento del año 1994 y 1999, usted podría ver los tumores en todas ellas. El paciente aún tiene tumores, pero ha sobrevivido por doce años con un cáncer que podrían haberlo matado en menos de doce meses. Él se estaba fortaleciendo y sintiéndose muy bien la última vez que hablé con él. De hecho, estaba por dar una lectura en un conferencia acerca del cáncer.

Mi objetivo como especialista del cáncer no es precisamente remover el cáncer, aunque deseo que eso ocurra, sino asegurar que mis pacientes tengan una buena calidad de vida.

Terapia con oxígeno

Las células del cáncer no sobreviven fácilmente cuando son expuestas al oxígeno. El mundo tiene que agradecer al fisiólogo alemán Otto Warburg, Doctor en Medicina, por su descubrimiento. Exactamente lo opuesto sucede con la células normales, las cuales prosperan con oxígeno. El Dr. Warburg también demostró que las células saludables necesitadas de oxígeno pueden tornarse cancerosas.[7]

Muchas terapias han sido desarrolladas con la intención de destruir las células malignas mediante la exposición al oxígeno basadas en la teoría de Warburg. Los médicos han intentado que pacientes respiren oxígeno puro y aún han puesto pacientes en cámaras hiperbáricas de modo que puedan estar en un ambiente de oxígeno puro bajo presión. La ley de los gases dicta que las células absorberán más bajo presión.

El ozono es otro oxígeno de terapia. El oxígeno en el aire que respiramos está compuesto por dos átomos de oxígeno, de este modo lo llamamos O_2. El ozono es una molécula de oxígeno compuesto por tres átomos de oxígeno, O_3. He visto como el ozono beneficia a pacientes con cánceres, tales como el rectal y cervical, que pudieron ser tratados directamente con ozono.

El más grande problema presentado a los que aplican las terapias de oxígeno es que ninguno ha podido descubrir como aplicar el oxígeno a las células malignas. Parece haber una barrera que protege las células malignas de ser penetradas con el oxígeno.

En enero de 1999, experimenté con una terapia llamada Kem O_2, la cual parece que quiebra la barrera en algunos casos. Kem O_2 es una preparación líquida mineral que teóricamente causa que las células malignas generen oxígeno dentro de ellas, resultando en su propia destrucción. No hay suficientes casos documentados para respaldar cualquier argumento, y no sabemos qué tipos de cáncer pueden responder bien a esta terapia. Pero déjeme compartirle algunas pocas historias de pacientes que han recibido Kem O_2 y experimentaron extraordinarias mejoras.

La primera es la de un muchacho de diecisiete años que fue diagnosticado con una glioblastoma multiforme grado cuatro, uno de los tumores de más rápido crecimiento. El muchacho recibió Kem O_2, y a los dos meses el tumor se redujo en tamaño por más de un 50%.

Una mujer de cuarenta y siete años que tenía cáncer del seno con metástasis en el cerebro comenzó a tomar Kem O_2 en abril de 1999. Exactamente unos pocos días después, el 3 de mayo de 1999, las radiografías mostraron que el tumor casi había desaparecido. Este fue un caso sorprendente.

Otro paciente tenía un tumor primario en el hígado. Era un tumor pequeño, pero los tumores primarios en el hígado son raros y muy agresivos, y normalmente crecen muy rápido. Después de unos días de Kem O_2, el tumor desapareció completamente.

Los primeros resultados de 1999 fueron prometedores, pero se deben realizar más estudios para arribar a una determinación de eficacia.

Terapia de energía y resonancia

Nuestras células están compuestas por átomos que tienen electrones moviéndose rápidamente a su alrededor. En realidad, somos seres eléctricos, y cada célula resuena (moviéndose de un lado a otro) en su propia escala. Esa escala en la cual se mueve se llama "frecuencia." En teoría, si se identifica la frecuencia de una célula maligna, podríamos encontrar una frecuencia que pudiera interrumpir la resonancia de esa célula en particular, resultando en su destrucción.

El más célebre científico que trabajó en este campo fue el norteamericano Royal Rife. Hay reportes (o fabulosas leyendas) que Royal Rife curó a muchos pacientes con cáncer con su máquina electromagnética, pero él falleció décadas atrás, y nadie, hasta donde yo sepa, tiene una máquina original de Rife. He probado muchas y variadas máquinas producidas por gente que dice tener el original diseño, pero ninguno de los resultados han sido impresionantes.

También he visto otras máquinas que usan sonido, luz y ondas de radio para crear frecuencias. Hasta la fecha, no he encontrado ninguna que funcione. No obstante, creo que el avance más grande en la medicina vendrá de este campo de medicina electromagnética. Hay que esperar y ver.

Terapias con alimentos

Algunas de las más famosas y efectivas terapias basadas en la alimentación son la Terapia de Gerson, la dieta Hallelujah y los macrobióticos. Creo y promuevo el concepto sobre las cuales todas estas terapias están basadas. Estas terapias afirman que el cuerpo contiene toxinas que afectan al sistema inmunológico haciéndolo más susceptible a la enfermedad, y además lo privan de los nutrientes tan necesarios para combatir las enfermedades. Estas terapias usan alimentos y jugos para desintoxicar el cuerpo y aportarle nutrientes.

Estas son dietas vegetarianas, pero cada una de ellas son un poco diferentes. La carne y productos lácteos están estrictamente prohibidos. Seguir estas dietas requiere compromiso y disciplina de parte de los pacientes, pero he visto grandes beneficios a causa de ellas. Me entristecen los pacientes que escogen la quimioterapia porque obviamente es más fácil hacer eso que tener la disciplina de tomar jugos de fruta o comer vegetales unas cuantas veces al día.

Charlotte Gerson (Terapia de Gerson) y George Malkmus (Hallelujah Acres) son amigos míos. Tal vez ellos deberían desarrollar un control remoto para ayudar al 'vago' a preparar los alimentos y jugos para que más gente comience sus dietas.

714X

Esta terapia está diseñada para estimular, en realidad liberar, al sistema inmunológico mediante inyecciones, aplicadas directamente en el sistema linfático, de alcanfor y sales orgánicas ricas en nitrógeno. Hemos realizado pequeñas pruebas clínicas de esta terapia con algunos pacientes y no vimos ningún beneficio con 714X. Pero he hablado con muchos pacientes que me dijeron que debería intentarlo una vez más, porque otros fueron beneficiados.

¿Recuerda aquella noticia que se trataba de una historia acerca de un adolescente en Massachusetts que tenía cáncer y se fue de la casa en 1994 cuando los médicos querían que tomase más quimioterapia? Las agencias de noticias lo llamaron, "El muchacho que huyó de la quimioterapia." Su nombre es Billy Best, y hoy es libre del cáncer. Me reuní con él, y me contó cómo el había ido a Canadá para tratarse con 714X, y cómo el método había funcionado. Él vino a nuestro hospital para quedarse un par de meses y ver lo que estábamos haciendo. Mientras estuvo aquí, hicimos trabajos de laboratorio confirmando su condición saludable.

Billy también me dijo que el té de Essiac le había beneficiado en gran manera. No estoy seguro acerca de eso tampoco. Muchos de mis pacientes lo tomaron y se sintieron muy bien, de modo que no puedo decir que es una pérdida de tiempo.

Medicina de cuerpo y mente

Las terapias tales como meditación, canto, oración, imposición de manos y relajación, todas prueban tener aspectos beneficiosos. Uno de los más célebres médicos de

155

esta terapia es Deepak Chopra. Él comparte con sus pacientes y lee acerca de filosofías orientales, de las cuales muchos cristianos se mantendrían alejados.

La Universidad de Harvard tiene un médico muy respetado llamado Herbert Benson quien está encabezando la investigación acerca de los beneficios terapéuticos de las terapia psicológica y emocional para el cuerpo. Él, junto con el Dr. Koenig de la Universidad Duke, están probando a través de ensayos clínicos que la gente que ora o tiene creencias religiosas se recuperan más rápido y mejor de las principales enfermedades.[8]

El problema que encuentro con la mayoría de estas filosofías impulsadas por estos médicos es que ellas ayudan a las personas a encontrarse con ellos mismos, y no con Jesucristo. Yo creo que todas las curas vienen de parte de Dios. Sin importar en qué medida me encuentre conmigo mismo, si Dios no escoge sanarme, no voy a ponerme bien.

Entonces, ¿por qué se beneficia la gente con la oración y la relajación si ellos no se enfocan en Jesucristo? En mi opinión, cuando una persona ora, hace relajación o medita, se beneficia porque esas técnicas ayudan a aliviar el estrés. El estrés es muy perjudicial para nuestro sistema inmunológico.

Mi padre, como pionero, fue innovador en la medicina de cuerpo/alma/espíritu antes de que los gurúes de la Nueva Era hayan nacido. Él canta, ora y bromea con sus pacientes, y comparte a Jesús con ellos. Él permite que la gente conozca que Jesús tiene los recursos necesarios para resolver sus problemas. De manera que muchos de nuestros pacientes dejan sus cargas en el altar.

Terapia de oración

En nuestro hospital oramos con los pacientes, no como un pasatiempo, sino como una terapia. Mi sobrino, el Dr. Daniel E. Kennedy, tuvo la visión de compartir con el mundo este aspecto de nuestro programa de tratamiento y fundó el *Worldwide Cancer Prayer Day* [Día Mundial de Oración por el Cáncer] el 5 de junio de 1998. Recientemente tuvo la oportunidad de escribir un artículo sobre la terapia de oración para una revista cristiana sobre la salud *Body and Spirit* [Cuerpo y Espíritu]. A continuación, un extracto de "¿Funciona la Oración?":

> La oración es considerada como el acto desesperado del fracasado, un último recurso. Sin embargo, si más médicos reconocieran a la oración como un agente sanador, ellos la aceptarían como una primera línea de defensa.
>
> La investigación que respalda los beneficios terapéuticos de la oración han estado dando vueltas por mucho tiempo. Si los médicos necesitan convencerse de que la oración tiene valor medicinal, pueden consultar sus periódicos de medicina. Los datos científicos fueron obtenidos de cientos de pruebas clínicas llevadas a cabo en respetadas universidades y hospitales que ya habían sido publicadas.
>
> En julio de 1988, el periódico de medicina *Southern Medical Journal* publicó un estudio del Dr. Randolph C. Byrd, "Efectos Terapéuticos Positivos de Oración Intercesora en una Unidad de Cuidados Coronarios." Quizá ninguna otra prueba clínica sobre la oración haya sido rodeada de tanta atención.
>
> El Dr.Byrd, un cardiólogo residente, tomo a 393 pacientes de la Unidad de Cuidados Coronarios del Hospital General de San Francisco y puso sus nombres en una computadora. Luego, la computadora al azar, dividió a los pacientes en dos grupos. Un grupo, el "grupo de oración," recibió oración por un grupo hogareño de cristianos. Los pacientes en el "grupo de control" no recibieron oración. Este estudio "doblemente a ciegas," llamado así ya que ni los pacientes, ni los médicos tienen conocimiento de la prueba, se realizó con el rigor de las mismas directivas

farmacéuticas empleadas para evaluar la eficacia.

El resultado reveló que la oración fue un importante agente terapéutico. Ni un solo paciente del grupo de oración requirió un conducto para aire o ventilador artificiales, mientras que doce del grupo de control sí. En adición a esto, los pacientes del grupo de oración eran cinco veces menos propensos a requerir de antibióticos y tres veces menos a desarrollar complicaciones que el grupo de control. El estudio del Dr.Byrd "levantó algunas cejas" dentro de la comunidad médica.

Estudios similares fueron conducidos desde que el estudio del Dr. Byrd renovó el interés en el tema. El más reciente de ellos fue realizado por el cardiólogo Dr. Mitch Krucoff de la Universidad Duke. Él lanzó un estudio piloto con 150 pacientes con angioplastia. Los resultados preliminares indicaron que los pacientes que recibieron oración además de los tratamientos médicos convencionales experimentaron una recuperación que fue del 50% al 100% mejor que aquellos pacientes que no la recibieron.[9]

En septiembre de 1977, el prestigioso periódico de medicina *New England Journal of Medicine* publicó un estudio comparando dos grupos de pacientes que habían sido recomendados por cirugía de by-pass. Un grupo rehusó a operarse y optó por la oración. La tasa de supervivencia a los dos años de los pacientes que se sometieron a la cirugía fue del 86%, mientras que la tasa para aquellos que escogieron orar fue de un asombroso 87%.

Mientras las compañías farmacéuticas tienen representantes de ventas a tiempo completo y libros de cinco pulgadas de grosor para mantener a los médicos al tanto de la prescripción de drogas disponibles, ¿Hay alguien que le diga a los médicos acerca de valiosa terapia de la oración? La respuesta, como por costumbre, es no, pero los tiempos están cambiando. Muchas escuelas de medicina han agregado a sus curriculum el estudio de la oración y otros tópicos que examinan la relación entre cuerpo, mente y espíritu. Esta tendencia de la investigación se debe, en parte, a la demanda del público. Solamente el 5% de los médicos dicen ahora que deberían orar con sus pacientes. Pero encuestas a nivel nacional indican consistentemente que cerca del 80% de los pacientes quieren que sus médicos consideren sus necesidades espirituales.[10]

La oración tiene valor terapéutico. Científicos y escépticos pueden continuar justificando sus posturas, si no están dispuestos a aceptar la existencia de un Creador y Dios de amor. No obstante, para aquellos que creen en el Todopoderoso, hay un gran potencial para que encuentren su sanidad en la oración.

No soy un gran simpatizante de la idea de que hay una fórmula específica para forzar a Dios a entrar en acción. Pero yo sé que las Escrituras especifican lo que debemos hacer cuando alguien está enfermo:

¿Está alguno enfermo entre vosotros? Llame a los ancianos de la iglesia, y oren por él, ungiéndole con aceite en el nombre del Señor. Y la oración de fe salvará al enfermo, y el Señor lo levantará; y si hubiere cometido pecados, le serán perdonados. Confesaos vuestras ofensas unos a otros, y orad unos por otros, para que seáis sanados. La oración eficaz del justo puede mucho.
—SANTIAGO 5:14-16

La oración representa una poderosa fuerza terapéutica. La Biblia dice eso mientras que la ciencia está ocupada confirmando esa verdad. Dios siempre ha sido el poder sanador que obra a través de la oración. Personalmente, he presenciado remisiones espontáneas como también lentas, pero por sobre todo contundentes mejoras como resultado de la oración. También he observado cómo la oración puede conducir a una persona a un estado de paz absoluta, como preparación para la otra vida. No solamente condono el uso de la oración en el hospital donde trabajo, sino que me emociono al prescribirla a todos nuestros pacientes. La oración es efectiva, no es tóxica y es gratis. No conozco ninguna otra terapia con tantos aspectos positivos, y además está libre de los negativos efectos secundarios.

OTRAS TERAPIAS ALTERNATIVAS

A continuación comparto con usted una breve lista de otras terapias alternativas para darle una idea de cuán enorme es este campo:

- Aromaterapia
- Vacunas contra el cáncer
- Ayuno
- Hipertermia
- Psiconeuro-inmunología
- Odontología biológica
- UV radiación sanguínea
- Homeopatía
- Meditación
- Terapia Hoxsey
- Terapia de célula viva
- Terapia de enzimas
- Terapia hidrointestinal
- Visualización

Hay literalmente miles de terapias alternativas, y si tuviera que incluírlas a todas ellas aquí, este libro se vería como una guía telefónica. En realidad, tal libro existe. Fue presentado por Burton Goldberg, y más de cuatrocientos médicos contribuyeron para producirlo. Contiene más de mil páginas, y está disponible a través de su sitio en Internet en www.alternativemedicine.com. El libro se llama *Alternative Medicine, The Definitive Guide* [Medicina alternativa, la guía definitiva].

CAMBIANDO ACTITUDES HACIA LA MEDICINA ALTERNATIVA

He descubierto también que muchos individuos están aplazados por la medicina alternativa porque creen que tiene que ver con el movimiento de la Nueva Era. Déjeme decirle que las convenciones de salud sobre la medicina alternativa a las que he asistido están llenas de seguidores de la Nueva Era. A veces me siento como que soy el único cristiano allí. Ellos no tienen ningún problema conmigo. La actitud general de ellos es, "Oh, usted es un cristiano. ¡Grandioso! Usted adora a Jesús. Yo adoro a Buda, a una planta, a Mahoma, Hare Krishna o lo que sea. No tiene importancia. Aceptamos todo, aceptamos cualquier cosa que lo haga sentir bien."

A menudo esa gente es extremadamente saludable, y cuidan mejor de ellos mismos. Ellos leen la Biblia, toman todos los puntos acerca de la salud, los aplican y se benefician con ellos.

Los cristianos leen la Biblia y se fijan en cosas como, "No es lo que entra en la boca lo que contamina al hombre, sino lo que sale de la boca." De esa forma justificamos el comer esos alimentos que dañan nuestros organismos y no tienen ningún valor nutritivo. Además decimos, "Tarde o temprano iremos al cielo, entonces ¿para qué vamos a cuidar de nuestros cuerpos?"

¿Es hacer ejercicios en el gimnasio lo que muchos consideran como una adoración al cuerpo, o idolatría? La verdad es que Dios nos dice que debemos cuidar de nuestros cuerpos, los templos de Dios, y mantenerlos puros. La Biblia está llena de remedios naturales, instrucciones sobre dietas y técnicas sanadoras. Aprovechemos del don de la sabiduría y conozcamos lo que Dios nos ha presentado en la Biblia.

LA MEJOR OPCIÓN

No es mi objetivo inclinarlo a usted hacia la medicina alternativa. En realidad, me opongo a las etiquetas de medicina alternativa o convencional. El tipo de terapia que usamos no es tan importante como la manera en que la usamos.

Como usted sabe, soy un cirujano de cáncer entrenado en la medicina convencional. Yo sé que hay situaciones en que la cirugía, la quimioterapia y la radiación pueden ser beneficiosas. Pero también entiendo las limitaciones y los efectos negativos secundarios de estas estrategias. A veces he usado quimioterapia con mis pacientes, específicamente con pacientes que tienen metástasis hasta el hígado. Pero no doy quimioterapia general sistemática. La aplico en pequeñas dosis directamente al tumor en el hígado mediante un catéter que instalo quirúrgicamente.

Uno de mis pacientes más célebres fue Donald Factor, el hijo de Max Factor. Él fue diagnosticado con cáncer en 1986. Él estaba tan enfermo cuando llegó que no sabía que tenía una oportunidad para sobrevivir. Hicimos quimioterapia localizada en el tumor de su hígado. Él está maravillosamente bien ahora, ¡y es libre del cáncer! Puede leer su testimonio en el apéndice C.

He sido criticado grandemente por médicos convencionales por usar técnicas alternativas como la que usé con Donald Factor, pero además los médicos alternativos me critican por usar quimioterapia y cirugía, aún en pequeñas dosis.

No obstante, mi deseo más profundo es que los médicos abran sus ojos a todas las posibilidades e informar a sus pacientes de la opción que sostenga la más grande promesa de una calidad de vida.

Ahora, permítame mostrarle cómo tratamos a los pacientes en nuestro Hospital Oasis de Esperanza.

9

Un Oasis de Esperanza

Una mañana un aprendiz de catorce años decidió (mientras el carpintero no estaba allí) cortar una pequeña lámina de media pulgada de madera contrachapada. Él había visto hacer esto muchas veces, y pensó que sería bastante fácil. Tomó solamente milésimas de segundo para que la sierra eléctrica, rotando a miles de revoluciones por minuto, se deslizara violentamente sobre la mano del jovencito. Él solamente sintió calor antes de que reaccionaran sus reflejos, y rápidamente retiró su mano de los dientes giratorios de la máquina.

Fue llevado rapidamente a la sala de operaciones con un grave corte. La herida era profunda, y el dedo índice, colgando de la mano, estaba pálido y rápidamente tornándose azulado. Examiné al jóven con un microscopio de cirugía para evaluar la posibilidad de salvarle los dedos y sus funciones. Muy a menudo, los cortes son perpendiculares al dedo. Las heridas como estas, requieren una incisión precisa y procedimientos relativamente fáciles de reconstrucción. Pero en el caso de este muchacho, el corte era tangente y oblicuo; y el daño, más allá de cortar el tejido, lo había consumido. Este es un gran problema para la piel; faltaba la mitad de la cápsula articular que une los dedos con la mano, además de una buena parte del hueso en ambos extremos de la articulación.

Por un milagro de Dios, la sierra eléctrica que se había deslizado desgarrando sus dedos índice y mayor no había arrancado a ninguno de los dos. Sin embargo, cerca de un cuarto de pulgada de la funda que cubre el tendón que mueve el dedo índice estaba destruído (un daño serio en esta parte de la anatomía), y la arteria principal y el nervio también se habían cortado. El dedo mayor también se veía muy mal, pero la arteria y el nervio no estaban cortados. Aunque el tendón y el hueso necesitarían algún trabajo.

Si bien critico abiertamente nuestra dependencia en la tecnología para mejorar la calidad y duración de nuestras vidas, no podemos cuestionar de que los avances tecnológicos han traído muchos beneficios médicos a aquellos que tienen el privilegio de acceder a los mismos.

La cirugía plástica, vascular y microcirugía son subespecialidades que disfruté profundamente durante mis estudios en Viena. Ellas son muy importantes en la cirugía del cáncer, pues a veces los tumores grandes en la cara, cuello, seno, manos o pies tienen que ser removidos, y la reconstrucción tiene que ser funcional y estética.

Con la ayuda de un poderoso microscopio, pude localizar las partes anatómicas desgarradas y decidir un plan de acción. Luego de controlar la hemorragia, comencé a reconstruir la capsula de la articulación, luego el tendón, la arteria y el nervio. Los instrumentos de precisión para maniobrar agujas e hilo más pequeño en diámetro que el más delgado de los cabellos me permitieron reparar y reconstruir esta terrible herida.

Poco a poco pude regresar el dedo índice a su ubicación original. Un saludable color rosado comenzó a aparecer tan pronto como la arteria fue apropiadamente unida. Mientras juntaba un extremo del nervio al otro correspondiente oraba para que este jóven recobrara alguna función.

El dedo mayor era mucho menos trabajo. Aunque si bien el desgarro de la piel era espantoso, el corte en el tendón era más definido, y la reconstrucción no fue problemática.

El momento de la verdad llegó a la mañana siguiente cuando había que quitar todo ese vendaje. Ambos dedos se veían bien. El movimiento del dedo mayor no parecía estar totalmente solucionado, pero yo no tenía ninguna duda de que los dedos iban a permanecer.

Con mucha reserva le pedí a Eduardo, el muchacho accidentado, que intentara mover sus dedos. Después de un gran esfuerzo, pudo apenas moverlos. Él nunca va a ser un concertista de piano, pero tiene una mano que funciona.

Si este accidente hubiera sucedido en un lugar donde no hubiera ningún microscopio o instrumentos de precisión disponibles, la única opción habría sido la amputación. ¡Gracias a Dios por la tecnología!

Muchas vidas se salvan a diario, y aun más incapacidades se evitan mediante estos avances quirúrgicos. Me siento bendecido de vivir en este tiempo de la historia.

Sin embargo mi objetivo cotinúa siendo ayudar a las personas a entender que no existe ninguna tecnología salvadora, nunguna fórmula perfecta, ninguna bala de plata. Prevenir el cáncer o tratarlo es un proceso complejo, y en todos mis años de experiencia y de trabajar en conjunto con otros especialistas del cáncer, no he encontrado un programa que cure a todos los pacientes.

La elección de un tratamiento individual

Existen muchísimas variables a la hora de tratar a un paciente. Usted no puede tratar a todos los pacientes con cáncer de la misma forma, aun si ellos tienen el mismo diagnóstico. Las personas tienen diferentes rasgos genéticos, y vienen de diferentes ambientes de vida, y aun sus hábitos alimenticios no son los mismos. Sus actividades sociales y las relaciones familiares también difieren;

pueden creer o no en Dios, y pueden o no haber tenido una reciente tragedia en sus vidas. Con todas las variables, es imposible decir que hay una cura para el cáncer, sea convencional, alternativa, experimental, integral, complementaria u holística.

Los pacientes con cáncer deben afrontar la carga de tener que decidir. La incapacidad de la ciencia médica para proveer terapias efectivas ha abierto las puertas a numerosas opciones que van desde lo familiar hasta lo exótico. Las teorías opuestas y las opciones de tratamiento confusas hacen que la elección del paciente sea más difícil. Además, los médicos y otros profesionales de la salud a menudo encuentran que es muy difícil llegar a un consenso. Aún después de muchas décadas de investigación y estudios, oncólogos de un mismo instituto de investigaciones no pueden llegar a un acuerdo sobre qué tratamiento debería llevarse a cabo para un determinado tipo de cáncer. Esto solo refuerza la realidad de que el vasto conocimiento que hemos adquirido a través de las investigaciones del cáncer no ha sido de ninguna ayuda para los pacientes y médicos.

¿Qué es lo que debe hacer el paciente? ¿Cómo podemos nosotros, la comunidad médica, ser más precisos y efectivos? No encuentro fácilmente una respuesta. Sin embargo, permítame darle una orientación.

Hasta aquí, usted tiene información sobre un número de opciones de tratamiento, convencionales y alternativas. La información es de valor solo si usted la pone en práctica. Lo que hemos aprendido a través de los años al proveer medicina alternativa y complementaria a más de cien mil pacientes, es que no hay dos personas iguales. Cada uno de los pacientes tiene necesidades específicas, ya sean metabólicas, emociomales o espirituales. En Oasis de Esperanza componemos un tratamiento acorde a las necesidades específicas de cada paciente.

Recordemos que el cáncer arroja su potencia cuando está expuesto a los carcinógenos y ante la incapacidad del sistema inmunológico para proteger al cuerpo de las agresiones del ambiente. Nunca pierda de vista el hecho de que Dios estableció patrones de salud en nuestros organismos. Nuestra meta es remover los obstáculos, y entonces auxiliar en el camino de alcanzar los resultados que los pacientes desean. Mientras tanto, algunos tratamientos deben ser llevados a cabo.

El cáncer puede azotar cientos de lugares diferentes en el cuerpo. Los cuatro sitios más comunes del cáncer son el pulmón, seno, próstata y colon. Quisiera compartir con usted cómo tratamos a los pacientes con estos tipos de cáncer en Oasis de Esperanza y lo que hacemos cuando el cáncer se esparce de alguno de estos órganos al hígado (metástasis del hígado). Estas malignidades representan el más grande riesgo a la sociedad.

Nuestra filosofía general del tratamiento

Permitir que el paciente sea parte en el proceso de tomar decisiones es nuestra filosofía de tratamiento. Nunca usamos terapias que destruyen la calidad de vida del paciente. Por el contrario, les proporcionamos los tratamientos que mejoren la calidad de sus vidas.

Usamos tratamientos ortodoxos cuando son absolutamente necesarios y si tienen posibilidad de mejorar la salud del paciente. La cirugía es a veces necesaria para remover un tumor que por ejemplo, esté bloqueando el aparato digestivo. De la misma manera, las terapias de quimioterapia y radiación pueden ser de gran ayuda en casos específicos. El resultado de una reducción de un tumor, puede no ser permanente, pero nos da el tiempo necesario para poner en marcha la terapia alternativa.

Los pacientes necesitan un tratamiento que ataque de raíz al problema. Las terapias naturales destruyen los tumores lentamente a través de mecanismos internos (inmunidades). Estas terapias no tóxicas la dan al cuerpo las armas que necesita para combatir la enfermedad. No solamente atacan al síntoma; sino que verdaderamente atacan de raíz a la enfermedad.

Muchas clínicas y hospitales tienen programas "anti-tumor" que son inflexibles. Tal como un comercio de calzados que solamente ofrece una medida, estos programas presionan al paciente a que se adhieran a ellos. La misión de nuestros oncólogos es encontrar un tratamiento adecuado a las necesidades de cada paciente. De modo que somos eclécticos en nuestro enfoque.

En estos últimos treinta y séis años hemos tenido la oportunidad de evaluar muchos productos y remedios alternativos, tales como cartílago de tiburón, uña de gato, hierbas, productos homeopáticos, medicinas no tóxicas, campos electromagnéticos y más. Investigamos todas las metodologías que parezcan prometedoras, que tengan suficientes bases científicas, demuestren eficacia y que no sean tóxicas. Pero todo debe caber en nuestra filosofía: El tratamiento no debe afectar negativamente la calidad de vida del paciente, debemos usar tratamientos que eligiríamos para nosotros mismos en caso de necesitarlos.

La industria médica, con sus aparentemente ilimitadas opciones de tratamiento, de pronto tienen muy poco para ofrecer que concuerde con aquellos simples requeri-mientos. Pero Dios ha provisto todo lo que necesitamos para mantener nuestra salud en la naturaleza. Las modalidades más naturales y menos agresivas son las que nosotros ofrecemos. Mejoramos la capacidad del paciente para combatir la enfermedad proporcionándole al cuerpo, mente y espíritu las herramientas que ellos necesitan. En otras palabras, nosotros no nos ocupamos de remover tumores (y pacientes, de esa manera). Dios le dio a nuestros cuerpos la capacidad de sanarse por sí mismos, y nuestra misión es proveer los recursos necesarios para que nuestros pacientes logren recuperarse.

La terapia metabólica, el fundamento del Dr. Contreras

Originalmente, mi padre llamó a nuestro método de tratamiento "terapia holística" o del todo funcional, pues se dio cuenta que para obtener los mejores resultados, era necesario tratar al paciente en las esferas física, emocional y espiritual. El término holístico ha sido ahora adoptado por muchos seguidores de filosofías religiosas humanísticas y anticristianas. Para evitar confusiones, mi padre ideó el término de terapia metabólica.

El metabolismo es la función total del cuerpo. Para que esta función total sea llevada a cabo eficientemente, el cuerpo, la mente y el espíritu deben trabajar en armonía. Atender a nuestros pacientes en su totalidad es el objetivo de la terapia metabólica. Este objetivo se alcanza a través de varios caminos: desintoxicación, dieta, estimulación inmunológica y agentes antitumor. Cada uno de ellas tienen el objetivo de proveer recursos para crear el ambiente más saludable en nuestro organismo para combatir al cáncer, y al mismo tiempo hacer que las células del cáncer sean repelidas. Examinémoslas.

Alistándonos para la batalla

Desintoxicación

Nuestra salud y por ende nuestras vidas dependen básicamente de dos cosas: la adquisición de los nutrientes necesarios y la eliminación de los desechos del cuerpo. El hecho de que hay más órganos diseñados para la eliminación de los desechos debería indicarnos la importancia de la desintoxicación.

Muchas de las toxinas encontradas en el aire, tierra, agua, alimentos y medicinas permanecen en nuestros cuerpos, causando serios trastornos. A veces, estos venenos se instalan permanentemente en nuestros tejidos.

Nuestros cuerpos son a menudo tan asediados por las toxinas que los órganos responsables de eliminar los desechos (colon, hígado, riñón, pulmones y piel) son apabullados e incapacitados. Por lo tanto, una parte integral de la terapia metabólica es la desintoxicación.

Hemos desarrollado métodos que efectivamente pueden ayudar al cuerpo a librarse de esas toxinas. Compuestos altos en fibra facilitan la evacuación intestinal. Los enemas colónicos y de café ayudan a limpiar la parte más baja del intestino. Soluciones intravenosas con aminoácidos (EDTA) recoge sustancias tóxicas y las elimina en la orina.

Ejercicios de respiración y terapia de oxígeno son también partes escenciales del proceso de desintoxicación. Finalmente, sustancias naturales como la leche de cardo y el ajo facilitan la desintoxicación del hígado.

Cuando todas estas terapias se usan en combinación, el cuerpo es asistido en la tarea de eliminar las toxinas dañinas que bloquean su normal funcionamiento. Un cuerpo "limpio" es la mejor forma de alistarse para la batalla.

La dieta

No podemos evitar los estragos del medio ambiente, pero en gran medida, podemos controlar los alimentos que llevamos a nuestras bocas. En nuestro hospital, nuestros pacientes consumen alimentos naturales y cultivados orgánicamente, sin preservativos ni toxinas. Los cereales de granos integrales, panes integrales, y alimentos ricos en nutrientes como vitaminas, fitoquímicos, flavonoides, minerales, proteínas y fibra son todos parte de la terapia.

Las células malignas obtienen su energía principalmente de proteínas y grasas, mientras que las células normales producen su energía casi exclusivamente de los carbohidratos. El Dr. Otto Warburg recibió el Premio Nobel de medicina en la década de los años '20 por hacer este descubrimiento. Son muy pocos los médicos que hacen uso de esta vital información. Pero basado en estos hechos científicos, mi padre inició el uso de alimentos como una terapia para el cáncer hace más de treinta años atrás, recomendando a sus pacientes que ingieran una dieta rica en carbohidratos complejos (frutas y vegetales), pobre en proteínas y muy bajo en grasas (carnes grasas y prodúctos lácteos). El plan de Dios es que comamos cosas que aporten los nutrientes suficientes para prevenir las enfermedades y mantener la salud.

Estimulación inmunológica

Un fuerte sistema inmunológico es vital para vencer la enfermedad. El cáncer saca ventajas de la debilidad y la incapacidad de un cuerpo para defenderse a sí mismo. En realidad todas las enfermedades son oportunistas. Demasiado a menudo el sistema inmunológico está obligado a trabajar horas extras contra un ambiente cargado de agentes destructivos y carcinogénicos.

Aunque servimos alimentos orgánicos a nuestros pacientes, también reforzamos la dieta proveyendo suplementos nutricionales. Administramos también a nuestros pacientes en forma contínua megadosis de vitaminas, minerales, fitoquímicos y aminoácidos.

Debido a que el estrés severo deprime al sistema inmunológico, son muy importantes las técnicas de reducción del estrés. Por tal motivo, como parte del programa de estimulación inmunológica, ofrecemos al paciente consejería psicológica y espiritual. Todos los pacientes tienen la opción de participar en programas espirituales donde tienen la oportunidad de tener un encuentro personal con Dios.

Con un paciente inmuno-estimulado, las armas apuntadas directamente al tumor son mucho más efectivas.

RUMBO A LA BATALLA

El cáncer no tiene ninguna palabra de honor. Debemos usar todos los recursos al alcance para combatir este increíblemente testarudo y poderoso enemigo.

Recuerde que nuestra meta no es destruir tumores, sino proteger la buena calidad de vida. La naturaleza provee, no obstante, un enorme arsenal de armas para destruir el tumor, o al menos neutralizar su crecimiento. Los exterminadores naturales del cáncer, tales como el laetrile, kem O_2, cartílago de tiburón, ajo, vitamina A, urea y selenio son empleados en el curso de tratamiento en la mayoría de nuestros pacientes. También consideramos la aplicación de cualquier otra terapia que pudiera mejorar la calidad de vida de nuestros pacientes (bajas dosis de quimioterapia, radiación y cirugía) y que pudiera ofrecer una real mejoría.

Ahora que ha tenido un panorama acerca de nuestras terapias en común para la mayoría de los pacientes, quisiera compartirle algo acerca de nuestros tratamientos específicos para varios tipos de cáncer.

Terapias específicas del cáncer

Cáncer del pulmón

El cáncer del pulmón es el cáncer más temido por los pacientes, el gobierno y las autoridades médicas. Es el asesino número uno, tanto para los hombres como para las mujeres. Más allá de la cirugía, y en casos de detección temprana, las terapias convencionales no pueden ofrecer ninguna ayuda. La Sociedad Norteamericana del Cáncer (ACS) proyectó que en 1999 habría 171,600 nuevos casos de cáncer de pulmón, y 158,900 hombres y mujeres morirían a causa del mismo.[1]

Afortunadamente, esta es una de las malignidades en las cuales la terapia metabólica confeccionada por mi padre, hace más de treinta años atrás, ha sido más exitosa. En una revisión interna de expedientes de más de doscientos pacientes, el 50% de nuestros pacientes con cáncer de pulmón fuera del alcance de la cirugía estaba viva luego de dos años de tratamiento y el 30% después de cinco años.

Usted debe estar sorprendido porque pienso que estos son números optimistas, solo tres logros sobre diez pacientes. Sin embargo, lo son.

Aún las estadísticas de los "mejores" centros en el mundo muestran que de los pacientes con cáncer de pulmón, fuera del alcance de la cirugía, cerca del 100% muere dentro de los doce meses, no importa la terapia, y ningún paciente está vivo después de cinco años.[2]

Altas dosis de vitamina A emulsionada, dadas vía oral en gotas, resulta beneficioso en el tratamiento del cáncer de pulmón, especialmente la "carcinoma escamosa." Algunos efectos secundarios en pacientes extremadamente sensibles pueden incluir dolores de cabeza, debilidad muscular en las piernas o fuerte sequedad en la piel, nariz y boca. Si el paciente experimente efectos secundarios, reducimos las dosis o suspendemos el tratamiento por un corto período para intentar luego otra vez.

Cáncer de próstata

Ningún otro cáncer afecta al hombre más que el cáncer de próstata. La Sociedad Norteamericana del Cáncer proyectó que 179,300 hombres serían diagnosticados con cáncer de próstata en 1999, y 37,000 morirían.[3] Afortunadamente, los hombres tienden a morir *con* cáncer de próstata en vez de morir *por causa* del mismo.

Varios informes revelan que al menos el 80% de hombres de ochenta años o más que mueren por otras causas que no son cáncer, se encontraron que tenían cáncer de próstata luego de realizarles autopsias de rutina. En muchas situaciones, la calidad de vida del paciente nunca fue afectada por el mismo. Incluso la medicina ortodoxa tiene una opción de tratamiento del cáncer de próstata llamado "watchful waiting" o espera vigilante. Desafortunadamente, muy pocos médicos dan a conocer a los pacientes acerca de esta opción; en vez de eso, arruinan la calidad de vida del paciente con procedimientos agresivos. Los resultados son generalmente favorables, hasta que el cáncer se va, ¿pero qué beneficio significa para el paciente ser curado pero quedar impotente (66% de los pacientes quedan impotentes luego de una prostatectomía radical) o incontinente (30% de incidencia de incontinencia luego de prostatectomía radical)? Muchos sufren una combinación de ambas consecuencias. ¿Por qué debe el paciente padecer sufrimientos cuando "vivir en paz" con cáncer de próstata es una opción viable?

Vivir con cáncer de próstata es la primera opción que ofrecemos a los pacientes para quiénes la calidad de vida no ha sido afectada por este cáncer. Pero no solo esperamos que algo suceda; comenzamos a combatir el cáncer de una forma no agresiva, ofreciendo terapias alternativas y efectivas. Pero algunos pacientes que tienen un cáncer de próstata muy agresivo, el tumor se esparce rápidamente y pone en riesgo la vida del paciente en un corto tiempo.

Hemos realizado un estudio clínico con ochocientos pacientes que habían sido tratados previamente con cirugía, radiación y terapias de hormonas que les habían "fallado". Estos pacientes habían sido enviados a sus casas para morir pues "no había nada más que hacer." (esta es la condición en la cual la mayoría de nuestros pacientes vienen a nosotros, no solo con cáncer de próstata, sino con todos los cánceres.)

Nuestro enfoque con los pacientes con cáncer de próstata avanzada había dado siempre sorprendentes resultados. Después de cinco años, el 86% de los pacientes ¡estaban vivos! El común denominador era una excelente calidad de vida. Note que dije "vivos," no curados. Solo cerca del 20% de aquellos no tenían ninguna actividad de tumor de ningún tipo, pero los que aún quedaban con restos del cáncer estaban tan felices como los que ya no se les detectó más el cáncer.

Nosotros ofrecemos a esos pacientes nuestra terapia metabólica y hormonas antiandrógenas como Lupron, Eulexin y Honvan. Los efectos secundarios pueden presentarse como dolor y dilatación en los senos cuando se toman por un largo período de tiempo. Si el cáncer se ha esparcido a los huesos, aplicamos calcio y aredia vía intravenosa. Si los huesos comienzan a sufrir roturas o el paciente padece intenso dolor en los huesos, recomendamos radiación para endurecer los huesos y aliviar el dolor. Pocos de nuestros pacientes han sufrido impotencia o incontinencia.

Muchos testimonios de nuestros pacientes con cáncer de próstata podrá encontrarlos en nuestro sitio de Internet (www.oasisofhope.com). También disfrutará leyendo el testimonio de uno de ellos en el Apéndice D.

Cáncer del seno

Aunque la incidencia del cáncer del seno en los hombres es bajo, este es el cáncer más temido por las mujeres. La Sociedad Norteamericana del Cáncer esperaba que 175,000 mujeres y 1,300 hombres serían diagnosticados con cáncer del seno en 1999, y 43,300 mujeres y 400 hombres morirían por causa del mismo.[6] La incidencia de este tipo de cáncer es el que más rápido va en aumento. Ha sido publicado más acerca del cáncer del seno que de cualquier otra malignidad; aún las terapias aprobadas solo han ayudado a prolongar la vida, y muchas veces a expensas de la calidad de vida, no solo estéticamente, sino también físicamente a causa de los severos efectos secundarios.

El tratamiento del cáncer del seno es extremadamente complicado debido a que muchos aspectos fisiológicos de la mujer participan en el comportamiento del tumor. El mismo tipo de tumor tiene un impacto completamente diferente en una mujer de setenta años que en una de treinta. Cuanto más jóven es la mujer, más agresivo tiende a ser el tumor.

Los aspectos hormonales de la enfermedad juegan un papel decisivo en el cáncer del seno. La cirugía tiene diferentes aplicaciones dependiendo del tamaño y ubicación. Cada vez más cirujanos alrededor del mundo están llegando a la conclusión de que Crile siempre tuvo razón (véase capítulo 7), y las lumpectomías y la cirugía de conservación del seno (como lo hemos hecho en Oasis de Esperanza por al menos treintaiséis años) han tenido aceptación por la comunidad médica. Una vez más, nuestra modalidad terapéutica nos ha dado mucho incentivo.

Cuando un paciente con esta enfermedad viene a nosotros, agregamos a la terapia metabólica medicamentos anti-estrógenos como Tamoxifen y Megace, aún si los receptores de hormonas indican un efecto negativo.Estas terapias son benéficas pues el estrógeno hace crecer al cáncer del seno. Un posible efecto secundario podría ser un incremento en el apetito, y el Megace puede provocar retención de líquido o coágulos sanguíneos. Nuestros expedientes indican una tasa del 30% de supervivencia a los cinco años.

Dee Simmons es un maravilloso ejemplo de una victoriosa sobreviviente del cáncer del seno. Puede leer su historia en el Apéndice E.

Cáncer de colon con metástasis en el hígado

El cáncer de colon va en aumento, y creo que los alimentos de escaso valor nutritivo y dañinos al mismo tiempo, son los responsables de tal incremento en la incidencia en la generación jóven. La Asociación Norteamericana del cáncer proyectó que 94,700 personas serían diagnosticadas con cáncer de colon, y que 47,900 personas morirían en los Estados Unidos en 1999.[7] Aunque todos los cánceres están relacionados con nuestros hábitos alimenticios, la relación entre el cáncer de colon y la alimentación es muy estrecha. Solo hace unos años atrás este tipo de cáncer ocurría generalmente en la gente con edad de jubilarse; ahora no es fuera de lo común ver que personas de cuarenta y tantos cayendo víctimas del mismo. Aún he tratado con cáncer de colon ¡a un joven de dieciséis años!

Como con la mayoría de los tipos de cánceres, en su etapa inicial, este cáncer puede ser tratado con cirugía en una forma bastante efectiva, y se puede lograr hasta un promedio del 85% de pacientes curados. Pero cuando este cáncer se dispersa hacia el hígado o pulmones, los pronósticos se oscurecen. Es en esta etapa que la mayoría de nuestros pacientes vienen a nosotros.

Las metástasis en el hígado es la amenaza más grande para la vida. Hemos llevado a cabo una prueba clínica experimental con pacientes que sufren de cáncer de colon con metástasis en el hígado con un procedimiento que desarrollé, basado en información de otros investigadores. Quimioterapia localizada intravenosa (5FU) es dirigida al hígado mediante un catéter especial insertado en una rama de la vena porta. Nuestros resultados fueron muy alentadores. Podíamos ofrecer a nuestros pacientes un 30% se supervivencia a los cinco años, mientras que las posibilidades con quimioterapia sola ofrece un 0% de supervivencia.

A veces prescribimos quimioterapia oral (Tegafur), especialmente si 5FU ha sido usado previamente y sin resultados. Los efectos secundarios, tales como reducción de glóbulos blancos o úlceras en la boca, son raras pues usamos terapias localizadas o bajas a moderadas dosis de terapia. Los resultados han sido impresionantes.

Lea el testimonio de Donald Factor acerca del tratamiento de su cáncer que se había expandido al hígado; usted lo encontrará en el Apéndice C.

Cambios reales en el estilo de vida

Aparentemente Mark Twain tuvo muchas experiencias con médicos, pues dijo, "la única manera de cuidar su salud es comer lo que no quieres, beber lo que no te gusta y hacer lo que no escogerías hacer." Pero es muy importante tener un compromiso con la salud y con los cambios en el estilo de vida necesarios para promover la salud y la prevención. Me he dado cuenta que los pacientes que practican con entusiasmo intensos programas dietarios, como las dietas de Gerson o Malkmus, contínuamente hacen trampa. Pero aquellos que cumplen les va bien y tienen algo de que decir "Aleluya." Cumplir es esencial.

La personalidad de cada paciente también debe ser tomada en consideración cuando se recomiendan las terapias y recursos de prevención. Hay pacientes tipo Pedro y pacientes tipo Pablo. Algunos, como el Apóstol Pedro, tendrán altas y bajas en su compromiso con el programa; otros desde el comienzo, no se moverán ni una pulgada, como el Apóstol Pablo.

Si un paciente con el tipo de personalidad de Pedro se molesta porque "proteger su salud a costa de una dieta demasiado estricta es una enfermedad realmente aburrida,"[8] entonces, se establece para el paciente otro programa más realizable. Los beneficios y consecuencias deberían ser trazados, y el paciente debería permitírsele tomar su propia decisión.

Animamos a nuestros pacientes a hacerse cargo de su salud. Ellos pueden aceptar, rechazar o retrasar cualquiera de nuestras recomendaciones, pero tratamos de darles suficiente información para que puedan hacer decisiones inteligentes basadas en el conocimiento de la situación. Lo que yo recomiendo de acuerdo a mi experiencia puede no ser del mejor interés para el paciente porque el paciente conoce mejor su cuerpo. Un paciente que siente que perder alguna parte de su anatomía es inaceptable puede conscientemente rechazar cualquier cirugía, y por ende aceptar cualquier resultado. Imponer un tratamiento específico solo porque estadísticamente da mejores resultados no siempre es lo mejor. Las estadísticas no son necesariamente aplicables a los individuos, pues lo singular, único, maravilloso y estupendo es lo que los hace individuos.

Toda nuestra medicina, remedios, suplementos nutricionales, vitaminas y recursos orientados a la salud son siempre provistos en un ambiente de esperanza, fe y amor. Y la única terapia que es dada a todos los pacientes es la oración. No importa cuán especial puedan ser las necesidades de un paciente, la oración es un recurso que todos podemos aprovechar.

Pero la mejor cura para el cáncer es la prevención. Encontremos cómo perseguir ese curso.

10

El poder de la prevención

Aunque es una réplica, lo disfruto tremendamente. Con su motor de 300 caballos de fuerza y una transmisión de cinco velocidades, mi auto de competencia Cobra, con motor Ford potenciado y montado en una carrocería Jaguar puede levantar una polvareda. Me apasiona la velocidad, y para mi tipo de personalidad, es terapéutico. Cuando mi programa establecido, o mejor dicho mis programas, me lo permiten, me subo a mi auto de coleccionador y me divierto en las competencias de veteranos, un grupo de hombres canosos (a los que aún les queda cabello), joviales y presumidos que se juntan para competir con estos grandes, increíblemente hermosos y poderosos juguetes.

Pero no piense ni por un momento que nos vestimos con aquellos trajes antiflamas, y nos ponemos cascos, y que entramos a esas cabinas enjauladas con barrotes y nos atamos a todas esas correas especiales que tienen las butacas de competición, solo para dar una vuelta el domingo en el parque. No, pero exprimimos a nuestros juguetes alcanzando velocidades de hasta 130 millas por hora en las curvas sinuosas.

La gente cree que los corredores tienen un deseo de muerte. Bueno, ciertamente yo no creo que sea así. Las medidas de seguridad que tomo para evitar accidentes son sustanciales. De hecho, una vez que me entrené y aprendí a compartir el "la pista" con profesionales, me dí cuenta de cuán peligrosas son las autopistas. La incidencia de accidentes fatales en las pistas de competición es infinitamente inferior que la de los accidentes que ocurren en las autopistas, carreteras y calles. Eso se debe a que los conductores de autos de competición no solo manejan sumamente bien, sino que tambien toman muchas medidas que disminuyen los riesgos.

Administrando nuestra salud

Disminuyendo los riesgos de nuestra salud incrementa la duración y la calidad de nuestras vidas. Por cierto muchas variables están fuera de nuestro control, pero la responsabilidad de proteger, mantener, cuidar y respetar nuestros cuerpos, el único y más importante bien que nos ha sido dado, es definitivamente 100% nuestra. Asimismo cuando somos bendecidos con el don de una buena salud, lo que deberíamos hacer, al menos, es conducir nuestras vidas de tal forma que reduzcamos el riesgo de perderla.

Me entristece que a causa de que la buena salud es gratis, muchos no la aprecian, sino hasta que es demasiado tarde. Aún nos enseñan desde jóvenes a valorar y proteger nuestros bienes materiales, pero no nuestra buena salud. Adquirimos pólizas de seguro para proteger nuestras posesiones, sin embargo aún la más integral póliza de seguros de salud no puede asegurar la buena salud. De modo que controlar los riesgos sabiamente es la forma más responsable de mantener y aún recuperar la salud.

La manera óptima de cuidar nuestra salud es por medio de la prevención. Para mucha gente, prevención significa hacerse un exámen médico anual. Examinemos esa idea.

El exámen médico anual

El exámen anual o control médico es la principal herramienta sobre la cual la sociedad moderna depende para la prevención de las enfermedades. Aunque si bien el exámen médico anual puede hacer que la gente se sienta segura, puede tambien alentarlos a continuar con estilos de vida insalubres y pueden enmascarar problemas a largo plazo.

He estado hablando mucho de los norteamericanos, de modo que voy a darles un descanso (por ahora). La Asociación de Hospitales de Japón (JHA) anualmente publica un informe sobre hábitos de la salud y la condición de la población japonesa obtenidos por las cifras de los certificados de buena salud dados en los controles médicos. De acuerdo a sus registros, en los últimos catorce años la "salud" de los japoneses, especialmente de aquellos entre las edades de cuarenta y cincuenta años, ha declinado considerablemente. En 1984 cerca del 30% de las personas no tenían "irregularidades" en sus controles médicos; en 1998 solo el 15.8% fue premiado con un certificado de buena salud, "el peor registro."

La mayoría de los participantes en los controles médicos sufrieron de hiperglucemia (exceso de glucosa en la sangre), colesterol alto y trigliceridos (niveles altos de grasa en el torrente sanguíneo) y obesidad.[1] Estas anormalidades son todas precursoras de las "5 grandes" (las enfermedades que causan el 80% de todas las muertes en los Estados Unidos): el cáncer, enfermedades cardíacas, diabetes, obesidad y alta presión sanguínea. En Japón, el principal causante de muertes ya es el cáncer, una tendencia que los países más industrializados pronto seguirán.

Por supuesto, la JHA culpa a la occidentalización del moderno estilo de vida de Japón, y no podría estar más de acuerdo. Considere el hecho de que los totales de incidencia y mortalidad en Japón por causa del cáncer son los mismos que los de Estados Unidos. Los tipos individuales de cáncer pueden variar, pero los números absolutos per cápita son practicamente los mismos.

Pero la pregunta aquí es el valor preventivo del control médico, el cual depende en gran manera de los resultados de los exámenes de sangre. Pero los exámenes de sangre no necesariamente reflejan qué es lo que está pasando en los órganos a nivel celular; de esta manera estos tienen un valor muy limitado. Esto quiere decir que tener resultados positivos de los exámenes no necesariamente significa que los órganos están realmente saludables.

Aquí veo dos grandes problemas con los controles médicos: 1) Recibir un certificado de buena salud puede darle al paciente una sensación falsa de seguridad para continuar con un destructivo estilo de vida; y 2) el peligro de no probar que está "completamente" saludable (un 84% de probabilidades en Japón) pone a un paciente a merced de una atención médica en un hospital por alteraciones en la sangre que no necesitan tratamiento.

Otro problema es el conocido hecho de que los exámenes de laboratorio son constantemente poco fiables. Algunos pacientes están "curados" de la supuesta enfermedad ¡solo por repetir el exámen! Informes de resultados de 40% falso negativo o falso positivo son normalmente aceptados en esta actividad.[2]

Después de un exámen médico anual, lo más probable es que un paciente saldrá del hospital o del consultorio del médico con prescripción de medicinas. Las medicinas usadas para bajar el nivel del azúcar en la sangre y el colesterol han sido cuestionadas científicamente porque, aunque disminuyen el azúcar y el colesterol, no ha sido probado que prolongen la vida de un paciente. En realidad, cuando estas drogas fueron analizadas en estudios de largo plazo con dos grupos de pacientes, dio como resultado que los pacientes que tomaron los placebos (píldoras de azúcar,

¡qué le parece!) vivieron más tiempo, aún con sus elevados niveles de glucosa y colesterol.[3]

Pero no son todas malas noticias. Entender las limitaciones de un exámen le ayudará austed a guardarse de un espejismo mientra aprovecha los beneficios. Si usted escoge visitar a su médico regularmente por medidas preventivas, podrá seguir de cerca los cambios que su cuerpo experimenta madiante sus esfuerzos por mejorar el estilo de vida. Una evaluación cardiovascular puede mostrarle si usted se encuentra en un mal estado, y puede animarle a hacer algo para mejorar su condición física así como las funciones del corazón y los pulmones.

Lo más importante es que un control médico puede detectar enfermedades en su etapa temprana. No obstante, pensemos un poquito acerca de este concepto.

¿DETECCIÓN TEMPRANA O PREVENCIÓN?

En una estrategia de mercadeo verdaderamente magistral, el sector médico, especialmente oncólogos, introdujeron décadas atrás una idea que llegó a ser universalmente aceptada: La prevención es la detección temprana.

No quedan dudas que muchas enfermedades, aún el cáncer, cuando son encontradas en su etapa temprana pueden ser mejor tratadas, a veces aún curadas. El cáncer de colon encontrado tempranamente tiene una tasa de cura hasta un 85% con cirugía.[4] El valor de un examen cervical en las mujeres es que el cáncer puede ser detectado en su etapa temprana, y en tal caso la cirugía es curativa hasta el 99% de los casos. Sí, el cáncer puede ser prevenido, pero la realidad sostiene queestas y todos los otros exámenes detectan una enfermedad o un mal funcionamiento después del hecho. Estos exámenes no previenen la llegada de una enfermedad.

Definiendo, frenar el desarrollo de la enfermedad es el único propósito de la prevención. Todo lo demás recorta sus pérdidas, aun si sus pérdidas son pequeñas porque se pudo detectar el cáncer temprano. En el caso del cáncer el sistema médico ortodoxo establecido no ha podido proteger a la gente del cáncer ni tratarla efectivamente. De modo que las autoridades de la salud ingeniosamente empaquetaron el concepto generalizado de que la detección temprana es prevención. ¿No resulta extraño? Porque en realidad, qué importa cuán temprano el cáncer sea detectado, si en el presente de todas maneras no pudo ser prevenido.

El sistema médico actual ofrece algunas medidas de prevención, pero ellas son extremadamente pobres o extremadamente radicales y se ofrecen a la fuerza. Por ejemplo, se ofrecen cambios en la dieta en la mayoría de las asociaciones médicas (cáncer, artritis, diabetes), pero en la práctica, no se hace ningún esfuerzo para educar a los pacientes acerca de la nutrición. Este tipo de enfoque, vez tras vez, ha probado no ser efectivo. Para agregar, se ofrece la quimioterapia como medida preventiva, y muchos pacientes que temen al cáncer son sometidos a esta paradójica medida, cuando la mayoría, sino todos, los agentes quimioterapéuticos ¡son carcinogénicos!

El interés por la genética está comenzando a ocupar su lugar dentro de la medicina preventiva. Existe la idea de que si una persona tiene un alto riesgo de desarrollar cáncer en un sitio específico no vital, removiendo el órgano que podría ser el blanco de la enfermedad, podría prevenir al paciente de desarrollar cáncer. Tal es el caso con el cáncer del seno.

Las mujeres jóvenes, generalmente en su adolescencia o luego de los cuarenta con un "fuerte historial familiar" de cáncer del seno (de dos o más familiares cercanos con cáncer del seno) y la presencia de uno o ambos genes del cáncer del seno (BRCA1 y BRCA2), son consideradas con alto riesgo y candidatas para mastectomías profilácticas (preventivas). En otras palabras, los médicos remueven un seno saludable para prevenir la posibilidad de que la mujer contraiga cáncer del seno.

Estoy asombrado, y no puedo entender cómo personas, y mucho menos médicos, pueden someterse y llevar a cabo tales medidas de prevención maquiavélicas. Solamente el poder incalculable y persuasivo del temor puede forzar a las mujeres a desfigurarse voluntariamente, creyendo en un procedimiento profiláctico que tiene tan poco sentido.

Si investigamos la superficie de las ideas de avanzada genética, es obvio que su impacto en la salud es altamente cuestionable. Los Estados Unidos tiene una de las más altas incidencias del cáncer del seno en el mundo, cerca de 100 caso cada 100,000.[5] China, por el otro lado, tiene el más bajo, alrededor de 1 caso cada 100,000. De acuerdo al teorema genético, esto significaría que los norte-americanos tienen una fuerte carga genética de cáncer del seno y los chinos no.

Entonces, ¿por qué cuando los chinos emigran a Estados Unidos, aquellos que adoptan el estilo de vida norteamericano adquieren la misma incidencia de cáncer del seno de los norteamericanos? Sin embargo, aquellos que conservan sus tradicionales hábitos alimenticios mantienen una baja incidencia de cáncer del seno. Se ha usado mucha tinta sobre este tema. En vez de investigar para encontrar los genes malévolos, busquemos los libros familiares de cocina ¡y destruyámoslos!

Yo no creo que la genética ofrezca la respuesta mágica tan deseada. Estamos esperando una solución científica, y no la hay. Prevenir el cáncer implica cambios en el estilo de vida.

En el comienzo de este nuevo siglo, la gente pone su esperanza por la salud en la ciencia y tecnología médica, creyendo que es allí donde será encontrada "la bala de plata." Mientras tanto, ellos están solo ligeramente (y la mayor parte erróneamente) educados acerca de lo qué hacer para repeler las enfermedades mortales más comunes.

BUENA SALUD, UNA CUESTIÓN DE POLÍTICA PÚBLICA

En marzo de 1997 me invitaron a hablar en Estados Unidos ante la Cámara de Diputados del estado de Georgia. La Cámara estaba debatiendo las opciones disponibles para disminuir los gastos de la atención médica de las personas de la tercera edad en los hogares de atención especializada. La mayoría de las ideas tenían que ver con proveer servicios, tales como enfermería y visitas médicas a domicilio o comprar equipamiento de diagnóstico o trabajar con laboratorios contratados. Pero uno de los representantes había leído mi libro, *Health in the 21ˢᵗ Century, Will Doctors Survive?* [La salud en el siglo XXI, ¿Sobrevivirán los médicos?], y pensó que mi mensaje ayudaría al grupo de trabajo a enfocarse sobre el bienestar de la tercera edad en vez de en sus enfermedades.

El honor y la responsabilidad de estar allí pesaba sobre mis espaldas. Me sentía intranquilo (¡aterrado!) pues había sido abiertamente crítico del gobierno por ser tan "benevolente" en permitir a las industrias químicas y alimenticias contaminar nuestro mundo y nuestros alimentos. Aunque si bien no todos los diputados estaban felices por mi visita, no podía dejar pasar una oportunidad como esa para decir lo que estaba en mi corazón.

"La salud no es un problema médico; es la enfermedad," les dije. "La salud es primordialmente un tema político." A todo esto, algunos de ellos miraban sus notas (o novelas ¿quién sabe? ¡Tal vez habían aprendido algo de los políticos mexicanos!) y me miraron con sorpresa. "Esto no es nuevo," continué. "Un político (y profeta) tres mil años atrás lo dijo mejor que cualquiera que yo sepa: "Mi pueblo perece por falta de conocimiento."

"Lo qué es nuevo," hice una pausa para agregar un poco de dramatismo, "es que ustedes invitaron a un curandero mexicano, de Tijuana, para mostrarles a ustedes la forma de disminuir el costo del cuidado médico en el gran estado de Georgia! ¡Deben estar desesperados!" La consecuente risa quebró el hielo, y tuve la oportunidad de hablar a la gente que podría realmente marcar una cambio en la salud de la sociedad.

Les dije a ellos que la política de usar cinturones de seguridad obligatoriamente era un buen negocio, pues salva vidas. Sin embargo la política de permitir los cigarrillos para ser vendidos mata. La política no promueve ni alienta la buena salud. La industria médica ha usurpado esta responsabilidad de nuestros legisladores de una forma muy hábil, y los legisladores han estado contentos en permitirlo. Este cambio de responsabilidades ha impactado a la salud de la comunidad en los países desarrollados, así como tambien en los del tercer mundo. Les hice saber que el equilibrio entre el progreso y el bienestar sigue siendo la responsabilidad de los legisladores.

El costo de la salud es la mayor preocupación en los Estados Unidos, de modo que el gobierno ha iniciado una campaña de estudios para calcular los factores de riesgo y encontrar las soluciones más propicias. Tambien dije a los diputados de Georgia que esos estudios habían revelado que los conceptos dietarios aceptados por la ciencia, industria y la política habían sido erróneos y costosos del peor tipo de forma. La gente está pagando por ellos con sus vidas. Las cinco principales enfermedades de los países desarrollados han estado siempre inequívocamente ligados a los estilos de vida y al lamentable Modelo Alimentario Norteamericano.

Les hice saber además lo que D.M. Hegsted, Doctor en Medicina, profesor de nutrición en la Escuela de Harvard de Salud Pública, dijo al comité nombrado para asuntos de la nutrición y asistencia humanitaria del Senado de los Estados Unidos. Él estuvo hablando sobre el estudio de los *Objetivos Dietarios de los Estados Unidos*, el cual vehementemente asociaba los hábitos alimenticios de la población americana con las enfermedades degenerativas.

Debería ser enfatizado de que este Modelo Alimentario Norteamericano, el cual la sociedad en su mayoría consume, está asociado con un similar patrón de enfermedad, alto porcentaje de isquemia cardíaca, ciertos tipos de cáncer, diabetes y obesidad.

Son epidémicas en la población. No podemos permanecer indecisos. Tenemos la obligación de alertar al público sobre la real situación en que nos encontramos y ayudarles a seleccionar las opciones correctas en cuanto a la alimentación. No hacerlo sería eludir nuestra responsabilidad.[6]

Luego de analizar todos los hechos, el presidente del comité nombrado para asuntos de la nutrición y asistencia humanitaria del Senado de los Estados Unidos concluyó, "El propósito de este informe es señalar que los patrones alimenticios de este siglo representan una seria preocupación pública tan crítica como ninguna otra."[7]

"¿Maravillosas palabras, no creen?" les pregunté a los diputados. "pero esperen, hay más." Y comencé a contarles que el presidente de este comité, instó al Senado y a otras autoridades pertinentes, a la acción, sin dejar lugar a dudas: "Todos nosotros, los que estamos en el gobierno, tenemos la obligación de reconocer esta situación. El público necesita una orientación, quiere conocer la verdad, y con optimismo hoy podemos sentar las bases para construir una mejor salud para todos los norteamericanos a través de una mejor nutrición."[8]

Entonces dejé caer la bomba, "El problema es que esas buenas palabras fueron pronunciadas por el senador George McGovern el 14 de enero de 1977. Más de veinte años más tarde, los norteamericanos continúan matándose con la comida. Nosotros los mexicanos nos hemos hecho un nombre con la cultura del 'lo haré mañana,' pero pienso que los legisladores norteamericanos nos han superado en esto."

Antes de mi visita a la Cámara de Diputados, me había contactado con uno de los más lujosos hogares de retiro en la ciudad de Warner Robins en Georgia y les pedí el menú. Ellos me habían dicho que expertos dietólogos y nutricionistas aprobaron el menú y que el cuerpo médico había acordado en que era una dieta saludable y nutritiva. Aquí está:

Desayuno	Almuerzo	Cena
Cereal/a elección	Pescado	Carne de puerco asada
Huevo/a gusto	Papas fritas	Habas en salsa de tomates
Salchichas	Ensalada de col	Rodajas de tomates
Bizcocho	Pan de maíz	Pastel
Margarina	pudín de limón	Duraznos
Gelatina	Té/café	Leche
Leche	Té/café	
Café	Aderezo: ketchup	Aderezo: pepinos en vinagres

Me espanté al darme cuenta que el único alimento saludable en todo el menú del día eran las rodajas de tomate. Los huevos eran huevos sustitutos, y los duraznos eran enlatados, ¡y eran los alimentos más saludables!

Animé a los diputados de Georgia a no demorar más en tomar decisiones. Les sugerí algunas directivas para la política de salud para la tercera edad, lo cual incluye la implementación de dietas saludables en los hogares de retiro, educación, proveer suplementos vitamínicos y minerales, programas de ejercicios y aprovechar de su sabiduría en vez de hacerlos sentir inútiles. Si ellos implementaban este tipo de política, aseguré, ellos serían recompensados muy pronto con jubilados más felices que contribuirían con dólares en taxes en lugar de usarlos.

El bienestar de la sociedad es inseparable de la salud emocional y física de la población. El orden y el bienestar en una sociedad depende de las políticas establecidas por el gobierno. Por lo tanto, la buena salud es fundamentalmente un asunto de política pública.

La lucha por las directivas dietarias

Entonces, ¿qué sucedió en el Senado de los Estados Unidos luego de que ellos descubrieran que el Modelo Alimentario Norteamericano estaba matándonos? Antes de establecer alguna política, los congresales consultaron con expertos en el campo, a saber la Asociación Médica Norteamericana (AMA) y la Asociación Dietética Norteamericana (ADA), acerca de los resultados del informe.

La ADA respondió al comité nombrado para asuntos de la nutrición y asistencia humanitaria en una carta decisiva dirigida al senador McGovern que incluía este comentario: "Un análisis de estas comidas rapidamente revelará que ellas son pobres nutricionalmente, contribuirían más a que las personas permanezcan en un hospital que ayudarlos a que se recuperan y puedan volver a sus hogares."[9]

La AMA no estaba con la política tampoco, declarando firmemente que los cambios dietarios recomendados estaban científicamente infundados. Ellos sugirieron más estudios sobre el tema: "La evidencia de asumir que los beneficios sean derivados de la adopción de tales objetivos universales como describe en el informe no es concluyente Y...potenciales efectos dañinos...ocurrirían mediante la adopción de los propuestos objetivos nacionales."[10]

Después de leer estas respuestas, me pregunté qué tipo de irrazonables recomendaciones dietarias había hecho el reporte para crear tal enérgica reacción de los expertos de la salud. Veamos las directivas y decidamos por nosotros mismos.

- Incrementar el consumo de vegetales, frutas y cereales.
- Aumentar el consumo de fibra.
- Disminuir las grasas totales y saturadas.
- Consumir carnes desgrasadas y producteos lácteos de bajo tenor graso.
- Disminuir el colesterol

- Disminuir el uso de la sal y el azúcar
- Usar métodos saludables para cocinar[11]

No puedo creer, que expertos de la salud publicaran una declaración diciendo que esas medidas alimenticias podrían ser perjudiciales.

La AMA quiso más investigaciones epidemiológicas pues argumentaron que es el método científico el que debe establecer la relación específica entre los hábitos dietarios y la enfermedad crónica para que ellos puedan reconocerlo. Debido a que los abrumadores datos del informe responsabilizaban a la ingesta de grasas en la dieta, ellos querían tener las pruebas específicas del proceso por el cual las grasas causaban la enfermedad.

Desde luego, que los políticos quedaron tan impresionados por la profundidad del requerimiento de los expertos que más dinero era invertido para continuar buscando las causas epidemiológicas del incremento de las enfermedades crónicas degenerativas.

Por los próximos años, los informes continuaban uno tras otro, todos diciendo que el Modelo Alimentario Norteamericano era el culpable de muchas de las enfermedades cardiovasculares, cáncer, diabetes, obesidad y presión sanguínea alta.[12] Cinco años más tarde un proyecto más definitivo vino a prensa, titulado *Dietary Guidelines for Americans*.[13] [Guía Dietaria para los Norteamericanos]. Este informe concordaba con los otros, pero introducía el hecho de que el ambiente tambien jugaba un papel importante incrementando la incidencia de las enfermedades crónicas.

Los congresales no tienen toda la culpa, pero creo que ellos oportunamente se lavaron las manos al respecto, dejando el caso en las manos de la ciencia. Esto trajo a colación una cuestión compleja, de que dos de las más redituables industrias del país, la industria alimenticia y la industria médica, se verían afectadas económicamente.

En 1989, salió el más completo de todos los informes

epidemiológicos, *The Surgeon General's Report on Nutrition and Health*[14] [El Informe de Nutrición y Salud del Inspector General de Sanidad] El ex-Inspector General de Sanidad C. Everett Koop, Doctor en Medicina, Sc.D., concluyó que la recomendación más importante "es reducir las grasas en la dieta....Esta advertencia no es nueva. Pero ahora está fundamentada."

El informe puede ser resumido en tres puntos:

• Mejoras en las dietas pueden reducir el riesgo de enfermedades crónicas.
• Similares recomendaciones en la dieta se aplican prácticamente para todas las enfermedades crónicas.
• Reducción en la ingesta de grasas es la primera prioridad en la dieta.

Uno de los proyectos más ambiciosos de investigación epidemiológica que jamás haya tomado lugar, ha estado continuando ahora por más de quince años en China. Un grupo multinacional compuesto por miembros de los Estados Unidos (Universidad de Cornell). El Reino Unido (Oxford) y el gobierno de China han estado cooperando para reunir información. El Proyecto China está investigando muchos aspectos de las enfermedades, uno de los cuales es la dieta (especialmente su relación con el cáncer.)[15]

Este estudio confirma que la cantidad de grasas y proteínas ingeridas están estrechamente relacionadas con la incidencia del cáncer, especialmente con el cáncer del seno. Como mencioné anteriormente, los chinos tienen una de las más bajas , si no es la más baja, incidencia de cáncer del seno. Ellos consumen cerca de cuatro gramos de proteína animal por día. En otras palabras, le tomaría a una mujer china cerca de cien días consumir una libra de proteína animal (carnes y lácteos).

En Occidente, por supuesto, consumir una libra al día de proteína animal no sería algo fuera de lo común. Pero el promedio de incidencia de cáncer del seno en el Occidente es cerca de 100 casos cada 100,000 mujeres.

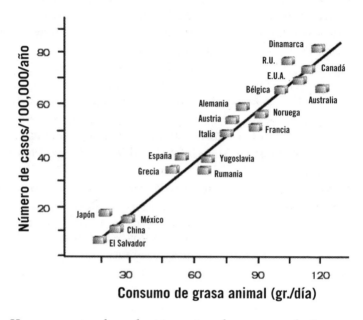

Hay una estrecha relación entre el consumo de grasas y el cáncer del seno. En Alemania, Austria, Francia, Noruega y otros países donde el consumo de grasas es cercano a los 90 gramos por día, la incidencia es de 50 a 70 casos por cada 100,000 mujeres. Las mujeres en España, Rumania y Grecia ingieren normalmente menos de 65 gramos de grasas por día, y su incidencia de cáncer del seno es entre 30 y 40 casos por cada 100,000 mujeres. En países subdesarrollados como El Salvador, México, China, junto con países desarrollados que escogieron alimentarse con dietas bajas en grasas, tal como Japón, el consumo de grasas es entre 20 y 30 gramos por día, y la incidencia del cáncer del seno baja a entre 1 a 20 casos por cada 100,000 mujeres.

Las mayores fuentes de grasas saturadas en el actual

suministro alimenticio de los Estados Unidos [el Modelo Alimentario Norteamericano] son:[16]

- La carne (35% del total de las grasas saturadas disponibles)
- Los productos lácteos (20%)
- Cocinar y servir grasas y aceites (34%)

El informe presentado en 1989 por el ex-Inspector General de Sanidad C. Everett Koop, reveló que "el monto promedio de grasas saturadas en la dieta norteamericana no ha cambiado por más de 50 años."[17] Agrege otra década a esta declaración. "Más del 40% de los norteamericanos no comen ninguna fruta ningún día, el 50% no come vegetales que no sean papas, frijoles o ensaladas, y más del 80% no comen ni panes integrales ni cereales."[18]

Como estos informes captaron la atención de los medios, la información comenzó a llegar al público y a la industria alimenticia. Las "escandalosas" recomendaciones que se habían hecho a fines de los setenta, poco a poco iban teniendo "sentido común" para la mayoría de la gente. Sin embargo, ninguna política de acción real estaba o había sido establecida para resolver la cuestión.

EL PAPEL DE LA INDUSTRIA ALIMENTICIA

Algo que había comenzado como una campaña para cambiar los hábitos alimenticios y mejorar la salud de la nación y del mundo (porque muchos países siguen lo que Estados Unidos establece) se transformó en una oportunidad de mercado para la industria alimenticia. Miles de nuevos productos alimenticios fueron lanzados al mercado. De los cuales, un gran porcentaje eran caramelos, gomas de mascar y bocadillos. Los productores de comidas, caramelos, bebidas dietéticas, comidas rápidas, cerveza, vino y licores estaban entre las cien mejores compañías de *Fortune 500*.

Desde luego, la industria estaba solícita en reconocer

que las grasas saturadas constituían un peligro fatal, de modo que introducieron la margarina (la cual los médicos rápidamente aprobaron). Tambien palabras como "livianos" o "saludables" fueron introducidas para combatir la amenaza de las grasas, y los productos con esas palabras en sus etiquetas han incrementado las ventas, aunque a menudo ellos no son ni "livianos"ni "saludables."Los alimentos procesados hacen dinero para la industria alimenticia, pero no conducen a una buena salud.

El consumidor quiere comida artificial sana, pero no existe. ¡De modo que el enfermo se siente más enfermo cuando le dicen lo que debería comer por el resto de sus días!

Todos nosotros sabemos que comer es mucho más que una manera de agradar a nuestro paladar o una ocasión para socializar. Por supuesto que son dos motivos muy importantes, pero el principal propósito de la alimentación es proveer a nuestros organismos el combustible para que puedan funcionar adecuadamente.

Uno de los problemas de nuestro mundo actual es que algunos no tienen dinero para comprar alimentos y el resto tiene demasiado y come demasiado. Las comidas "tecnológicas" de hoy en día tienen una abundancia de calorías con pocos nutrientes, si es que los tiene. La complicación más generalizada de una sociedad que come sin límites y está desnutrida es la obesidad.

Este problema ha afectado a nuestras comunidad de maneras más que obvias. El *Yankee Stadium* (el estadio de los Yanquis de Nueva York) fue construído en 1922, y en el año 1978 los dueños tuvieron que reconstruirlo para poder acomodar las necesidades de la población moderna. Los contratistas aumentaron el ancho de las butacas de veinte pulgadas a veinticuatro. La reconstrucción no solamente le costó millones de dólares a los dueños, ¡además perdieron ocho mil butacas!

En el rango de los cincuenta y cinco, y sesenta y cinco años de edad, casi la mitad (48.7%) de los norte-

EL PODER DE LA PREVENCIÓN

americanos son obesos.[19] Unos trescientos mil ciudadanos norteamericanos mueren por obesidad cada año. Es difícil culparlos, cuando la exposición a tales alimentos es tan abrumadora.

El propósito original de prevención de estos estudios, buena salud mediante la prevención, sucumbieron a las garras de los que controlan la economía de la sociedad, incluyendo a las industrias alimenticias y de la salud. Pero el poder preventivo de la información no ha sido perdido completamente. Muchos de nosotros obtuvimos información, y no es demasiado tarde para multiplicar esfuerzos para compartir las medidas preventivas prácticas con aquellos que comprenden que cambiar el estilo de vida es la mejor y más barata forma de añadir años a nuestras vidas y vida a nuestros años.

No permita que las "pruebas científicas" lo aparten del sentido común. Resístase a creer que no tiene importancia lo que hagamos o dejemos de hacer. Esta mentalidad apocalíptica es la que lleva a las personas a simplemente esperar que vengan la contaminación, las guerras y las enfermedades para ponerse al día con ellas y destruirlas.

Cada pequeña cosa que usted haga marcará una diferencia. Proveer comida para el hambriento que está cerca suyo, definitivamente no solucionará el problema de un mundo hambriento, pero hará una diferencia en ese niño o en esa familia, porque usted le brindó ayuda, tuvo algo para comer esa noche antes de ir a dormir. Estar abrumado es entendible, pero sentirse derrotado antes de ni siquiera empezar, es irresponsable. Escoger ser responsable siempre marcará una buena, sólida e importante diferencia en su vida.

Siete hábitos saludables

Lo he conducido a través de un camino lleno de opciones preventivas. Si realmente queremos ser libres de la plaga del cáncer, debemos enseñarle a nuestros hijos y a sus hijos a adoptar un estilo de vida saludable y una mentalidad activista.

Si las siguientes sugerencias parecen abrumadoras, redúzcalas tanto como sea necesario para ajustarlas a su necesidad. Tal vez decidirá que hacerse vegetariano es la elección más responsable, pero sin embargo esto podría ser práctica y emocionalmente imposible para usted, ¡y además lo llevaría a tendencias suicidas! En ese caso, yo recomiendo que se imponga objetivos mas realistas. Algo que pueda cumplir. Paso a paso, ¿por qué no lo intenta?

Estos son mis siete hábitos para lograr controlar los riesgos de la salud:

1. Use el cinturón de seguridad.

Esto no le impedirá que se enferme de cáncer, pero aún los pacientes con cáncer pueden perder dedos o piernas en un accidente. Honre la vida y las partes del cuerpo; ellas son irreemplazables. Use cascos y todos los protectores diseñados para salvaguardar su cuerpo cuando disfruta de un deporte o un pasatiempo.

2. Deje de fumar, y deje de beber alcohol.

No he desperdiciado mucho tiempo hasta aquí, en esta medida de prevención "que se cae de maduro". No ingiera, ni se inyecte ninguna sustancia que deteriorará las funciones de su cuerpo. La única excepción podría ser un pequeño vaso de vino tinto con el almuerzo o la cena. Esta cantidad puede tener efectos muy positivos.

3. Haga ejercicio.

Use su cuerpo hasta su máximo potencial. Si no lo hace, se deteriorará más rápido. El movimiento le dará vigor y agilidad a sus años de jubilado. Además, los ejercicios disminuyen la incidencia de las "5 grandes."

4. Olvide el modelo alimentario norteamericano.

Consuma solamente lo mejor. Siga las recomendaciones

dietarias sugeridas en este libro. Muchos estudios comprueban las posibilidades preventivas y curativas de una dieta saludable. Recuerde, póngase metas alcanzables.

Usted solo vivirá una vez. Requiera de alimentos cultivados orgánicamente. Solo coma carnes de granja, si usted come carnes. Evite los alimentos procesados y precocidos. Súplase de vitaminas, minerales, enzimas, fitoquímicos y fibra porque, debido a la polución y mucho uso de la tierra, aún los alimentos orgánicos no tienen todos los nutrientes que nuestros cuerpos necesitan para un óptimo rendiniento.

5. Participar en los esfuerzos para un futuro mejor.

Conviértase en un activista para el cambio. Su contribución personal, no importa si es pequeña, es de gran importancia. Presione al gobierno a que deje de protejer una industria que nos está envenenando, y con sus dólares, respalde a los comercios que proveen alimentos buenos e integrales. Para que nuestro aire y todo lo demás que nuestro cuerpo necesita puedan llegar a ser más limpios y puros, participe activamente en el esfuerzo de hacer cambios sustanciales a favor de nuestro medio ambiente. Deje un mundo mejor para la próxima generación.

6. Sométase a un examen médico anual o semestral.

Aproveche la información que usted recibe, y resuelva los problemas de la forma más natural y razonable. Además, la temprana detección de un problema podría salvarle su vida.

7. Tenga un seguro médico.

El seguro médico es sumamente valioso para los casos críticos. Algunas pólizas cubren las terapias alternativas. Una de esas le ofrecería a usted la mejor cobertura.

Evalúe toda la información, procésela y decida. La

elección es suya. Si los que proyectan las pólizas no establecen planes positivos de salud y el sector médico continúa solamente con el enfoque en la intervención, entonces nos corresponde a usted y a mí establecer medidas de prevención personal y familiar.

Dios habló estas palabras a Moisés para decírselas a los israelitas. Pero tambien se aplica a nosotros hoy.

> A los cielos y a la tierra llamo por testigos hoy contra vosotros, que os he puesto delante la vida y la muerte, la bendición y la maldición; escoge, pues, la vida, para que vivas tú y tu descendencia.
>
> —DEUTERONOMIO 30:19

Sección III:

Restauración desde Lo Alto

11

¿Por qué le suceden cosas malas a la gente buena?

Cuando era joven, mi hermana Estela, de solo treinta y seis años de edad, falleció en un accidente aéreo. Ella era una cristiana nacida de nuevo y llena del Espíritu, una maestra, esposa de un pastor y madre de dos pequeños. Recuerdo el gozo del Señor que ella compartía con tanta gente y todas las personas que ella conducía a Cristo. Estela estaba en la primavera de una fructífera vida cuando de repente todo se acabó.

Cuando la llama de la vida se apaga sin explicación, la mayoría pregunta: ¿Por qué ella? ¿Por qué a mí? ¿Por qué ahora? ¿Por qué no a una "mala" persona? ¿Por qué cáncer? Estas preguntas son sumamente difíciles de responder; quizá no entenderemos esto realmente, sino hasta que entremos en la eternidad. Pero en el corazón de todas estas preguntas está Dios, Él que tiene todas las respuestas a nuestros interrogantes de la vida.

La mayoría de las culturas, sin reparar en sus creencias,

reconocen la existencia de un ser superior (Dios, ídolos, el absoluto, la madre naturaleza, "el que está arriba") como dador y quitador de la vida. Sin embargo, en nuestra sociedad moderna, la fe en la ciencia ha tomado el lugar de la fe en Dios.

La ciencia dice que nuestra existencia es un contratiempo, un evento fortuito que sucedió en algún momento después de la explosión cósmica miles de millones de años atrás. La vida y todas sus formas han evolucionado desde entonces, dicen ellos. Esta proposición pareciera ser lo suficientemente científica como para satisfacer nuestras mentes racionales, más de lo que podría hacerlo la idea de un Creador. El problema que tengo con la evolución es que en el fondo, no difiere en nada a ninguna otra posición teológica. Se apoya en la fe.

Todo el mundo sabe que se requiere fe para aceptar a Cristo y al cristianismo. Sin embargo, como cristiano, me asombro de la fe de aquellos que creen en la evolución, porque mi fe esta limitada a creer en Dios como el Creador. Pero aquellos que creen en la evolución tienen que tener fe de que el cuerpo humano, con sus cien billones de células trabajando en armonía y el inmenso universo, sucedieron por casualidad. Ahora, ¡eso requiere mucha más fe de la que yo tengo! Me quedaré con la creación.

¿POR QUÉ EXISTEN LAS ENFERMEDADES?

La ciencia no explica, ni por imaginación, lo que está pasando en este mundo. Los profundos interrogantes en nuestro interior no pueden ser respondidos por la ciencia. Incluso los temas de la enfermedad y la salud, deben ser tratados desde una perspectiva tanto espiritual como también científica. La ciencia, la evolución y todas sus teorías simplemente no resuelven los temas profundos que enfrentamos.

Los creacionistas creen que hubo un tiempo donde existió un equilibrio perfecto entre el Creador y la creación, un tiempo de perfecta salud y sin enfermedades. Adán y Eva disfrutaron del más puro, e incontaminado ambiente en el Eden. La enfermedad y la muerte no amenazaban el perfecto equilibrio que tenían con su medio ambiente. Mientras esas condiciones existieron, la enfermedad no podía existir. Podemos arribar a la lógica conclusión de que los seres humanos fueron diseñados para vivir para siempre.

¿Qué sucedió? En mi opinión, en el instante en que ellos comieron de la fruta prohibida, el perfecto equilibrio entre el Creador y la creación, se perdió por causa del pecado. En ese momento, ocurrió un dramático y paradigmático cambio, se abría el camino hacia la muerte física y espiritual.

Ahora, en lugar de nacer para vivir para siempre, nacemos, crecemos, nos reproducimos y luego morimos. El pecado interrumpió el perfecto equilibrio entre Dios y el hombre, abriendo las puertas para que irrumpiera la enfermedad. La Biblia enseña claramente que la paga del pecado es la muerte, y la muerte está directamente relacionada con la pérdida gradual de la salud (enfermedad).

El concepto bíblico de enfermedad y muerte puede parecer duro, pero no es el único. Muchas religiones, aún aquellas no influenciadas por el judaísmo, tienen rituales espirituales de sanación que incluyen pedir perdón por cualquier transgresión que pudo haber causado la enfermedad sobre ellos. Parece ser que en lo profundo de nuestro ser, sabemos que la enfermedad va más allá de lo natural; que este no es el camino que Dios ideó. Nos damos cuenta de que algo trae esa enfermedad, pero nos preguntamos ¿Qué es en relidad?

La enfermedad no discrimina

Alguien puede pensar que todas las enfermedades son una consecuencia de un pecado personal, pero obviamente ese no es el caso. Si nosotros comemos sin saber alimentos contaminados, la mayoría probablemente irá unas cuantas veces al baño durante la noche a causa del famoso equilibrio que se perdió. De modo que la enfermedad no es causada por un pecado personal.

He oído que algunos cristianos y pastores, sin ninguna mala intención, dicen al enfermo, "Confiesa tus pecados, y recobrarás tu salud." Otros que son más agresivos le dicen al enfermo que a causa de sus pecados ocultos, han traído la enfermedad sobre sí.

He notado que cuando algunos de esos mismos pastores se enferman, cambian su manera de pensar. Pero tengo mucha compasión por esa gente. La humildad es una gran maestra; me ha enseñado a no arrojar piedras a los demás, sino en lugar de eso a acercarme a ellos y ver cómo el Señor puede usarme para ayudarles.

Jesús enseñó claramente a sus discípulos que la enfermedad no siempre se debía al pecado. Cuando ellos se encontraron frente a un hombre ciego, sus discípulos le preguntaron:

> Rabí, ¿quién pecó, éste o sus padres, para que haya nacido ciego? Respondió Jesús: No es que pecó éste, ni sus padres, sino para que las obras de Dios se manifiesten en él.
>
> —JUAN 9:2-3

Jesús no condenó a este hombre, ni a sus padres, por su ceguera. En lugar de ello, se refirió a la existencia de un propósito supremo.

Creo que la enfermedad, soltada al mundo a través del pecado, no discrimina. En otras palabras, ella trajo desequilibrio para todo el mundo. Es como una planta química que arroja sus desperdicios tóxicos en el río, de esta manera toda la comunidad se ve afectada. La enfermedad a la larga nos afecta a todos. ¿Sabía usted, que no existe ninguna causa natural de muerte? Aún en un accidente, la muerte es causada por una interrupción del perfecto equilibrio, en ese caso, una interrupción instantánea. Una interrupción de este equilibrio es siempre la causa de la muerte.

PROPÓSITOS Y RAZONES DE LA ENFERMEDAD

Solamente tenemos que salir a buscar el periódico matutino o encender el televisor para ver el gran dolor, la tragedia y la decadencia en nuestro mundo. Aunque originalmente las cosas no fueron diseñadas de esa forma, ahora las cosas están dadas así, y la enfermedad forma parte de esta realidad. De todas maneras, la forma en que respondamos a la enfermedad es lo más importante.

Disciplina

Algunas enfermedades fueron traídas al hombre directamente por Dios por alguna específica razón. Esta no es una popular creencia dentro del ambiente cristiano de hoy, pero es bíblico.

¿Quién puede olvidar la dramática reacción de Dios en contra de Aarón y María por oponerse a Moisés?

> Entonces la ira de Jehová se encendió contra ellos; y se fue. Y la nube se apartó del tabernáculo, y he aquí que María estaba leprosa como la nieve; y miró Aarón a María, y he aquí que estaba leprosa.
> —NÚMEROS 12:9-10

Nada ofende más a Dios que la desobediencia. Dios escogió a un pueblo, Israel, una y otra vez puso a prueba la tolerancia de Dios con desobediencia hasta que Él respondió.

> Si no cuidares de poner por obra todas las palabras de esta ley que están escritas en este libro, temiendo este nombre glorioso y temible: Jehová tu Dios, entonces Jehová aumentará maravillosamente tus

plagas y las plagas de tu descendencia, plagas grandes
y permanentes, y enfermedades malignas y dura-
deras; y traerá sobre ti todos los males de Egipto,
delante de los cuales temiste, y no te dejarán.

—DEUTERONOMIO 28:58-60

Jehová te herirá de tisis, de fiebre, de inflamación
y de ardor, con sequía, con calamidad repentina y
con añublo; y te perseguirán hasta que perezcas.

—DEUTERONOMIO 28:22

Desgraciadamente, el castigo por su desobediencia no
solo afectó a ellos, ¡sino al resto de nosotros también! Las
plagas fueron introducidas al mundo, y ellas están activas
hoy. Ellas no se fueron, y desafortunadamente, aunque
pasaron las generaciones, aún permanecemos sufriéndolas.

Y serán en ti por señal y por maravilla, y en tu
descendencia para siempre.

—DEUTERONOMIO 25:46

De manera que hemos heredado enfermedades que
pueden ser evitadas, tampoco mediante prevención y
tratamiento. Como una consecuencia, esas terribles plagas
están presentes hoy y estarán con nosotros hasta que
Jesús venga otra vez.

UN PROPÓSITO SUPERIOR

Las enfermedades pueden ser usadas por Dios para
protegernos de un gran mal. Por ejemplo, podemos
enfermarnos y perder un vuelo en un avión que más tarde
se estrella. En este caso, Dios usó la enfermedad para
salvarnos.

El Apóstol Pablo estuvo en peligro de perder su vida
eterna en el cielo cayendo preso de la confianza en si
mismo y el orgullo. Pero Dios permitió una enfermedad

para alejarlo del peligro de cometer esos arrogantes pecados.

> Y para que la grandeza de las revelaciones no me exaltase desmedidamente, me fue dado un aguijón en mi carne, un mensajero de Satanás que me abofetee, para que no me enaltezca sobremanera; respecto a lo cual tres veces he rogado al Señor, que lo quite de mi. Y me ha dicho: Bástate mi gracia; porque mi poder se perfecciona en la debilidad. Por tanto, de buena gana me gloriaré más bien en mis debilidades, para que repose sobre mí el poder de Cristo.
>
> —2 Corintios 12:7-9

Nuestras elecciones

Las enfermedades por disciplina o por un propósito superior son la excepción y los extremos. En mi opinion, la gran mayoría de los problemas de salud están estrechamente relacionados con las elecciones que hacemos en nuestras vidas diarias a través de la negligencia, ya sea en forma consciente o inconsciente. Aún la herencia no tiene la culpa en esto.

> A los cielos y a la tierra llamo por testigos hoy contra vosotros, que os he puesto delante *la vida* y la muerte, la bendición y la maldición; escoge, pues, *la vida*, para que vivas tú y tu descendencia.
>
> —Deuteronomio 30:19, énfasis añadido

La salvación eterna, y la calidad de vida en la tierra, en su mayor parte, son una cuestión de elección. Podemos escoger seguir a Cristo o rechazarle. Podemos elegir proteger o poner en peligro nuestra salud. Permítame explicarle.

¿Se coloca los cinturones de seguridad y conduce en forma segura? ¿Hace usted ejercicios y mantiene su figura? ¿Consume una dieta nutritiva y mantiene un peso saludable, o usted ora para que los alimentos preparados y envasados de escaso valor nutritivo que continuamente consume no le hagan daño y no le hagan engordar?

Estos y otros factores determinan la salud de nuestra sociedad. Enfermedades cardiovasculares, cáncer, obesidad, diabetes y la presión sanguínea alta son las cinco principales enfermedades fatales en los países desarrollados. Todas estas dolencias están estrechamente relacionadas con la mala dieta y la falta de ejercicio. Los estilos de vida afectan de la misma manera a los organismos de los cristianos como de los que no lo son.

Ajustándonos a los principios de la dieta sana, podemos reducir, repito, reducir, los riesgos de enfermedades, pero no podemos exterminar la enfermedad del todo.

¿POR QUÉ A MÍ?

Sin duda, si uno hubiera sabido antes las consecuencias que acarrearían los hechos del pasado, habría podido intentar evitarlas. Pero ¿cómo podemos lidiar con el presente dolor de una enfermedad como el cáncer y con la incertidumbre del futuro inmediato? Mi corazón se conmueve de dolor cuando la gente hace preguntas como, "¿por qué a mí? ¿por qué no al asesino en serie que ha estado a la espera de ser ejecutado por un par de décadas?"

Hace poco tiempo estuve en un programa de radio siendo entrevistado acerca de la oración en la medicina. Recibí muchas llamadas elogiando el hecho de que, como médico, estaba promoviendo la oración en la práctica médica. Pero un oyente dolorido llamó y dejó escapar, "si, pero intente orar a un Dios que le dio un hijo, el único hijo, con parálisis cerebral." Luego cortó.

Muchos pacientes me han pedido que les explique por qué la enfermedad les había golpeado a ellos. Ellos me dicen cómo habían llevado una vida relativamente sin estrés, guardando los mandamientos de Dios, comiendo bien y haciendo ejercicio. Entonces, si esos pacientes mueren, el ser querido se pregunta por qué sucedió, si la Biblia promete sanidad.

Cuando una persona pregunta una y otra vez, "¿por qué a mí, por qué a mí?" una división entre ese individuo y Dios ocurre, pues esa persona no está dirigiendo su mirada hacia Dios, sino hacia si mismo. Si esa persona insiste en hacer esa pregunta, y no encuentra respuestas, vendrá la duda, a la cual le seguirán la ira y aún el odio hacia Dios.

En esta instancia, el cáncer físico puede irrumpir en la esfera espiritual y de esta manera convertirse en un cáncer para el alma. Ya sea que Satanás es el padre del cáncer o no, o si usted cree en el cielo o no, el resultado final de este tipo de desesperación será adquirir algo así como un cáncer espiritual, que dará lugar a pensamientos de duda, enojo y odio hacia nuestro Creador. Yo creo que el cáncer gana la victoria final cuando el tumor físico se esparce al alma. Entonces la muerte se apodera del paciente, aún si él está con vida.

Si John F. Kennedy estuviese escribiendo este libro conmigo, podría desafiarnos hoy diciendo, "No preguntes, ¿por qué a mí? Sino, ¿por qué no a mí? ¿Qué hay tan único en nosotros que solamente deberíamos recibir el bien y no el mal? ¿Cómo experimentaríamos la belleza de la vida si la tragedia no lo mostrara? ¿Tenemos la fortaleza de recibir y aceptar lo que sea que esté reservado para nosotros y estar agradecido? No se trata si nos enfermamos o no, lo que verdaderamente importa es cómo lidiamos con la enfermedad.

El Apóstol Pedro escribió, "Amados, no os sorprendáis del fuego de prueba que os ha sobrevenido, como si alguna cosa extraña os aconteciese" (1 Pedro 4:12). Pedro estaba hablando acerca de la persecución por seguir a Cristo, pero sus instrucciones revelan que los cristianos no están protegidos en un 100% del sufrimiento o dolor.

Job tenía algunos "amigos" muy parecidos a los "amigos" que usted puede tener. Ellos vinieron a lamentarse con él cuando sufrió la pérdida de todos sus hijos y de todas sus posesiones al mismo tiempo. En un esfuerzo por explicar esta gran calamidad, los amigos de Job le dijeron que él había traído el desastre sobre si mismo, que Dios lo había abandonado. La esposa de Job aún se quejó acerca de su lealtad a Dios, el cual había permitido tal destrucción. Pero Job sabiamente respondió, "¿Qué? ¿Recibiremos de Dios el bien, y el mal no lo recibiremos?" (Job 2:10)

Mucho de mis pacientes que son mayores de edad se recuperan mientra que los jóvenes no, debido a que los ancianos más fácilmente adoptan una actitud de "Lo que sea que Dios quiera, está bien para mí." Esta actitud los libera completamente del estrés. Los pacientes más jóvenes, no obstante, se llenan frecuentemente con desesperación, y el estrés de su batalla por la vida se torna contraproducente.

Ayudar a mis pacientes en la transición desde el temor y la duda hasta la libertad y confianza es uno de los objetivos de mi tratamiento. Ellos no son libres y victoriosos si son sanados del cáncer pero continúan temiéndole. Yo les ayudo a redefinir la victoria sobre el cáncer. No se trata de si ellos viven o mueren; sino de cómo viven los días que Dios les regala en la tierra. Si podemos mantenernos enfocados en eso, sin duda tendremos la victoria.

La sanidad física siempre es temporaria. Todos los seres humanos que alguna vez han vivido, están en el proceso de morir o ya han muerto. La sanidad verdadera y permanente ocurre solo cuando estamos en el perfecto equilibrio con el Creador y el resto de la creación, y eso no sucederá aquí en la tierra, sino en aquel lugar infinito que muchos de nosotros llamamos cielo. Recién entonces, la salud será eterna.

Detrás de la enfermedad hay mucho más que simplemente algo que necesita ser curado. ¿Nos atreveremos a buscar por debajo de la superficie y ver si hay algún tesoro escondido allí?

Sufrimiento

La Biblia nos dice que si amamos al Señor, todo lo que nos suceda es para nuestro bien. (Véase Romanos 8:28.) ¿Cómo el sufrimiento de una enfermedad puede llegar a beneficiarnos? Si tuviera una clara respuesta a esta pregunta, estaría increíblemente inspirado. Una simple experiencia con mi primera hija proveyó un vislumbre de la sabiduría de Dios versus nuestra necedad e ignorancia.

A los ocho meses, mi hija estaba retorciéndoce e impacientándose para que le cambiaran el pañal. Mientras intentaba sacarle el pañal, todo el tiempo luchando con el olor y la cantidad de desecho tóxico, ella estaba determinada a explorar con las manos el contenido del pañal. Justo en el momento cuando estaba a menos de una pulgada de todo eso, atrapé su hermosa manito. Me sentí un héroe, ¡qué atrapada! ¡y justo a tiempo! Pero no solo ella estaba desagradecida, también estaba resueltamente enojada conmigo.

En ese momento, sentí, en una manera microcósmica, lo que Dios debe sentir cuando trata de librarnos de los problemas. Creemos que Él está interfiriendo con lo que nosotros pensamos que es lo mejor para nosotros.

Para muchos, es difícil de entender cómo un Dios de amor puede permitir que sus hijos se enfermen.

> Ved ahora que yo, yo soy, y no hay dioses conmigo; yo hago morir, y yo hago vivir; yo hiero, y yo sano; y no hay quien pueda librar de mi mano.
> —Deuteronomio 32:39

Cuando la tragedia azota, a veces no vemos el bien en ella, mucho menos cumplimos con el mandamiento de que deberíamos agradecer a Dios en todo (1 Tesalonicenses 5:18). Si no entendemos que Dios está en el control de la situación, solo experimentamos desesperación y fracaso.

El Apóstol Pablo dijo, "Ahora vemos por espejo, oscuramente, mas entonces veremos cara a cara" (1 Corintios 13:12). Algún día, cuando estemos en su presencia, si todavía va a importarnos, veremos claramente las bendiciones de nuestras pruebas y tribulaciones traídas a nosotros y a los demás. También creo que nuestros ojos serán abiertos a las tragedias que se evitaron gracias a la invisible intervención de Dios.

La perspectiva de la eternidad

Ninguna fórmula puede contener la inmensidad de Dios. Su voluntad es algo que será cumplida porque Él sabe lo que es mejor para nosotros eternamente, no solo para el presente. Si en el presente debemos sufrir como los discípulos, entonces debemos también poner nuestra mirada en la gloria venidera. No obstante, siempre podemos recurrir a la infinita misericordia de Dios.

> Acerquémonos, pues, confiadamente al trono de la gracia, para alcanzar misericordia y hallar gracia para el oportuno socorro.
> —Hebreos 4:16

> Yo sanaré su rebelión, los amaré de pura gracia; porque mi ira se apartó de ellos.
> —Oseas 14:4

> Pero Dios, que es rico en misericordia, por su gran amor con que nos amó...Porque por *gracia* sois salvos por medio de la fe; y esto no de vosotros, pues es *don* de Dios; no por obras, para que nadie se gloríe.
> —Efesios 2:4,8-9, énfasis añadido

Es esta misericordia la que busco y humildemente pido todos los días para mi vida personal y para mis pacientes. Dios nos ha bendecido en el Hospital Oasis de Esperanza, donde experimentamos milagros tras milagros de la gracia de Dios.

Pero muchas veces no estamos satisfechos con la misericordia que Dios ofrece. En vez de eso exigimos que la gracia de Dios se sujete a nuestras expectativas. No olvide lo que le sucedió a los judíos después de que Dios los liberó de la opresión de Egipto. Dios les proveyó una nube que los protegía del sol, una columna de fuego para iluminar sus noches y maná para comer de modo que no tenían que preocuparse por la comida. Pero ellos no estaban agradecidos. Ellos extrañaban la variedad de las comidas, añorando en especial manera la carne que tenían cuando esaban en cautiverio en Egipto (a muchos de nosotros podría sucedernos lo mismo). Entonces el Señor, con sentido del humor, consintió a sus demandas dándoles carne para comer, ¡y en abundancia!

> No comeréis un día, ni dos días, ni cinco días, ni diez días, ni veinte días, sino hasta un mes entero, hasta que os salga por las narices, y la aborrezcáis, por cuanto menospreciasteis a Jehová que está en medio de nosotros, y llorasteis delante de él, diciendo: ¿Para qué salimos acá de Egipto?
>
> —Números 11:19-20

Tenga cuidado con sus demandas al Señor de señores. Él es el Yo Soy; Él es absolutamente soberano. Solo cuando estamos dispuestos a ver el gran cuadro, la perspectiva eterna, podemos comprender la enormidad de la gracia de Dios en enviar a su único hijo a morir por nuestros pecados y así poder vivir eternamente en los cielos. Una vez que esta verdad penetra, podemos ser victoriosos contra la enfermedad y todo lo demás porque sabremos que el Señor tiene el control, y siempre tiene lo mejor para nosotros.

Clamaré por misericordia en tiempos de necesidad, pero aceptaré Su respuesta, de cualquier manera, como la perfecta solución. Con esto, habré aprendido algo de las distintas maneras en que Dios sana.

12

Las distintas maneras en que Dios sana

La enfermedad puede resultar en una poderosa motivación o en un gran desaliento. En mi vida como médico, en un muy corto período de tiempo, he experimentado, desde el júbilo de encontrar un nuevo método de tratamiento hasta la frustración de ver morir a un paciente ante mis propios ojos.

Cuánta más experiencia adquiero de mi propio estado de salud y el de mis pacientes, más me convenzo de que la ignorancia mata. Sin embargo el conocimiento es, por lo general, un poderoso recurso para la prevención.

A causa de eso, ninguna persona es más privilegiada que aquella que tiene acceso a la verdad. Nosotros vivimos en un tiempo de privilegio, no por causa de los avances tecnológicos que hace tan confortable nuestra existencia, sino porque tenemos la Biblia, la palabra de Dios. En ella encontramos el maravilloso conocimiento del poder salvador de Cristo para que no perezcamos.

¿POR QUÉ LOS CREYENTES NO ESTÁN SALUDABLES?

Sí, aquellos que creen en Cristo, por supuesto que son

gente privilegiada. Pero la salvación de nuestras almas aún no ha sido reflejada en cuerpos saludables. Estadísticamente, estamos tan enfermos o más que aquellos que no han aceptado, ¡y aún que aquellos que han rechazado a Cristo cómo su Salvador! ¿Qué sucedió con la promesa de Jesús: "Yo he venido para que tengan vida, y para que la tengan en abundancia." (Juan 10:10)?

En mi actividad veo a pacientes que han entregados sus vidas al Señor, y que vehementemente predican el Evangelio de salvación, y sin embargo aún terminan perdiendo su batalla contra el cáncer, enfermedades cardíacas, diabetes y otras enfermedades. Para un cristiano y médico, esto es bastante frustrante. Jóvenes y viejos, hombres y mujeres, laicos y religiosos (no importa cuán comprometido esté) todos sucumben ante la enfermedad. Entonces debemos preguntarnos, ¿Podemos establecer una fórmula bíblica para combatir la enfermedad?

PROMESAS DE SANIDAD

La Biblia tiene abundantes promesas acerca del poder sanador de Dios y su deseo de que estemos saludables.

> Mas él herido fue por nuestras rebeliones, molido por nuestros pecados; el castigo de nuestra paz fue sobre él, y por su llaga fuimos nosotros curados.
> —ISAÍAS 53:5

El poder sanador está disponible para nosotros a través de Jesucristo y el Espíritu Santo.

> Y estableció a doce, para que estuviesen con él, y para enviarlos a predicar, y que tuviesen autoridad para sanar enfermedades y para echar fuera demonio.
> —MARCOS 3:14-15

De modo que, parece como si los cristianos no deberían enfermarse. Y si se enferman, quizá no deberían llamar a los médicos; en vez de eso, las promesas de sanidad serían suficientes para que la persona se restablezca. ¿Es esto correcto?

¿HAY UNA FÓRMULA SANADORA?

Una gran cantidad de movimientos ministeriales que han surgido dicen tener fórmulas infalibles para la salud perfecta basadas en las promesas bíblicas acerca de la sanidad. Según esta gente, cuando esas fórmulas fallan, es debido a que hubo falta de fe del paciente, la incapacidad del paciente para permitirle a Dios obrar o la presencia de fuerzas demoníacas que el paciente no está dispuesto a renunciar. Aunque si bien estoy de acuerdo de que existen esos y otros factores que interfieren en el obrar de Dios, también siento que hay algo de arrogancia al creer que podemos encasillar a Dios dentro de una fórmula establecida.

No cabe ninguna duda de que la fe es un ingrediente importante en muchas sanidades registradas en la Biblia. Pensemos en la fe inconmovible de la mujer cananea que se negó a renunciar a que su hija sea sanada (Mateo 15:28). Es fácil llegar a la conclusión, entonces, de que se necesita una fe tal como la que ella tuvo para poder vencer a la enfermedad; si uno no tiene esa fe, entonces la sanidad no vendrá. Pero no necesariamente esto es así.

¿Recuerda usted a los cuatro amigos que trajeron a un paralítico para ser sanado por Jesús? No podían llegar a Jesús a causa de la multitud, entonces abrieron un hueco en el techo de la casa en donde Jesús estaba y bajaron al hombre en su lecho. La Biblia registra que cuando Jesús vio la fe de los amigos del hombre, Él perdonó los pecados del hombre y lo sanó (Marcos 2:5-12). El paciente estaba sanado, sin embargo el no era el que tuvo la fe que conmovió a Jesús. No fue la fe del paciente que hizo actuar a Jesús, sino la de sus amigos.

Jesús estuvo muy impresionado con la fe del centurión

que le pidió a Jesús que sanara a su siervo, que estaba en la casa del centurión. Jesús quiso ir inmediatamente hacia donde estaba el siervo, pero el centurión le dijo que no era necesario, que simplemente Jesús dijera la palabra y el milagro sería hecho (Mateo 8:5-10). La fe del centurión obtuvo la atención de Jesús.

Hasta aquí, la fe fue factor determinante en todas estas sanidades. ¿Pero qué me dice acerca de la sanidad de Lázaro (eso es, si usted quiere llamar a que alguien que sea levantado de la muerte una sanidad, ¡y yo lo hago!)? Sus hermanas, María y Marta, no tuvieron fe; tampoco sus amigos tuvieron fe. Lázaro, por cierto, no tuvo fe (¡estaba muerto!) Sin embargo Jesús lo levantó del sepulcro (Juan 11:1-45). ¿Dónde estuvo la fe?

Sí, la fe tiene un gran poder. Si solo tuviésemos fe del tamaño de una semilla de mostaza, moveríamos montañas, ¿correcto? Eso es, si mover esa montaña está en el plan de Dios.

Nosotros esperamos que Dios cumpla sus promesas de sanidad, ¿no es así? Después de todo, Él es Dios. Él no se puede echar atrás con sus palabras. Él quiere darnos aquellas promesas, de modo que legítimamente podamos reclamarlas. En realidad, nosotros hacemos más que reclamarlas, ¡las exigimos! Pero, ¿es correcto lo que hacemos?

Un evangelista y un querido amigo mío una vez me dijo que reclamó sus derechos a su esposa, y parece que bastante, pues ella le contestó no sólo con ganchos derechos, ¡sino también con varios fuertes ganchos izquierdos!

Entre todos los atributos de Dios, hay uno que siempre tendemos a olvidar, y es el de que Él es soberano. Él tiene la autoridad suprema, y Él tiene el control de todo.

> Y respondió Dios a Moisés: YO SOY EL QUE SOY.
> Y dijo: Así dirás a los hijos de Israel: YO SOY me
> envió a vosotros.
> —ÉXODO 3:14

Jehová mata, y él da vida; El hace descender al Seol, y hace subir. Jehová empobrece, Y él enriquece; abate, y enaltece.

—1 Samuel 2:6-7

Dios es poderoso. Él está sobre todas las cosas, aún en las situaciones de desesperación en que nos encontremos. Es mi humilde opinión que no es nuestra posición reclamar nada de Dios, sino descansar en la seguridad de que Él siempre hace lo que es mejor para nosotros, aunque nuestras circunstancias parezcan extrañas.

No obstante, Dios espera que clamemos a Él cuando tenemos necesidades. Y la oración es el lenguaje natural del piadoso y del impío en momentos de desesperación. Cuando el cáncer le da a la gente plazos para que entreguen sus cuerpos, aún los más fervientes ateos buscarán la posibilidad de que alguien más poderoso, pueda venir en su rescate. Los tiempos de desesperación vienen a ser tiempos de oración. Y como hemos aprendido, la oración tiene poder.

La influencia de la oración

Como ya hemos notado en el capítuo ocho, el cardiólogo Randolph Byrd incluyó la oración dentro de su esquema científico en su estudio en la unidad coronaria del Hospital General de San Francisco. Aún oponentes acérrimos como el Dr. William Nolan, un notable autor que había hablado en contra de la fe sanadora, reconoció que "este estudio se presentará para el escrutinio....Tal vez nosotros los médicos deberíamos escribir en nuestras recetas, 'Orar tres veces al día.' Si funciona, funciona."[1]

El Dr. Larry Dossey, en su éxito de librería *Healing Words*, [Palabras de Sanidad] dice, "Si la técnica estudiada (por el Dr. Byrd) hubiera sido una nueva droga o un procedimiento quirúrgico en vez de la oración, casi seguro habría sido precursora, algo así como una innovadora esperanza."[2]

Hasta la fecha, unos 350 artículos de investigación han sido publicados en periódicos científicos acerca del poder de la oración. Lo más interesante es que, cerca de la mitad "prueban" que funciona, y la otra mitad "prueban" que no.

Entonces, ¿es Dios efectivo solo en un 50%? Probar la capacidad de Dios para sanar, si usted quiere llamarlo de esa manera, siempre me ha parecido algo irreverente, por decir lo menos. Pero aun en el estudio del Dr.Byrd, la "tasa de efectividad de Dios" no llegaba al 50%. Alguién puede decir que la gente que oró no estaba "nacida de nuevo" o "llena del Espíritu." Como sea que fuera el caso, no importa quien ore, la tasa de efectividad nunca es el 100%.

Es tan irrazonable esperar que Dios sane a todos como esperar que Dios conteste las oraciones de todos con un sí. Cuando los pacientes pueden aceptar esto, ellos entran en un nuevo nivel de paz.

Imagínese por un momento que Dios "respondió" a todas las oraciones de sanidad. ¿Qué sucedería? El mundo probablemente estaría ahora superpoblado. Piense además cuán caótico pudiera ser todo esto. Alguien estaría orando para que llueva y regara sy jardín, mientras su vecino estaría orando para que no llueva a causa de una boda a celebrarse ese mismo día al aire libre. Cada uno está pidiéndole a Dios que esté con él en la esquina de una plataforma de boxeo. ¿Qué sucedería? Sería imposible para Dios ser más del 50% efectivo, aún si el quisiera serlo.

NIVELES DE ORACIÓN

Finalmente, está la oración y luego está la "oración". Luego de una catástrofe nacional el presidente Clinton suele decir a la gente afectada que sus oraciones están a favor de ellos. Estoy seguro que ninguno de nosotros nos imaginamos a él de rodillas orando fervientemente por la gente. Pero si Billy Graham dice que está orando por el dolor de la gente, entonces sí podemos imaginarnos a él arrodillado ante Dios, e intercediendo por ellos.

De modo que, hay diferentes tipos y niveles de oración.

EL PODER INTRÍNSECO DE CUALQUIER ORACIÓN

Hay "energía" en la oración. A pesar de lo que muchos cristianos creen, cualquier oración tiene poder. En otras palabras, la oración es una fuente de poder en sí misma.

Según William G. Braud de la Fundación Mind Science, esos métodos pueden ser imitados, sin reparar en la creencia o incredulidad, si usted sigue el protocolo.[3]

Muchos médicos de centros de salud alrededor del mundo, utilizan efectivamente diferentes técnicas de oración. La palabra oración es usada sin distinción para hacer referencia a la meditación, relajación, biofeedback, visualización, intencionalidad, imágenes, todas técnicas utilizadas por profesionales de la salud y místicos por generaciones. Algunos de los expertos han desarrollado habilidades a fin de poder controlar el crecimiento de plantas y aún bacterias usando estas técnicas. Otros son tan cuidadosos con su poder que se niegan a usarlo para algún tipo de esfuerzo destructivo, aún para la destrucción de virus mortales.

La mayoría de nosotros ha experimentado hasta cierto punto el poder de nuestras mentes mirando fijo a alguien y haciéndoles mirar a otro lado, por ejemplo. Por diseño de Dios, el poder de la mente es sorprendente y puede promover sanidad o dolor. En muchos casos, los pacientes depositan tal fe en sus médicos que ellos responderán directamente a la confianza del médico en el tratamiento. Si el médico transmite una sensación de derrota, el paciente no responderá bien, pero si el médico muestra entusiasmo y que cree en el programa, el paciente se recuperará más rápido.

Todos hemos oído a pacientes decir que tan pronto como consultaron al médico que aprecian, se sintieron mejor, aún antes de tomar la primera píldora. Esa es la razón por la que se realizan estudios clínicos (en inglés llamados double-blind) donde ni los médicos, ni los pacientes saben cuál es el paciente que está tomando el placebo y cuál es el que está tomando la droga. Si el médico lo supiera, su actitud podría influir en los resultados si él creyera que la terapia era efectiva.

Por la misma razón, los pacientes positivos, contentos y alegres, por lo general mejoran y se recuperan más rápido que los pesimistas porque el poder de la mente es efectivo para construir o destruir. Esto cumple con las leyes naturales de la creación. El poder de la mente está allí para que todos la usemos. Es posible que quier agradecer al Creador por este ingenioso rasgo.

El poder sobrenatural de la intervención de Dios

El poder intrínseco de cualquier oración, junto con el poder de la mente, es algo fácil para la gente, incluyendo científicos, de aceptar. De todas maneras, el poder sobrenatural de la oración, que es la intervención de Dios en nuestras vidas, es muy controversial.

En este modelo, el acto de la oración no tiene ninguna capacidad intrínseca, no hay ninguna "energía." Cualquier poder y gloria revelada viene solamente de arriba, de Dios. Los milagros de este tipo de oración son discriminados y sobrenaturales. Ellos no tienen explicación, ni tampoco siguen un patrón. Pueden ocurrirles a los cristianos, budistas o a agnósticos. La sanidad puede ocurrir después de una ferviente oración o sin necesidad de que la haya.

En el Hospital Oasis de Esperanza, mantenemos una constante cadena de oración por todos nuestros pacientes. Cuando un niño con cáncer está en nuestro hospital, mi plantel de profesionales sufre más emocionalmente que con cualquier otro paciente. Aún otros pacientes comienzan a decir cosas como, "Preferiría que Dios me lleve a mi, antes que a ese niño." Entonces, cuando un niño muere, estamos perplejos. Nosotros oramos por el niño, lo ungimos con aceite y estábamos todos de acuerdo por su sanidad, pero el niño nunca se recuperó. ¿Por qué?

Algunos pueden ser críticos de un Dios que parece ser tan impredecible, y que a menudo es incomprensible. La única explicación que tengo es que nosotros vemos solamente en parte mientras que Dios ve la totalidad de las cosas. Él tiene un plan perfecto, y lo que debe venir, eso sucederá.

Nuestras mentes finitas son incapaces de comprender a Dios, y pienso que esto fue diseñado así. Si fuéramos capaces de entender a Dios y sus caminos, dependeríamos de ese conocimiento. Una fórmula fácil nos guiaría a la manipulación del poder de Dios para conseguir nuestros caprichos. Entonces, en lugar de depender de Dios, dependeríamos de nuestras propias habilidades para aplicar la fórmula.

Dios no quiere eso. Él quiere que dependamos completamente de Él. Algunos agnósticos critican a Dios porque piensan que Él está manipuleándonos como a títeres. (¡manipularlo a uno como a títere a los dieciséis años de edad!) A la inversa, Dios sería el títere si Él consintiera a cada uno de nuestros deseos o contestara cada una de nuestras oraciones con un sí. Eso sí que sería peligroso.

La Biblia nos enseña "Fíate de Jehová de todo tu corazón, y no te apoyes en tu propia prudencia. Reconócelo en todos tus caminos, y él enderezará tus veredas" (Proverbios 3:5-6). Cuando los discípulos le preguntaron a Jesús por qué hablaba en parábolas, Él les respondió, "...para que oigan y no entiendan." (Véase Marcos 4:12) De modo que, se nos ha dicho que debemos confiar, y por ende asumir que no todo podremos comprender. Así es, y debemos aceptarlo.

Teólogos y filósofos, de todas las épocas, han tratado de comprender a Dios, algo que me temo haya sido un esfuerzo en vano. En mi opinión, las actitudes y las acciones de Dios nos permiten saber, y sin dejarnos duda alguna, quién es el que está en control. Ellas demuestran su autoridad y soberanía. Podemos rechazar su soberanía, lo cual nos guiará a la desesperación, o aceptarla y recibir consolación.

La ventaja que tenemos los cristianos es eterna. Alguna gente puede orar por sanidad y ser sanado. Nosotros podemos orar por sanidad, y si somos sanos, ¡magnífico! Y si no, aún tenemos vida eterna con Cristo.

EL GRAN CUADRO

Desde nuestra perspectiva finita tenemos dificultad para entender el concepto de que Dios tiene todo bajo control, aún si no entendemos cómo es que funcionan las cosas. Pero si nos ubicamos fuera de los límites del tiempo, para ver desde la perspectiva eterna, nos daremos cuenta que nuestras vidas ocupan solo una fracción de tiempo. Dios responde a la oración desde esta perspectiva, de acuerdo a su plan armonioso y perfecto que beneficia a toda la creación en un eterno consenso.

Si aceptamos esta perspectiva, viene a ser obvio que todas las oraciones son respondidas, y que Dios es siempre 100% efectivo. Desde la perspectiva humana, sin embargo, si Dios no cumple con nuestros deseos, entonces esa oración está desechada, como si fuera una falla o como que no fue respondida. Pero a veces la respuesta es no, pues no se ajusta a la perspectiva eterna que nos beneficia. Cuando aceptamos eso, entonces el contexto de la exhortación de Pablo se torna más claro: "Y sabemos que a los que aman a Dios, todas las cosas les ayudan a bien, esto es, a los que conforme a su propósito son llamados." (Romanos 8:28).

Todos deberíamos leer el libro de Job. Job estaba sin pecado cuando le azotó la calamidad. Este hombre justo fue digno de que su amor y dedicación por Dios fueran probados hasta el extremo. Él era rico y con una maravillosa y bendecida familia. Pero en un día perdió su familia y todas sus posesiones. Cuando Job le preguntó a

Dios la razón por la cual esas adversidades le estaban sucediendo a él, Dios le respondió dándole un vislumbre del "gran cuadro."

Esa visión, le ayudó a Job a darse cuenta quién era realmente Dios, asi como también lo insignificante que eran su propia vida y sus circunstancias dentro de la majestuosidad de Dios. Job estaba totalmente humillado. Se dio cuenta de que a los seres humanos no les fue dado por Dios el derecho a preguntar por qué o a entender todo lo que ocurre. Nosotros tenemos que confiar y creer. Cuando Job pudo entregar todas sus dudas y cuestionamientos al Señor, el Señor lo bendijo dos veces más.

Confiados en Sus brazos

La oración del Señor y la oración que oró Jesús en su última noche sobre la tierra son las dos enseñanzas más poderosas sobre la oración con perspectiva eterna. Cuando Jesús nos enseñó cómo orar, dijo, "Venga tu reino, Hágase tu voluntad", (Mateo 6:10). Luego otra vez, cuando oró solo en el Monte de los Olivos, momentos antes de que fuera traicionado por Judas, dijo, "Padre, si quieres, pasa de mí esta copa; pero no se haga mi voluntad, sino la tuya." (Lucas 22:42).

Una vez, le pregunté a un paciente mío que había experimentado lo que nosotros llamamos "remisión espontánea" (la inexplicable desaparición del cáncer) si él había estado orando y ayunando. Casi con vergüenza me confió que en realidad no había hecho nada. Su confianza en Dios fue tal, que aceptó el diagnóstico del cáncer como la voluntad de Dios. Y su tumor desapareció. Creámoslo o no, la voluntad de Dios será hecha.

El Dr. Yujiro Ikemi de la Universidad Kyushu en Fukuoka, Japón, informó de cinco casos de remisiones espontáneas en 1975. El común denominador en esas curas fantásticas fue el hecho de que los pacientes tomaron sus diagnósticos de cáncer terminal con una actitud de gratitud y aceptación de que eso era lo mejor para ellos. Todos ellos eran miembros de la secta religiosa Shinto, pero aún el mensaje era, "Tu voluntad, no la mía." Este es un tremendo ejemplo del poder de la sumisión al plan perfecto.

Hay verdadera libertad en la sumisión. Cuando finalmente podemos abandonarnos por completo en los brazos de Dios y confiar en que su voluntad es lo mejor que podría sucedernos, entonces experimentamos la verdadera libertad. Jesús oró por lo que Él deseaba, pero entendió que el plan eterno de Dios definitivamente sería lo mejor. Él oró para vivir, pero luego pasó por el dolor, humillación, agonía y aún la muerte. Ahora comprendemos que el plan perfecto de Dios requirió sufrimiento temporario para proveer salvación a todos.

LA VIDA ES LO QUE CUENTA

Tal vez haya oído que solo hay dos cosas en la vida que son inevitables: la muerte y los impuestos. Eso es verdad, pero la pregunta es, ¿Tan terribles son ellos? Los impuestos nos proveen buenos servicios. Los norteamericanos se quejan de ellos, pero si vivieran en países donde la gente no tiene esos servicios, de seguro agradecerían tenerlos.

Y entonces, también está la muerte. "La muerte," dice el Dr. Patch Adams, "no es una falla, sino el último acto de la vida."[4]

Ya que la muerte es inevitable, entonces realmente no es lo importante aquí. La vida, y no la muerte, debería ser nuestro enfoque. La vida es para disfrutarla y apreciarla. Los evolucionistas, creacionistas y todos los demás concuerdan en que la vida es un don. Lo que realmente importa no es que vamos a morir, sino de qué forma hemos vivido.

Por lo tanto, descubramos cómo vivir realmente, lo que sea que nos reste de vida.

13

Restaurando el poder de la esperanza

Manny Rodríguez, un joven profesional y adinerado de treintaicinco años vino a verme a causa de su avanzado cáncer de estómago. Mientras meditaba en su pobre prognosis, comencé a hablarle positivamente y a levantarle el espíritu.

"Usted no entiende, Médico," interrumpió. "El cáncer es lo mejor que jamás me haya sucedido. He sido muy exitoso en mi profesión, pero eso me consumía. No tuve tiempo de apreciar todas las bendiciones, aquellas bendiciones llenas de verdadero significado que Dios me ha dado. Ahora que tengo cáncer, cada minuto del día es precioso para amar a mi hermosa y abandonada esposa, para estar con mis niños y jugar con ellos o estar absorto con una puesta del sol. La vida es asombrosa, y la voy a disfrutar a pleno."

Creo con todo mi corazón que el cáncer puede ser controlado mucho mejor si los pacientes pueden confiar en Dios y disfrutar sus días en plenitud. Veamos cuáles son los primeros pasos.

El pensamiento puede más que la malignidad

El temor es la fe en lo negativo

El cáncer es mucho más que una amenaza física. El temor que el cáncer genera es desmedido. Con frecuencia oigo a la gente decir con convicción, "Preferiría morir de un ataque al corazón antes que tener cáncer." Mucha gente aún hasta se atreve a decir, "Preferiría morir antes que tener cáncer." La muerte es mucho menos temida que el cáncer mismo. Aquí encontramos uno de los factores desencadenantes del cáncer: el temor.

Ya hemos descubierto que el estrés causa una depresión en nuestro sistema inmunológico dejándolo asimismo imposibilitado para combatir la enfermedad. El temor conduce al cuerpo a un estado de estrés, comúnmente llamado "para pelear o para huir." Esto es cuando el cuerpo produce hormonas que le brindan un estímulo repentino de energía y fuerza para resistir una amenaza inmediata. Esto es un salvavidas si usted necesita escaparse de un tiburón, pero usted nunca podría escapar de la amenaza del cáncer. Entonces, si el cuerpo está constantemente bajo esta presión por el miedo, dará lugar a una excesiva producción de estas hormonas.

Una de las hormonas producidas es el cortisol, la cual deprime la producción de las células T y las células NK (células agresoras naturales). Las células T y las NK son las poderosas células guerreras que Dios puso en nuestro sistema inmunológico para protegernos de los adversarios de nuestra salud, desde un resfrío hasta el cáncer, desde algo simple hasta algo serio. Así que, el temor deprime esas células, y favoreciendo de este modo las condiciones para el cáncer.

Si usted no tiene cáncer, el temor al mismo incrementa la probabilidad de un diagnóstico futuro. Si usted tiene cáncer, su temor incrementará la devastación causada por el cáncer. ¿Por qué? Porque el temor es un aliado natural del cáncer, haciendo su "trabajando adentro" de deprimir a nuestro sistema inmunológico.

El temor, ¿otro dios?

Jesús enseñó que no deberíamos estar ansiosos ni temerosos. Pero con tantas situaciones que ponen en riesgo nuestra vida como es el caso del cáncer, disparos con arma de fuego o accidentes de tránsito, ¿cómo podemos evitar estar temerosos? La respuesta es temiendo al Señor.

Cuando usted teme a Dios, usted le conoce y comprende que Él tiene el poder, y desea protegerlo. Cualquier temor que no sea el temor de Dios, podría ser calificado como el temor del hombre y la duda de Dios. Para llevar esto a un extremo, el temor a algo o a alguien que no sea Dios es idolatría. ¿Por qué?

Si usted teme demasiado a algo, usted se está olvidando de que Dios puede y se asegurará de que solamente ocurran las mejores cosas para su vida. Si le falta confianza de que Dios está en control de la situación, entonces usted comenzará a temer a otras cosas. Lo que sea que usted más tema, en esencia, ese es su dios.

Quiero animarle a que se enfoque en Dios y así no temerá al cáncer. ¿Usted no quisiera temer al cáncer hasta el punto en que se transforme en su dios, verdad? No se postre ante el cáncer. Enfréntelo, y déjele saber que el Señor su Dios le dará la victoria sobre él.

La autopredicción cumplida

La autopredicción cumplida es un término que se usa en el ambiente de la psicología para describir cuánto de lo que es dicho por una persona o lo que ellos dicen acerca de ellos mismos llega a suceder. Los estudios científicos de los factores inmunodepresivos ayudan a explicar el mecanismo físico de la misma.

En la Biblia está escrito, "Porque cual es su pensamiento en su corazón, tal es él", (Proverbios 23:7).

Si usted piensa que va a morir porque tiene cáncer, entonces usted está incrementando esas posibilidades. Su sistema inmunológico arrojará la armadura en honor a usted. No va a humillarlo a usted intentando probar su creencia morbosa y errónea.

El temor es una especie de fe negativa, es decir, creer que lo negativo no solo puede suceder, sino que sucederá. Si tiene temor del cáncer, entonces usted tiene fe (una fe negativa) de que se enfermará y morirá de eso. La fe es una parte poderosa de la autopredicción cumplida.

Cuando la mujer con flujo de sangre tocó el borde del manto de Jesús, ella fue sana. Jesús le dijo, "Tu fe te ha hecho salva" (Marcos 5:34). Ella creyó y se dijo a sí misma que si tan solo pudiera tocar el borde del manto de Jesús, ella sería sana. Y así fue. Su cuerpo cumplió la predicción que ella se había dado.

Puesto que en algo usted va a creer, crea lo positivo en vez de lo negativo. La fe positiva tiene un poder increíble. El Dr. Bernie Siegel anima a sus pacientes que optan por la radiación y la quimioterapia a imaginar el funcionamiento de los tratamientos contra el cáncer y que no van a producir los efectos secundarios negativos. Ellos hacen dibujos de la obra positiva que la terapia está haciendo. El Dr. Siegel ha documentado cómo sus actitudes positivas hacia el cáncer y su tratamiento realmente habían generado mejores resultados que el de otros pacientes con cáncer.[1]

Una actitud de esperanza

Otra verdad profunda acerca del poder de la actitud fue descubierta por Viktor Frankl, un prisionero en Auschwitz durante el Holocausto. Él explica en su libro *Man's Search for Meaning* [El hombre en busca de propósito] cómo los prisioneros estaban tan íntimamente cercanos con la muerte que podían predecir con precisión el tiempo en que una persona moriría, a veces con un margen de error de tan solo minutos.

Algo bastante curioso era que, un indicador de que una persona iba a morir en pocos días era que comenzaría a fumar sus cigarrillos. Usted debe saber, que los cigarrillos en los campos de concentración eran usados como dinero. La gente no los fumaba, tal como usted no encendería un billete de $20. Si una persona comenzaba a fumar sus cigarrillos, eso significaba una sola cosa, había perdido sus esperanzas.

Frankl escribió acerca de la directa correlación entre la ausencia de esperanza y la muerte. Si usted cree que no hay esperanzas, entonces no hay esperanzas para usted. Esta fe negativa cumplirá una predicción negativa.

Su actitud hacia el cáncer es vital. El secreto para prevenir y curar el cáncer comienza en su mente y en su corazón. El temor y la fe negativa obran en contra suya. Yo creo que es vital que una persona tenga una actitud mental adecuada para que pueda tomar lugar la sanidad.

Varios consejeros espirituales trabajan con mis pacientes con el objetivo específico de capacitarlos con actitudes emocionales y espirituales necesarias para vencer al cáncer. Ayudamos a las personas a cambiar su temor al cáncer por la fe en Dios y en ellos mismos para triunfar sobre el cáncer. Estas nuevas creencias positivas, en realidad, estimulan el sistema inmunológico y pone sus defensas, ordenadas por Dios, de nuevo en funcionamiento.

Cuando Dee Simmons se encontró con que tenía cáncer del seno, se sometió a una exitosa mastectomía modificada radical y entró en remisión. No obstante, sus oncólogos quisieron hacer más terapia "preventiva" porque, a la edad de cuarenta y cinco años, había un alto riesgo de recurrencia de esta terrible enfermedad.

Debido a que su vida activa no le permitía optar por los efectos secundarios de este agresivo método de prevención, decidió buscar alternativas. De manera que viajó por todo el mundo en su avión privado para investigar cada opción que existía. Por último, encontró el Hospital Oasis de Esperanza.

Como cristiana creía que Dios ya había provisto, a través de los médicos, un milagro. Pero no se echó en sus laureles; ella sabía que tendría que trabajar para estar bien. Luego de su gira de investigación y unas tres semanas de estar en nuestro hospital, ella pudo entender que el cáncer había aparecido porque su sistema inmunológico había fallado. De esta manera, ella se puso el objetivo de unir sus defensas y asegurarse que estuvieran en el mejor estado posible. Esta era la única forma de evitar que cualquier recurrencia de este tumor la atacara otra vez.

Como la mayoría de los pacientes que llegan a esta conclusión, ella descubrió que no es una tarea simple. La cantidad de suplementos disponibles son asombrosos, y los pacientes interesados en esta metodología a menudo terminan tomando cientos de píldoras por día. Nuevos productos aparecen a diario en el mercado, causando confusión entre los pacientes acerca de qué es lo mejor para ellos.

Cuando Dee se encontró con su problema, ella contrató a algunos de los mejores químicos para armar una fórmula que incorporaría todas sus necesidades en un solo producto. Este compuesto era bastante fácil de tomar; e hizo su vida funcional una vez más.

Dee es extraordinaria en que, aunque ella ha sido una inspiración para muchos a causa de su testimonio de victoria sobre el cáncer, ella no terminó allí. Luego de experimentar lo que Dios había hecho con ella, comenzó una campaña de lucha contra el cáncer dándole a las víctimas del cáncer esperanza y recursos. Pronto, más y más de los pacientes que se identificaban con ella quisieron tomar su compuesto para el sistema inmunológico, de modo que decidió ponerlo a disposición del público. Créame, ella no necesita este tipo de problemas, pero quiere compartir lo que Dios ha hecho por ella.

Yo le digo a mis pacientes que cuando Dios hace en ellos un milagro, ellos tienen la responsabilidad de mantener ese milagro. Las cosas no pueden seguir como de costumbre. El estilo de vida que los llevó a enfermarse, si no lo cambian, causará que la enfermedad regrese. Si eso sucede, la gente a menudo culpa a Dios por no sanarlos la primera vez.

Quizá usted piense que es fácil vivir la vida victoriosamente luego que el cáncer se ha ido. Bueno, algunas personas están emocionadas con su nueva vida, pero vuelven a hacer todo lo mismo que hacían antes de que el cáncer los golpeara. No me estoy refiriendo solamente a los hábitos alimenticios, sino también a las mismas actitudes de derrota, la misma falta de vivir la vida en plenitud.

No sucedió así con Dee Simmons. No solo ha sido una buena administradora de su milagro, sino que también ayudó a otros a prevenir y combatir el cáncer. Ella padeció algo que pudo haber sido devastador y terrible y lo transformó en una nueva forma de vivir su vida con sentido y vitalidad. ¡Eso sí es victoria! (Si aún no ha leído la historia personal de Dee, se encuentra en el Apéndice E.)

A veces el cáncer inspira a personas a ser victoriosas, y a veces las deja como víctimas. Y en mi opinión, es un asunto de elección, no de diagnosis.

Cuando Susie llegó a nuestro hospital, todos se apresuraron de entrar en acción. La condición de esta frágil niña de nueve años era desesperante. Estaba en un estado de letargo consciente y su palidez era notoria. Las enfermeras prepararon medicinas e intravenosas. Su cama estaba rodeada por la conmoción de las personas que la atendían y ella requería todo tipo de suministros.

El padre de Susie estaba al borde de una crisis nerviosa. A causa de varios protocolos de quimioterapia, el cáncer de su hija había estado en los pormenores de una remisión por dos años. Pero esta última vez ella simplemente no respondió a la terapia, y la niña había sido enviada a la casa a morir.

Mientras estábamos atendiendo a su hija él fue a la sala

contigua para orar. A pesar del ruido que estábamos haciendo tratando de salvar la vida de su hija, podíamos oir claramente su clamor hacia Dios.

Para el padre de Susie no era nada extraño orar. Como uno de los ancianos laicos de una iglesia moderna, él había visto milagros ocurrir luego de una oración. De hecho, varios miembros de la iglesia a la que él asistía habían convenido con su sentimiento de que Dios sanaría a su hija.

Después de la intervención médica pertinente, fluídos y transfusión de sangre, pudimos estabilizar la condición de Susie. Ella finalmente se durmió con un rostro descansado. La desesperación de su padre, no obstante, no disminuyó en absoluto.

Nuestra intervención estabilizó a la niña, pero el papá de Susie sabía que la mejoría era sólo temporaria. La enfermedad aún estaba allí, tan mortal como lo había sido algunas horas antes. Durante los próximos dos días, nadie lo vio alejarse del lado de la niña. Él estaba allí constantemente orando y recordándole a Dios de todas sus promesas en la Biblia.

La niña no dijo ni una palabra en todas esas horas de angustia. Aún recuerdo, sin dejar de conmoverme, su rostro mientras ella me miraba con gratitud y una débil sonrisa. Su única forma de comunicación durante nuestros breves momentos juntos fue sostener mi mano muy fuertemente.

Cuando ella murió, se levantó una agitación que ninguno de nosotros había experimentado antes, y créame, en una unidad de atención del cáncer, con frecuencia vemos desesperación y derrota acompañados de llanto. Pero el padre de Susie estaba con tanto dolor e incredulidad que no podía sostenerse. Simplemente no podía aceptar el error de Dios. ¿Cómo podría Dios hacerle esto, a un hombre que le había servido y le había contado a los demás acerca de sus bondades y misericordias en todo tiempo? No era justo; sencillamente no era razonable.

Este hombre oró con ira y convicción para que su hija resucitase. Pero por supuesto, ella no resucitó. Susie descansaba en paz, pero su padre había caído víctima del poder del cáncer. Sin embargo, como padre de cinco hijos, mi corazón se unió al clamor de este padre en busca de respuestas.

Aún hoy sigo orando por él, por su reconciliación con el Dios que no cumplió sus expectativas. Oro que su experiencia con el cáncer no siga atrapandolo como víctima y destruyendo su vida. El cáncer consumió la vida de su hija, pero mi oración es que no consuma ahora el alma de su padre.

Oro por todos aquellos cuyas vidas se encuentran atrapadas como víctimas de esta cruel enfermedad, porque la victoria sobre el cáncer, aun en estas situaciones más desconcertantes, es una posibilidad real.

La victoria sobre el cáncer no debería definirse como la erradicación del tumor. La victoria sobre el cáncer es poder disfrutar la vida, con cáncer o sin cáncer, aun si la muerte física es una posibilidad. Cuando usted tiene una actitud mental que lo lleva a mirar más allá del cáncer, podrá llegar tan lejos como Jack Riley lo hizo.

La gente puede preguntarse por qué considero la historia de Jack Riley un éxito aún cuando él ya ha fallecido. Es porque Jack realizó más en su vida, desde el tiempo que le fue diagnosticado el cáncer hasta su muerte, que lo que la mayoría de nosotros hace en toda una vida. Él transformó su temor del cáncer en energía para llevar a cabo su misión. Usted puede encontrar su historia en el Apéndice F, pero permítame compartirle un poco nada más.

En la mitad de su vida, Jack Riley comenzó a correr triatlones, esas rigurosas competencias en las cuales los participantes nadan, corren y andan en bicicleta. Pasaron los años, pero él continuó compitiendo, y ganando muchos premios. Entonces, Jack recibió el diagnóstico de cáncer de próstata. Fue sometido a varios tratamientos convencionales, entre ellos dos criocirugías y cincuenta y dos tratamientos de radiación. Mientras se sometía a ellos, él seguía compitiendo.

De hecho, él compitió en dos triatlones transnacionales de un solo hombre, recolectando dinero para la investigación del cáncer y visitando centros infantiles del cáncer al mismo tiempo. Él siempre mantuvo un espíritu ganador, alentando a otros con cáncer para que sigan adelante. El día después de un tratamiento de radiación, ¡corrió el Maratón de Los Ángeles!

A los sesenta y cinco años, Jack supo que tenía menos de un año de vida. Nunca estuvo amargado ni resentido. Por el contrario, vivió cada día en plenitud.

En nuestro hospital, Jack recibió tratamientos de estimulación inmunológica, los que ayudaron a contener su cáncer. Pero el sufrió constante dolor mientras corría su último triatlón transnacional. Un examen de ultrasonido reveló que ese cáncer tan agresivo que previamente había atacado su próstata, se había esparcido a su zona lumbar, cadera, pélvis y espina dorsal.

En la última etapa de su vida, Jack no estaba viviendo en agonía; estaba viviendo en plenitud. Él hizo lo que realmente quería, servir a los demás y luchar por la cura del cáncer. Y mientras, su inquebrantable espíritu inspiró a millones. Si bien él murió, fue un verdadero triunfador. Jack nunca se quejó ni refunfuñó, ¡estaba demasiado ocupado viviendo la vida!

Vivir mi vida rodeado de muerte y agonía es agotador. Cuando mi espíritu está cargado y mis hombros caídos, recuerdo a Jack y a tantos otros de mis pacientes héroes. Entonces invade todo mi ser la calidez del recuerdo y de mis ojos brotan lágrimas. Esta fuerza espiritual me da el poder para seguir adelante.

14

¡Apodérese de la victoria!

La esperanza de vivir sin cáncer es la esperanza de alcanzar la victoria sobre dicha enfermedad. Para algunos, la victoria descansa en la prevención a largo plazo, algo que solamente es para ser disfrutado por generaciones futuras. Para otros, la victoria depende en encontrar una cura, sin una cura, ellos están sin esperanza. Para mi, la victoria sobre el cáncer es una cuestión de elección.

Si usted vive sin cáncer porque esta enfermedad no lo ha azotado, sea agradecido, pero también sea responsable. Haga lo que pueda para prevenirlo. Sea un exitoso administrador del riesgo, adoptando una política de salud personal y familiar, pero por sobre todo, reconozca que es por gracia que usted está disfrutando del regalo de la salud.

Si usted vive sin cáncer mediante un efectivo tratamiento, agradézcale a su médico y a la fuente del poder sanador de Dios, el Gran Médico. Si su cáncer ha desaparecido milagrosamente, no agradezca a los cielos, a las circunstancias o al destino. Agradezca a Dios por su generoso regalo.

Sí, es maravilloso vivir sin cáncer, no importar la circunstancias en las que usted se encuentra.

No obstante, si reciéntemente fue diagnosticado con cáncer, oro para que Dios lo llene con Su gracia y provea ese milagro que usted está esperando y orando para que suceda. Quizá usted no cree en Dios; de todas maneras, espere un milagro. Créalo o no, Dios es el Dios de misericordia. Si usted ya ha ganado la batalla contra el cáncer, pero el mismo ha regresado, no se desespere. Tal como ocurre con muchas cosas en la vida, los milagros vienen de a dos.

Para todos ustedes, quiénes son combatientes veteranos del cáncer, que se sienten cansados de la batalla cuesta arriba, quiénes han tenido demasiados decepciones y tienen por cierto que la esperanza de vivir libres del cáncer es una ilusión, permítanme desafiar sus sentimientos de desesperación y pesimismo. Acompáñenme y exploremos un nuevo camino de esperanza para cada uno de ustedes. "Mientras haya vida, hay esperanzas." Espero que este viejo refrán pueda darle a usted ese empujón que necesita en lo más profundo de su ser para buscar la victoria.

¿Qué es la victoria?

"Seré vencido; no capitularé." Esa fue una de las últimas declaraciones de Samuel Johnson (1709-1784), el famoso escritor inglés. A pesar de la tribulación que está enfrentando, usted puede escoger si será una víctima o un triunfador. Permítame definir lo que es la victoria.

Cuando la puerta del avión se abrió y las muchachas bajaron por las escalerillas, la multitud ovacionó. Por la algarabía de la gente, usted habría pensado que el equipo había ganado. El seleccionado nacional femenino de China regresaba a casa y estaban siendo recibidas con una heroica bienvenida luego de perder la final en el campeonato mundial de fútbol femenino. Como eran las campeonas defensoras, el segundo lugar no era tan especial. Sin embargo el público no dejaba de expresar su agradecimiento y respaldo. La victoria, en cualquier situación, es una cuestión de percepción.

Si usted me preguntara quiénes son mis héroes, le diré que son aquellos que encontraron sentido en medio del sufrimiento. Eso es victoria.

Me conmuevo en mi interior cuando veo a mis pacientes desinteresadamente orar por la sanidad de otros pacientes con cáncer. He sido impactado por esas actitudes positivas e inspirado por la habilidad de dar a los demás cuando sus propias necesidades son tan grandes. Algunos de mis pacientes aceptan la oración, pero la sanidad no es su prioridad. ¿Por qué no? Porque han encontrado significado, aun en la crisis del cáncer.

Recuerdo a mi sobrino Daniel orando con nuestros pacientes en el *Worldwide Cancer Prayer Day* [Día Mundial de Oración por el Cáncer] el 5 de junio de 1998. Él le preguntó a un paciente si le gustaría que oremos por su sanidad. La respuesta del paciente fue que la sanidad sería un extra, pero realmente no era necesaria. Cuando Daniel le preguntó que quería decir, entonces dio lugar a una conmovedora historia de victoria.

Su esposa de muchos años había sido de tanta bendición para él, le decía a Daniel, que significó mucho más ella, que la crisis de salud que estaba experimentando. Dios ya lo había "sobrebendecido." Y no necesitaba nada más.

Él también confió que dos de sus tres hijos habían sufrido separaciones matrimoniales. Pero cuando vino el diagnóstico de su cáncer, sus hijos comenzaron a orar juntos, y los matrimonios fueron restaurados como resultado de sus oraciones. Varios de sus amigos conocieron al Señor por que ellos comenzaron a orar por él. Con criterio, concluyó que si fue necesario que se enfermara de cáncer para que la completa sanidad eterna pudiera ocurrir, realmente había valido la pena. Esa fue su victoria.

La victoria simplemente expande las líneas limítrofes de nuestra vida; no puede abolirla para siempre. Aun la victoria tiene sus inherentes problemas. Por supuesto, que estos son más agradables que los problemas de la derrota, pero no son menos complicados. Es muy común que los triunfadores sean destruídos por la victoria. Por otro lado, todos hemos oído historias reales de personas cuyas derrotas, paradójicamente, constituyeron su senda hacia la excelencia.

Entonces, existe la neutralidad, el empate. Cuando le preguntaron acerca de quién ganó en la crisis misilística cubana, Nikita Khrushchev respondió, "Ellos hablan acerca de quién ganó y quién perdió. La razón humana ganó. La humanidad ganó." Una manera muy diplomática para decir que no se ganó, pero que tampoco se perdió.

Para la nueva generación de atletas el propósito de competir es ganar. ¿Le sorprendería si dijera que es una meta equicocada? La genta acostumbraba a jugar por el simple hecho de competir. La verdad es que, si combatimos al cáncer para ganar, para erradicarlo, la mayoría probablemente nos veríamos decepcionados. Ese es un objetivo mezquino. Pero si batallamos contra el cáncer para librarnos de él, es más que probable que veamos resultados positivos.

La erradicación del cáncer no debe ser el motivo por el cual nos preparemos a tomar las armas. En lugar de eso, podemos arrojar nuestras armas para que Áquel que es más poderoso que nosotros cumpla sus soberanos propósitos. Esto requiere comprender nuestras limitaciones y confiar en el poder ilimitado de Dios.

UNA NUEVA MEDIDA DE SALUD

El arte de la medicina corre por mis venas, no solo porque mi padre es médico, el mejor que conozco, sino también porque he estado cerca de los pacientes y de sus sufrimientos desde que era joven. Tenía nueve años cuando mi padre decidió tratar a pacientes con cáncer a través de terapias alternativas.

Hoy, ni siquiera el practicante de la medicina más ortodoxa rechaza los posibles beneficios que las terapias alternativas pueden brindarle a un paciente. Pero en 1963, mi padre fue desterrado por sus intentos para aliviar el sufrimiento de los pacientes. Ningún hospital quería proveer los servicios que él quería dar a sus pacientes; ningún colega quería que lo vieran cerca de él. Él estaba aislado y exiliado por la comunidad médica.

Cuando los pacientes pertenecían a otra jurisdicción, y necesitaban hospitalización, él los traía a casa. Mis hermanas, hermano y yo renunciabamos a nuestras habitaciones para prestarselas a las personas enfermas y moribundas. El sufrimiento de ellos pesaba sobre mí, y quería aprender a sanarlos. Toda nuestra familia estaba dedicada en ayudar a que los pacientes enfrentaran su situación y se mejoraran.

Esta experiencia provocó en mi interior una pasión constante por la medicina, y cultivó el respeto y el aprecio que tengo por la salud. Desde temprana edad, pude conscientizarme de que la vida es frágil y que existe tal cosa como la inmortalidad física. Sí, estoy seguro de que preservar la salud, o sea, el regalo de Dios es un *deber* moral.

Yo disfruto la vida; vivo cada día con intensidad, como si fuera el último. Sin embargo, la mayoría de los seres humanos viven la vida como si la muerte no fuera más que un infundado rumor. He pasado tiempo (mejor dicho, he invertido) escribiendo este libro para persuadirlo a usted a vivir la vida y a vivirla en abundancia.

Una vida saludable puede llegar a ser tan rutinaria que no la valoramos, es como si la diéramos por sentada. Le animo a que comience a medir su salud con nuevos patrones de medición. Mídala por sus sentimientos en una imponente salida del sol por la mañana o en la llegada de la primavera y sus primeras flores. Si la primer nevada y la belleza del cielo de una noche no lo conmueven, y la posibilidad de pasar tiempo con su familia y amigos lo considera rutinario y desgastante, entonces usted necesita despertarse a la alegría de estar vivo.

Entre todas las actividades antisociales que existen, la peor de todas es el desinterés por la salud. Henrik Ibsen, un dramaturgo noruego del siglo XIX, lo dijo así: "La gente que no sabe mantenerse a sí misma saludable debería tener la decencia de enterrarse, y no malgastar tiempo en ella." La vida y la salud son gratis, es por eso que toma tiempo comenzar a apreciarlas.

LA ARMONÍA DE LA VIDA Y LA MUERTE

La vida por sí misma es una paradoja. La salud y la enfermedad, la belleza y la fealdad, la perfección y la imperfección, todas estas coexisten. El placer no puede excluir al dolor. Sin contrastes y diferencias nuestra existencia no tendría mucho sentido. De modo que la salud y su enemiga, la enfermedad, dan forma a un momento de transición entre la vida y la muerte. Sabemos que la muerte nos sucederá a todos; simplemente no queremos estar allí cuando suceda.

Pero en el parpadear de un ojo, la salud se pierde, muchas veces temporariamente, a veces permanentemente. ¿Cómo le hace uno frente, mucho menos disfrutar la vida en esta condición? Alguien una vez escribió, "No es la muerte, sino morir, lo que es terrible." Muchos de mis pacientes se sienten identificados con esta declaración. He experimentado, con muchos pacientes, el sentimiento desesperante de impotencia en medio del dolor. Ese es el tiempo para orar para que suceda la gracia de un milagro salvador.

Durante toda mi vida mi posición sobre la salud nunca ha cambiado. No obstante, el tiempo y la experiencia me ha conducido hacia una metamorfosis en mi relación con la muerte. Por mucho tiempo la muerte era el enemigo, mi enemigo. La muerte debería ser derrotada. Por supuesto, que los cursos acelerados de madurez a todos nos enseñan, aún a los ingenuos médicos, que la muerte no es lo opuesto a la vida. De hecho, la muerte es el factor que nos une a la mayoría.

Pensaba que la lucha para alcanzar la salud era el único objetivo esperado. Pero la vida y la muerte armonizan dentro de la perfección de los caminos de Dios. Muchos juzgan a Dios como cruel e insensible hacia el dolor del hombre y está de acuerdo con la frase célebre de Shakespeare de King Lear: "Como las moscas a los muchachos juguetones, así somos nosotros para los dioses; ellos nos matan por diversión." Pero no. La muerte da lugar a la vida. La creación y la destrucción son procesos que nunca terminan.

El idealismo arrogante se esfuerza por abolir la muerte. Si eso sucediera, la humanidad se multiplicaría por millones y millones, un posibilidad horrible. (Para sentir algo de eso, pase algún tiempo en la Ciudad de México con sus veinticinco millones de habitantes). Elton John llama al ciclo de la vida y la muerte *El ciclo sin fin* en la producción musical de la película *El Rey León*. En esencia, la muerte podría ser considerada un llamamiento de amor si la aceptamos como una de las grandes y eternas formas de vida y transformación.

De modo que finalicé mi vana e inútil batalla contra la muerte. Aprendí cuán importante es amar la vida, pero también no temer a la muerte. Si yo hubiese leído mi Biblia más cuidadosamente, habría descubierto que Jesús, y no yo, sería el que vence a la muerte: "Y el postrer enemigo que será destruído es la muerte." (1 Corintios 15:26)

Mientras tanto, la muerte está con nosotros, y si no podemos vencerla, nuestra mejor apuesta es aliarnos con ella.

En una conversación filosófica con Satoru Konishi acerca de la muerte y de la agonía, alguien con quien tengo una buena y profunda amistad, él me recitó un hermoso poema de los indígenas estadounidenses, cuyo autor no recordaba. Cuando él primero oyó el poema, le causó tal profunda impresión que lo memorizó, a pesar del hecho de que todavía no había aprendido muy bien nuestro idioma. A continuación lo comparto con usted:

Hoy es un muy buen día para morir.
Cada cosa viviente está en armonía conmigo.
Cada voz canta un estribillo dentro mío.
Toda la belleza ha venido a mis ojos.
Todos mis malos pensamientos se han marchado.

Hoy es un muy buen día para morir.
Mi tierra está llena de paz a mi alrededor.
Mis campos han sido preparados por última vez.
Mi casa está llena de risa.
Mis hijos han venido a casa.

Sí, hoy es un muy buen día para morir.

Este es un mensaje sabio y poderoso. La muerte no debería sorprendernos; siempre deberíamos estar preparados para ella. El espíritu del poema es aceptar la muerte con gratitud y sin sentido de fracaso. La enfermedad que puede amenazar la vida de este poeta no tiene ninguna importancia pues ella honra el diseño de la creación; él está ansioso de ir al encuentro del Creador. El poeta no está rogando por el fin de la vida; simplemente está trascendiendo la desesperación.

LA ZONA DE PAZ

Estar en paz con uno mismo es una experiencia maravillosa, pero cuando usted está en paz con Áquel que lo creó, entonces verdaderamente entra en "la zona," ese ilusorio lugar donde todas las cosas parecen perfectas. En esta zona, los puntos de referencia están en aquellos lugares donde nuestras mentes no pueden llegar, pero nuestros espíritus absortos en la plenitud de la eternidad, hallan morada allí.

"Vea con qué paz puede morir un cristiano." Joseph Addison, aquel inspirador ensayista inglés, estaba en la zona cuando pronunció estas palabras finales en 1719.

Jack Riley, nuestro atleta con cáncer de próstata, dijo que si Dios hubiera estado por sanarlo del cáncer, él le pediría, en lugar de eso, que le diese un día más de vida con cáncer y de ese modo podría luchar la batalla por otros menos afortunados. Eso es estar en la zona.

Cuando usted es bendecido con un milagro de sanidad, está siendo testigo de la gracia de Dios. Pero la cura no es necesariamente la desaparición física del tumor. La total liberación del cáncer es reconocer que la enfermedad, no importa cuán dolorosa o grotezca sea, es solamente por un momento en el esquema eterno de Dios. Si ha de marcharse completamente, o si regresa, es un asunto secundario.

Si usted necesita identificarse con alguien que sufrió tanto como usted y experimentó un extremo dolor, fíjese en el Apóstol Pablo:

> Pues si vivimos, para el Señor vivimos; y si morimos, para el Señor morimos. Así pues, sea que vivamos, o que muramos, del Señor somos.
>
> —ROMANOS 14:8

Fue también Pablo quien dijo:

> ¿Quién nos separará del amor de Cristo? ¿Tribulación , o angustia, o persecución, o hambre, o desnudez, o peligro, o espada? Como está escrito: Por causa de ti somos muertos todo el tiempo; Somos contados como ovejas de matadero.
>
> Antes, en todas estas cosas somos más que vencedores por medio de aquel que nos amó.
>
> Por lo cual estoy seguro de que ni la muerte, ni la vida, ni ángeles, ni principados, ni potestades, ni lo

presente, ni lo porvenir, ni lo alto, ni lo profundo, ni ninguna otra cosa creada nos podrá separar del amor de Dios, que es en Cristo Jesús Señor nuestro.

—ROMANOS 8:35-39

Todas estas poderosas palabras, que nos llaman a un compromiso, cobran significado sólo si nos ubicamos en la misma zona de Pablo, la zona de la tierra prometida. En aquel lugar de gloria que ha de venir (el cielo) no habrá más llanto ni dolor.

Si usted está disfrutando de buena salud, o si Dios milagrosamente lo ha sanado, eso es gracia. Pero podemos hacer frente a la adversidad porque Él proveyó la fuerza para resistir, con dignidad y valor, la embestida del cáncer. En ese lugar Él nos muestra que el principal propósito de nuestro sufrimiento será cumplido mediante su apoyo y amor, y que estemos completamente más allá de los estragos de la enfermedad y la muerte. Y eso, mis amigos, es la extraordinaria gracia.

En realidad, hoy es un muy buen día para...vivir. Haga de hoy el día en el cual usted escoge tener la última victoria, porque nuestra esperanza de vivir libre del cáncer no es una utopía, sino real, eterna y absoluta.

Apéndice A

Cantidad estimada de nuevos casos de cáncer y muertes
por sexo y por ubicación en los Estados Unidos, 1999[1]

Ubicación del cáncer	CANTIDAD ESTIMADA DE NUEVOS CASOS			CANTIDAD ESTIMADA DE MUERTES		
	Ambos sexos	Hombres	Mujeres	Ambos Sexos	Hombres	Mujeres
Todos los sitios	1,221,800	623,800	598,000	563,100	291,100	272,000
Cavidad bucal Y Faringe	29,800	20,000	9,800	8,100	5,400	2,700
Lengua	6,600	4,300	2,300	1,800	1,200	600
Boca	10,800	6,400	4,400	2,300	1,300	1,000
Faringe	8,300	6,100	2,200	2,100	1,500	600
Otra cavidad bucal	4,100	3,200	900	1,900	1,400	500
Sistema digestivo	226,300	117,200	109,100	131,000	69,900	61,100
Esófago	12,500	9,400	3,100	12,200	9,400	2,800
Estómago	21,900	13,700	8,200	13,500	7,900	5,600
Intestino delgado	4,800	2,500	2,300	1,200	600	600
Colon	94,700	43,000	51,700	47,900	23,000	24,900
Recto	34,700	19,400	15,300	8,700	4,800	3,900
Ano, conducto anal y Anorectum	3,300	1,400	1,900	500	200	300
Hígado y Conducto biliar intrahepático	14,500	9,600	4,900	13,600	8,400	5,200
Vesícula biliar y otros biliares	7,200	3,000	4,200	3,600	1,300	2,300
Páncreas	28,600	14,000	14,600	28,600	13,900	14,700
Otros órganos digestivos	4,100	1,200	2,900	1,200	400	800
Sistema respiratorio	187,600	106,800	80,800	164,200	94,900	69,300
Laringe	10,600	8,600	2,000	4,200	3,300	900
Pulmón y bronquio	171,600	94,000	77,600	158,900	90,900	68,000
Otros órganos respiratorios	5,400	4,200	1,200	1,100	700	400
Huesos y articulaciones	2,600	1,400	1,200	1,400	800	600
Tejido blando (incluyendo el corazón)	7,800	4,200	3,600	4,400	2,100	2,300
Piel (excluyendo la piel basal y escamosa)	54,000	33,400	20,600	9,200	5,800	3,400
Melanoma—piel	44,200	25,800	18,400	7,300	4,600	2,700
Otra piel no epitelial	9,800	7,600	2,200	1,900	1,200	700
Seno	176,300	1,300	175,000	43,700	400	43,300

	CANTIDAD ESTIMADA DE NUEVOS CASOS			CANTIDAD ESTIMADA DE MUERTES		
Ubicación del cáncer	Ambos sexos	Hombres	Mujeres	Ambos Sexos	Hombres	Mujeres
Aparato genital	269,100	188,100	81,000	64,700	37,500	27,200
Cuello uterino	12,800		12,800	4,800		4,800
Vulva	3,300		3,300	900		900
Ubicación del cáncer						
Vagina y otros						
genitales femeninos	2,300		2,300	600		600
Próstata	179,300	179,300		37,000	37,000	
Testículo	7,400	7,400		300	300	
Pene y otros						
genitales masculinos	1,400	1,400		200	200	
Aparato urinario	86,500	58,400	28,100	24,500	15,600	8,900
Vejiga urinaria	54,200	39,100	15,100	12,100	8,100	4,000
Riñón y pelvis renal	30,000	17,800	12,200	11,900	7,200	4,700
Uretra y otros						
órganos urinarios	2,300	1,500	800	500	300	200
Ojo y órbita	2,200	1,200	1,000	200	100	100
Sistema nervioso:						
cerebro y otros	16,800	9,500	7,300	13,100	7,200	5,900
Sistema endócrino	19,800	5,400	14,400	2,000	900	1,100
Tiroides	18,100	4,600	13,500	1,200	500	700
Otros endócrinos	1,700	800	900	800	400	400
Linfoma						
(no de Hodgkin)	56,800	32,600	24,200	25,700	13,400	12300
Mieloma múltiple	13,700	7,300	6,400	11,400	5,800	5,600
Leucemia	30,200	16,800	13,400	22,100	12,400	9,700
Leucemia linfocítica						
aguda	3,100	1,800	1,300	1,400	800	600
Leucemia linfocítica						
crónica	7,800	4,500	3,300	5,100	3,000	2,100
Leucemia mieloide						
aguda	10,100	4,900	5,200	6,900	3,700	3,200
Leucemia mieloide						
crónica	4,500	2,700	1,800	2,300	1,300	1,000
Otras leucemias	4,700	2,900	1,800	6,400	3,600	2,800
Otras primarias						
no especificadas	35,100	16,400	18,700	36,100	18,200	17,900

Se excluyen los cánceres de células de piel basal y escamosa y carcinomas in situ, excepto el de vejiga urinaria. El carcinoma in situ del seno registra cerca de 39,900 nuevos casos por año, y carcinoma melanoma in situ alrededor de 23,200 nuevos casos por año. Los cálculos estimados de nuevos casos están basados en las tasas de incidencia del programa NCI SEER 1979-1995. American Cancer Society [Sociedad Norteamericana del Cáncer], Surveillance Research, 1999.

Hospital Oasis de Esperanza

El Hospital Oasis de Esperanza fue fundado en 1963 con el propósito de mejorar las vidas físicas, emocionales y espirituales de sus pacientes, personal y comunidad mundial proveyendo un ambiente de salud, servicios enfocados al paciente y productos de calidad. El Dr. Ernesto Contreras Rodríguez, y su hijo el Dr. Francisco Contreras han tratado a más de cien mil pacientes. Su enfoque está sobre el bienestar total de sus pacientes, no en la erradicación de la enfermedad. Esto los ha inspirado a desarrollar relaciones médico-paciente de calidad y ofrecer terapias que levanten el cuerpo, la mente y el espíritu del paciente.

Oasis de Esperanza ofrece terapias naturales, no tóxicas y compasivas y utiliza terapias del cáncer convencionales cuando benefician al paciente. Ninguna terapia que comprometa la calidad de vida de un paciente es administrado por los médicos del Hospital Oasis. Se hace un gran énfasis en la nutrición, desintoxicación y estimulación del sistema inmunológico, todo acompañado de apoyo emocional y espiritual. Los pacientes y sus compañeros están ocupados en la oración, risa y canto como parte normal del protocolo de tratamiento del Dr. Contreras.

Junto con los programas de terapia del cáncer holísticos, el Hospital Oasis de Esperanza ofrece programas de prevención del cáncer y del ataque al corazón así como también servicios generales hospitalarios. Todos estos programas son dirigidos en su modernas instalaciones médicas y quirúrgicas de 55,000 pies cuadrados, que se encuentran ubicadas a solo tres cuadras del Océano Pacífico, a veinte millas al sur de San Diego, California, en Baja California, México.

Para más información acerca de Oasis de Esperanza:

Oasis de Esperanza
P.O. Box 439045
San Ysidro, CA 92143
Llame gratis desde los
Estados Unidos al: 888-500-HOPE
Teléfono directo: (619) 690-8450
Fax: (619) 690-8410

Visítenos en Internet en: www.oasisofhope.com
Correo electrónico: health@oasisofhope.com

Sitios en Internet relacionados

www.kemsa.com
www.cancerresourcecenter.com
www.cancerprayerday.com
www.franciscocontreras.com

Apéndice C

La historia de
Donald Factor

Mi nombre es Donald Factor. Estaba viviendo en Londres, en noviembre de 1986, cuando fui diagnosticado con carcinoma del pulmón que se había esparcido hasta el hígado. Básicamente los médicos en Inglaterra no me habían dado muchas esperanzas. Ellos estaban disculpándose conmigo y me ofrecieron un tratamiento que pensaban podía extender mi vida por un tiempo, pero no mucho más.

Yo no aceptaba ese diagnóstico, por lo que decidí ir a ver al Dr. Contreras. Me había reunido con el Dr. Contreras algunos años atrás en una conferencia en Inglaterra y estaba muy impresionado con su enfoque. Él nos dijo que ellos usaban medicina moderna combinada con otras cosas naturales y mucho amor y fe. Mi esposa y yo, nos mudamos desde Londres a Los Ángeles, California, y entonces manejábamos hasta Tijuana para ir al hospital donde era tratado.

Cuando llegué, me encontraba en una condición sumamente débil. Eso fue diez días después del diagnóstico original, y el cáncer se había extendido a mi columna vertebral. Estaba con un dolor atroz, con mi nervio ciático afectado, de modo que a duras penas podía caminar. Y además, estaba perdiendo peso rápidamente.

Cuando me revisaron y observaron el estado en que me encontraba quedaron bastante preocupados. No estaban demasiado optimistas acerca de mi futuro, pero como el Dr. Contreras Rodríguez dijo, debido a que tanto mi esposa como yo estábamos muy comprometidos para hacer todo lo posible para vencer al cáncer, ellos estaban preparados para trabajar con nosotros.

En resumen, todo salió bien. Yo conocía Tijuana porque había nacido y crecido en Los Ángeles, y era un lugar donde acostumbrábamos a hacer cosas no tan buenas cuando éramos adolescentes. No era precisamente un lugar al que lo asociaba con ponerse bien, sino más bien con enfermarse.

Estaba muy impresionado con la clínica del Dr. Contreras. Nunca había estado en un hospital donde los médicos me trataban como un ser humano y no como un conjunto de síntomas o a una enfermedad entrando por una puerta. De pronto, había un equipo de personas allí que se interesaban por mí. Ellos me estaban teniendo en cuenta en el curso del tratamiento que estaría tomando. Me preguntaban cosas, me informaban y de repente era parte del equipo que me estaba tratando. No era simplemente un objeto que necesitaba ser tratado, y eso era maravilloso. Me dí cuenta que estaba en otro lado de Tijuana que jamás había imaginado posible en mi juventud.

Todo esto sucedió en 1986. Después de un tratamiento inicial y casi un año de tratamiento de terapia en el hogar, yo estaba totalmente al tanto de cualquier señal del cáncer. Asistía regularmente a los exámenes de control, y después de casi tres años de estar en remisión, los médicos dijeron que estaba curado.

Yo dije, "Siempre pensé que la gente no se curaba del cáncer."

Y ellos dijeron, "Bueno, es absurdo seguir escribiendo

'remisión' en sus documentos. Lo veremos cada vez que usted quiera regresar." Y así fue.

Ya tenía bastantes ideas acerca de la ortodoxia, supongo que así la llamaría, de la ciencia moderna. Nunca estuve muy satisfecho con ella. Había conocido gente con SIDA, y siempre estuve bastante preocupado por las formas en que la enfermedad era tratada. En esos días parece que alguien que era diagnosticado con SIDA estaba muerto en un par de años. Eso no me parecía bien.

Me parecía que había algo más. Yo sabía un poco acerca de la medicina alternativa y complementaria. Mi esposa había tenido cierta experiencia con ella, de modo que estaba muy abierto a otras formas de hacer las cosas. Nunca había tenido la experiencia de ser el paciente estando en un lugar donde el amor y la amabilidad humana eran verdaderamente aplicadas como parte de un programa de tratamiento. Tengo que decir que fue una revelación.

Mi nombre ha sido dado a conocer a las personas, y felizmente he hablado con ellas, contándoles bastante de lo que le estoy contando a usted ahora. Pienso que una de las cosas principales que me ayudó desde temprano en mi tratamiento fue el uso de un catéter insertado en mi vena umbilical que podía estar allí por casi un año. Eso hizo que tomar todas las medicinas fuera mucho más fácil. Se podía inyectar en forma simple todo cuanto era necesario por el extremo de un tubo de plástico, y que sería llevado a través del catéter al cuerpo sin la necesidad de preocupaciones como agujas y venas. Eso fue maravilloso. Hizo mi vida más fácil y mejoró la calidad del tratamiento. Funcionó sorprendentemente.

Apéndice D

La historia de Albert S.

Fui diagnosticado con cáncer de próstata en 1986 en el Hospital Comunitario de Los Ángeles. Estuve en un programa de tratamiento del hospital por casi dos años. Sucedió que luego del tratamiento me dieron sólo seis semanas de vida y me aconsejaron que pusiera mis asuntos en orden.

Uno de mis cuatro nietos le mencionó mi grave enfermedad a los miembros de su grupo de oración en el trabajo. Ellos comenzaron a orar por mi, y otro miembro del grupo de oración nos dio una tarjeta del Hospital Ernesto Contreras, ahora Hospital Oasis de Esperanza. Esta persona había sido tratada con éxito allí.

Pedimos una cita con el Dr. Lagos, y estuve hospitalizado dos meses para recibir tratamiento. El tratamiento fue un éxito, y en casi seis meses fui examinado y me encontraron que ya no tenía más cáncer.

En mis visitas al hospital, hice muchas amistades a través de los años, incluyendo al equipo médico del hospital y otros pacientes. Estoy muy agradecido al Dr. Lagos y a su amabilidad para conmigo durante mis viajes para ser atendido durante el tratamiento. Él ha sido siempre muy agradable y profesional al tratarme. Estoy muy agradecido al personal del hospital por su atención y su preocupación por mí a través de los años.

Agradezco a Dios el ser un "sobreviviente."

Apéndice E

La historia de Dee Simmons

Hace doce años atrás, me diagnosticaron cáncer del seno. Estaba conmovida y me sentía destruida. En primer lugar, no podía creer que esto me estuviera sucediendo a mí. Nunca había estado enferma, ni siquiera con un resfrío, y siempre me había considerado una persona muy saludable. Inmediatamente, tenía una decisión que tomar, ¿quería vivir, o quería morir? Mi elección fue obvia.

De regreso a casa del hospital, sabía que debería resolver esta situación en mi vida. Había sidio sometida a una mastectomía radical modificada, y con la determinación de seguir viviendo, emprendí mi viaje.

Afortunadamente, la primera parte de mi viaje me llevó al Hospital Oasis de Esperanza, que entonces se llamaba Hospital Contreras, donde conocí al Dr. Francisco Contreras y me convertí en su paciente. Inmediatamente, mi vida fue tocada de una manera positiva a través del personal y el ambiente que producía consuelo, alivio, paz y sanidad. No solamente me trataron profesionalmente, sino como a un miembro de la familia.

El enfoque de Oasis de Esperanza estaba en el paciente, no solamente en la enfermedad. Con al ayuda del Dr. Contreras y el personal del hospital, aprendí cómo afrontar la situación en mi vida, y realmente esa fue la trayectoria de mi sanidad. Pronto llegué a ser una ávida estudiante de nutrición y aprendí rápidamente cómo aplicar lo mejor de la ciencia y lo mejor de la naturaleza a mi vida personal. También aprendí que la salud es la posesión más valiosa de la vida.

Se ha dicho que las mejores cosas en la vida son gratis. A veces, sin embargo, aquellas cosas que son las más preciosas para nosotros tienen un terrible costo. Considero que nuestra salud es una de las virtudes más sagradas que tenemos. Por desgracia, algunos de nosotros estamos siendo azotados por terribles enfermedades que amenazan con acabar con el más precioso regalo que Dios nos ha dado, que es la vida.

El cáncer demanda la última batalla. Nos obliga a luchar por la vida. El cáncer no discrimina. Hace solo unos años atrás el cáncer estaba considerado como algo demasiado espantoso para hablar de él. La discusión, que aún así a menudo transmite conocimientos, es una poderosa arma en la batalla contra el cáncer. Los sobrevivientes saben que se puede vencer al cáncer, y hablan en un lenguaje de guerra. Ellos han luchado verdaderamente con un enemigo interno, no simplemente con células intrusas, sino con las defensas de sus cuerpos, las negaciones, la ira y a veces con la desesperación.

Muchos sobrevivientes del cáncer consideran que la enfermedad ha sido un regalo en un horrible envoltorio. Un mensaje demasiado calamitoso para ignorar: la vida, fugaz y preciosa, es un milagro y un regalo de Dios.

Yo sé que la esperanza es la mejor medicina de todas. La enfermedad es una oportunidad para crecer, y la sanidad surge de la habilidad para enfrentar cualquier enfermedad que lo esté atormentando. Se trata de encontrar la paz interior.

¿Cómo pudo una experiencia tan trágica transformarse en un bien para mi vida? Fue una lección para enseñarme a dónde acudir en una crisis. Me condujo a un valle de oscuridad, para luego abandonarme en el trayecto, y obligarme a aprender a confiar lo que dice el Salmo 46:10: "Estad quietos, y conoced que yo soy Dios."

Él estaba en control. Entonces, surgí sobre la cima de la montaña, en el mismo mundo, pero con un nuevo aprecio por la vida y una relación más estrecha con mi Salvador. Sí, toqué la rosa y sentí la espina, pero también he visto cómo transcurrió mi vida desde la "visión hasta la victoria."

No podemos decir lo que puede ocurrirnos en el extraño popurrí de la vida, pero sí podemos decidir lo que puede suceder en nuestro interior...cómo lo tomamos y cómo reaccionaremos. En definitiva, eso es lo que realmente importa, cómo tomar la esencia de la vida y transformarla en algo bello para que realmente valga la pena. Esa es la prueba de la vida. El encanto de la vida no tiene fin, y en nuestra familia y amigos, que son los regalos más grandes de la vida, es donde podemos apreciarlo.

Si usted está luchando con una enfermedad, recuerde la importancia de una actitud mental positiva, y no pierda las esperanzas. Nútrase de información acerca de su enfermedad, y sea un participante activo en su plan de tratamiento. Si usted está bien, no lo considere como algo obvio.

Por último, quisiera reflexionar sobre alguien que verdaderamente impactó mi vida y me enseñó cómo ayudar a los demás. El Dr. Francisco Contreras impacta muchas vidas. Personalmente quiero agradecerle una vez más por el compromiso incondicional hacia mí. Es algo que continúa haciendo con todos sus pacientes. Mi corazón está lleno de gratitud hacia él y su personal. Los saludo a cada uno de ellos por dar de sí mismos para que otros sean bendecidos con esperanza, fortaleza y buena salud.

Siempre recuerdo con gratitud que el Dr. Contreras fue una parte del regalo de Dios para mí en el camino hacia la victoria contra el cáncer. Agradezco al Dr. Contreras por mi tratamiento y mi sanidad. Gracias a él, he aprendido a hablar y a escribir palabras de aliento y amor hacia aquellos que están pasando por momentos de crisis y desafíos. Hoy, tengo la bendición de trabajar de cerca con el Dr. Contreras mientras remito mucha gente con problemas de salud al Oasis de Esperanza...un lugar donde la gente está comprometida a salvar vidas. Una de las más grandes bendiciones que Dios puede darle a uno es el regalo de alguien que se preocupe.¡El Dr. Contreras realmente se preocupa!

Apéndice F

La historia de Jack Riley

Jack Riley era un corredor de triatlón de la categoría de veteranos. Él tomaba parte de competencias que consistían en tres etapas: natación, ciclismo y atletismo. Un deporte muy exigente, incluso para los jóvenes, pero Jack no era tan jóven cuando comenzó a correr en estas competencias.

Un ex bebedor, fumador y partidario de la comida perjudicial y de escaso valor nutririvo, Jack había ofrecido su botella de whisky a cambio de un par de calzado de atletismo. Jack compitió en carreras, maratones y triatlones 644 veces. Había ganado más de 100 medallas de doradas en su división de mayores de 50 años, y en 1985 cuando tenía 52 estableció una marca en el libro mundial de records *Guinness* compitiendo en 52 triatlones en un año.

Después de ser diagnosticado y tratado por su cáncer de próstata. Jack, un residente de Alamo, California, por treinta años, llegó a ser un héroe en su comunidad al ser elegido para llevar la antorcha olímpica durante el relevo de antorchas. Él pasó la llama al siguiente competidor, metió su pie en el Océano Pacífico, y entonces corrió, anduvo en bicicleta y nadó tres mil trescientas millas hasta el estadio olímpico de Atlanta, su antorcha olímpica personal en mano. Él continuó hasta arribar al Océano Atlántico.

En 1997 corrió, anduvo en bicicleta y nadó mil setecientas millas desde Vancouver, Canadá, hasta Tijuana, México. Los trayectos recorridos por Jack lo llevaron a través de trescientas ciudades. A través de los medios, más de quince millones de personas estaban enteradas de su búsqueda. Para Jack, el punto culminante de sus viajes era visitar los centros infantiles de tratamiento del cáncer en las principales ciudades y ayudar a alegrar a los niños y darles aliento para pelear sus batallas contra el cáncer.

A través de sus carreras Jack Riley recogió personalmente más de $130,000 para la investigación del cáncer avanzado de próstata y del seno. Su presencia en los escalones del edificio del capitolio estatal en Sacramento, California, después de nadar el río Sacramento, motivó al gobernador Pete Wilson a firmar un proyecto de ley para el cáncer por $27 millones de dólares, que justo había vetado el año anterior.

Jack, que no era médico, científico, ni investigador, había rediseñado su vida para que fuese una importante arma que él podría usar para ganar la batalla final al cáncer y erradicar el cáncer sobre la tierra. Él me dijo, "Si podemos erradicar la polio, no hay razón por la que no podamos erradicar el cáncer."

Jack tenía una tremenda capacidad para ver el lado bueno de la vida y vivir cada día en plenitud. Un día después del decimosexto, de treinta y ocho tratamientos de radiación, Jack corrió el Maratón de Los Ángeles y luego voló a casa para su decimoséptimo tratamiento. El año anterior, después de dos horas de criocirugía en el Hospital de San Diego y tres horas de descanso, Jack bailó una giga irlandesa (danza rápida y alegre) con la enfermera antes de dejar el hospital. Tres días después de la operación compitió en una carrera de cinco kilómetros.

Luego, a los sesenta y cinco años, Jack supo que tenía

de tres a doce meses de vida. El cáncer de próstata que le habían diagnosticado cinco años antes se había esparcido. Eso fue nada más que unas pocas semanas antes de comenzar con su tercer triatlón transnacional de un solo hombre. Él se estaba preparando para la competencia más importante de su vida, la competencia contra el tiempo.

La noticia fue difícil de asimilar, pero Jack no estaba ni amargado ni resentido. Él no tuvo lástima de sí mismo ni obsesionado con su destino. Él le dijo a la gente que Dios lo había bendecido para tomar la delantera en la lucha de erradicar el cáncer para siempre a través de unas 3000 millas de triatlón que recogerían dinero para la investigación del cáncer.

Aunque recién había comenzado una nueva serie de tratamientos de radiación cuando su triatlón comenzó, planeó salir de la competencia varias veces para volar de regreso a San Francisco, recibir el tratamiento, y luego retornar inmediatamente para continuar la competencia donde le había dejado.

En la última etapa de su vida, Jack no estaba viviendo en agonía; estaba concentrado en vivir. Cuando le pregunté a Jack Riley cual era su motivación para intentar una hazaña física que el 99% de la gente "saludable" no podía hacer, él me contestó:

> Soy un competidor. Sencillamente, creo que lo llevo en la sangre. Si puedo hacer esto para una buena causa, de eso se trata la vida. Mientras Dios me dé la capacidad física, mental y emocional no dejaré de hacerlo. Veo al cáncer como a un rival, pero no voy a concentrarme en mi lucha, sino en mi propia hazaña, la cual está en las manos de Dios.

Uno de los ejemplos de Jack Riley era Terry Fox, un jóven canadiense de veinte años, que había perdido parte de su pierna por cáncer en 1980. Terry cojeó desde el Océano Atlántico hacia el Pacífico. Él recorrió 3,321 millas antes de que fuera a cerrar la carrera en Thunder

Bay, Canadá, porque el cáncer se había extendido al pulmón. Él falleció algunos meses más tarde, pero como resultado de sus esfuerzos los canadienses levantaron $24 millones de dólares para la investigación del cáncer.

Jack sintió una cercanía con Terry aunque nunca lo había conocido. Él disfrutaba el hecho de que era bastante viejo para ser el abuelo de Terry, sin embargo él estaba haciendo el mismo trabajo. Aunque tenía dos piernas y Terry solo tenía una, Jack se imaginaba que él era desafiado de la misma manera, porque su cáncer ya se había esparcido y había sufrido dos criocirugías, cincuenta y dós tratamientos de radiación, energía reductora de hormonas, colapso de pulmón, irregularidades en el latido del corazón y trombósis venosa (coágulos múltiples de sangre) en ambas piernas. Jack estaba contento que había completado dos mil millas más que Terry Fox, pero nunca dijo que era mejor que Terry. Él tenía un inquebrantable respeto por Terry.

El último deseo de Jack Riley era levantar suficientes fondos para la investigación del cáncer para finalmente erradicar la enfermedad. De modo que se dispuso en su tercer triatlón desde la playa en Tijuana, México, en el *Worldwide Cancer Prayer Day [Día Mundial de Oración por el Cáncer]*, el 5 de junio de 1998. Planificó correr, andar en bicicleta y nadar las tres mil millas hasta llegar a la Estatua de la Libertad en la Ciudad de Nueva York con su antorcha olímpica. Él tenía puesta la camiseta que decía: "El cáncer no me asusta" y la cual había perdurado cinco mil millas de carrera de atletismo, de bicicleta y natación a lo largo de los Estados Unidos.

Un exámen de ultrasonido reveló que el cáncer tan agresivo que previamente había atacado su próstata se había esparcido a su región lumbar, cadera, y en las áreas pélvicas y espinal. Estaba en dolor constante, había sufrido un colapso de pulmón y tenía irregularidades en el latido del corazón. Jack recibió tratamientos de estimulación inmunológica en nuestro Hospital Oasis de

Esperanza en Tijuana, México, lo cual ayudó a contener su cáncer.

En el tercero y último triatlón de esperanza de Jack Riley, lo hizo desde el Océano Pacífico y recorriendo trece ciudades en California y Arizona. En la frontera con Nuevo México, su cuerpo no aguantó más, aunque su espíritu nunca se dio por vencido. Jack Riley falleció el 1 de julio de 1998. Su esposa me contó que él había hecho lo que estaba en su corazón; servir a los demás y luchar por una cura para el cáncer.

Jack Riley fue, y continúa siendo, un ejemplo para aquellos que enfrentan el desafío del cáncer; él mantuvo una actitud positiva en medio del dolor, de los tratamientos de radiación, las criocirugías, las hormonas, los ultrasonidos y la trombosis. "Es una subestimación pensar que él tenía una perspectiva extraordinariamente positiva. Desde el comienzo, aún durante los tratamientos más difíciles, él mantuvo su estilo de vida activo," dijo el Dr. Michael Levine, un oncólogo de radiación en el Centro Médico Monte Diablo en Concord, California.

"Es difícil encontrar personas como Jack Riley. La mayoría de la gente se adapta a la diagnosis y son tan positivos como pueden ser, pero es raro que sean tan activos," añadió Levine.

Otro médico de Jack Riley, el Dr. Israel Barken, subrayó, "El verdadero significado de la vida para Jack era la forma en que la vivía a diario, y esa es una lección que otros pacientes deberían aprender de él."

Jack enfrentó la muerte, tal como había enfrentado la vida, con pasión, agresividad y seguridad.

La vida de Jack Riley tuvo muchos capítulos. Tenía una relación personal con Jesucristo y una profunda convicción de que su vida estaba en las manos de Dios. Trabajó con la *American Heart Association [Asociación Norteamericana del Corazón]*, la *American Cancer Society [Sociedad Norteamericana del Cáncer]*, grupos de apoyo para el cáncer y la Fundación Gold Medal. Antes había trabajado para IBM, y alcanzado excelencia allí.

Jack también había sido militar, donde tomó el nombre de "águila." El águila, con su coraje e independencia, era un símbolo perfecto para Jack porque él volaba alto y motivaba a los demás para que también alcanzaran nuevas alturas.

En un tiempo donde es muy difícil encontrar un héroe, Jack Riley es uno de los míos porque tuvo coraje, compromiso, amor, integridad y visión. Jack Riley fue un amigo cuya memoria me motiva a hacer algo que tenga significado para mi vida. Cuando me siento desafiado y aun abrumado en mi andar diario, pienso en Jack. Él tenía cáncer, y aun así, cruzó los Estados Unidos más de dos veces. ¿Qué podría hacer yo si hiciera un compromiso verdadero? ¿Qué podría lograr usted si fuera capaz de emplear todas sus fuerzas?

Durante los ocho años que Jack Riley batalló contra el cáncer, sugirió cien formas en que su enfermedad lo beneficiaba. Algunas de ellas están escritas aquí con sus mismas palabras:

- Más valor
- Agradezco cada día por todo lo que tengo
- Un nuevo sentido de urgencia
- Dedico más tiempo a mis seres queridos
- Otros problemas parecen ser más pequeños
- Presto atención a mis sentimientos
- Más abierto a probar nuevas cosas
- Mejor relación con mi esposa
- Me siento más espiritual, he vuelto a Dios
- Estoy inclinado a resolver asuntos pendientes
- Me siento bien conmigo mismo
- Más propósito en la vida
- Trato de ser amable, una persona mejor
- Una emoción ante el desafío
- Me permito pensar acerca de los buenos momentos
- He vuelto a comunicarme con viejos amigos

- Amo y acaricio más a mis mascotas
- Soy menos rígido
- Oportunidad para edificar la fe, amor y esperanza
- Oportunidad para fomentar nuevas amistades
- Oportunidad para revivir grandes recuerdos
- Comer buenos alimentos
- Sentirme parte de una "gran familia" y una misión
- Amo más a los niños
- Los acontecimientos de cada día son más especiales
- Más oraciones fluyen de mí
- Brindo más apoyo
- Medito más
- Escucho la música que me inspira paz
- Pienso más positivamente
- Hago ejercicios más disciplinadamente
- Uso técnicas de relajación
- Puedo tomarme un día libre sin sentirme culpable
- Planifico y hago lo que siempre quise hacer
- Tomo placenteros baños calientes
- Aprovecho las ventajas del masaje
- Oro más
- Busco lugares santos
- Perdono más facilmente
- Soy más compasivo
- Uso afirmaciones más positivas
- Tengo pensamientos más positivos
- Otro nivel de conciencia
- Procuro más calidad y equilibrio en mi vida
- Mi vida se siente más enriquecida
- Soy un mejor compañero
- La familia unida tiene más significado
- Mi mensaje es más brillante
- No paso tanto en tiempo en cosas que no valen la pena
- Tengo menos temor
- Aprendí a celebrar, sea que reciba buenas noticias o malas noticias

- Beso a mi esposa 1000 veces más por año, pues la aprecio más
- Valoro más a mi esposa y a mi familia
- Me ha ayudado a encontrar las profundidades de mi corazón
- Me acerqué a los miembros distantes de mi familia
- Todo tiene más significado
- Tengo la oportunidad de corregir algunos de mis errores
- Si dudo acerca de mi capacidad para hacer algo audaz y desafiante, ellas desaparecen muy rápidamente
- Una más profunda comprensión de la grandeza de los Estados Unidos, Canadá y México
- Diseño mi vida alrededor de lo que me gusta hacer
- Y uso la palabra "amor"más a menudo

Notas

Introducción

1. American Cancer Society, Cancer Facts and Figures (Atlanta: American Cancer Society, 1999).
2. Ibid.

Capítulo 1
¿Hay esperanzas de vivir sin cáncer?

1. Ibid., 9, 15.
2. Ibid., 1.
3. Ibid.

Capítulo 2
Estrategias de avanzada

1. Esta es una conclusión del autor basada en las diez principales causas de muertes en los Estados Unidos (véase www.healthstatus.com/top10.htm). El total de estas diez causas corresponden al 87.7% de todas las muertes. Si usted resta el 1.8% de los accidentes de tránsito y todos los demás accidentes, obtendrá el 80.8%. Por favor note que la tésis que el 80% de las muertes están relacionadas con el estilo de vida pertenece al autor.

2. Garduno Roberto, "Debajo de los niveles mínimos de nutrición, 24 millones," *La Jornada* (19 de junio de 1994):21.
3. Stephen Schoenthaler et. Al., "The impact of a low food additive and sucrose diet on academic performance in 803 New York City Public Schools," *International Journal of Biological Research* 8, no. 2 (1986): 185-195
4. Stephen Schoenthaler, "Institutional Nutritional Policies and Criminal Behavior," *Nutrition Today* 20, no. 3 (1986):16.
5. Stephen Schoenthaler, "Diet and Crime: An empirical examination of the value of nutrition in the treatment of incarcerated juvenile offenders," *International Journal of Biosocial Research* 4, no. 1 (1983): 25-39.
6. Anónimo, "The chemo's Berlin wall crumbles," *Cancer Chronicles* (diciembre 1990): 4.

CAPÍTULO 3
PENSAMIENTOS QUE ENRIQUECEN

1. John W. Yarbro. "Changing cancer care in the 1990s and the cost," Cancer 67 (1991): 1718-1727. Note que esta última oración no es idea de Yarbro; él solamente dice una "perspectiva europea."
2. Datos obtenidos de la página de Internet de la American Cancer Society: www.cancer.org/cancerinfo/basicfacts.
3. Arnold S. Relman, "The economic future of health care," *New England Journal of Medicine* 338, no. 25 (18 de junio de 1998): 1855-1856.
4. Daniel Callahan, *False Hopes: Why America's Quest for Perfect Health is a Recipe for Failure* (New York: Simon and Schuster, 1998).
5. Ibid.
6. Patrick Susskind, *El Perfume,* traducido al inglés por William H. Conrad (New York: Alfred A. Knoff, 1986).
7. Eustace Mullins, *Murder by Injection* (Virginia: The

National Council for Medical Research, 1992), 137.

8. Michael Lemonik. "The Killers. New viruses and drug resistant bacteria are reversing human victories over infectious disease," *Time* (12 de septiembre de 1994): 62-69.

9. Mullins, *Murder by Injection,* 8.

10. Ibid.

11. Joseph D. Beasley, *The Betrayal of Health* (New York: Random House, 1991), 212.

12. George H. Malkmus, *Why Christians Get Sick?* (Shippensburg, PA: Treasure House, 1997), 109.

CAPÍTULO 4

LA ESPERANZA DE UNA CURA

1. Mullins, *Murder by Injection,* 101.

2. Tim Beardsley, "A war not won," *Scientific American* (Enero de 1994):130-138.

3. Mullins, *Murder by Injection,* 101.

4. Beardsley, "A war not won," 130-138.

5. John C. Bailar III y Elaine M. Smith, "Progress Against Cancer?" *New England Journal of Medicine* 314, no. 19 (8 de mayo de 1986): 1231.

6. Ibid., 1226.

7. Ibid., 1231.

8. Información obtenida de la página de Internet: www.nci.gov/public/factbk96/hl.htm.

9. American Cancer Society, "Age-Adjusted Death Rates, 1930-1995" Cancer Facts and Figures (Atlanta: American Cancer Society, 1999).

10. Ibid.

11. Kedar N. Prasad, *Vitamins in Cancer Prevention and Treatment* (Rochester, VT: Healing Arts Press, 1994).

12. American Cancer Society, Cancer Facts and Figures, 9.

13. Karl A. Drlica, *Double-Edged Sword* (New York" Addison Wesley Publishing Company, 1994), 70-71.

14. John C. Bailar III y Elaine M. Smith, "Progress Against Cancer?" *New England Journal of Medicine* 314, no.

19 (8 de mayo de 1986): 1226-1232.
15. Ibid.
16. Ibid.
17. Anónimo, "The Chemo's Berlin Wall Crumbles," *Cancer Chronicles* (diciembre de 1990): 4.
18. Internet: www3.cancer.org/cancerinfo/basicfacts.
19. Ibid.
20. Thomas Balkany, "Why unconventional medicine?' *New England Journal of Medicine* 328, no. 4 (28 de enero de 1993): 282.

CAPÍTULO 5
RESTAURANDO EL HOMBRE INTERIOR

1. O. Carl Simonton, Sephanie Matthews-Simonton y James L. Creighton, *Getting Well Again* (New York: Bantam Boocks, 1992), 47-48.
2. Esta cita pertenece a Bernie Siegel, *Love, Medicine and Miracles* (New York: Harper & Row, 1986), 80.
3. Simonton, *Getting Well Again,* 46.
4. Ibid., 52-53.
5. Siegel, *Love, Medicine and Miracles,* 82.
6. Madeleine Nash, "Stopping cancer in its tracks," *Time* (25 de abril de 1994): 54-61.
7. Siegel, *Love, Medicine and Miracles,* 182-183.
8. Ibid., 183.
9. Ibid.
10. Ibid.
11. Ibid.

CAPÍTULO 6
RESTAURANDO EL CUERPO

1. Beasley, *The Betrayal of Health,* 127.
2. Ibid., 115.
3. Internet: Richard Boren, "The defeat of the dump in Sierra Blanca proves that if we all work together we can win," www.alphacdc.com/ien/blanca_2.html.
4. Comisión Nacional de Derechos Humanos.

Contaminación Atmosférica en México, sus causas y efectos (México, 1992)

5. Beasley, *The Betrayal of Health,* 119.
6. Ibid.
7. David Susuki y Peter Knudtson, *Genetica* (Madrid: Editorial Tecnos, 1991).
8. Ibid.
9. Ibid.
10. Ibid.
11. Ibid.
12. Internet: raleigh.dis.snl.gov/new/findingaids/epide-miologic/hanford/intro.html.
13. Kristin Leutwyler, "Deciphering the breast cancer gene," *Scientific American* (diciembre de 1994):18-19.
14. Internet: Richard Boren, "The defeat of the dump in Sierra Blanca proves that if we all work together we can win," www.alphacdc.com/ien/blanca_2.html.
15. Beasley, *The Betrayal of Health,* 122-123.
16. Información obtenida de la página de internet: www.ocaw.org/txts/doc999902.htm.
17. Beasley, *The Betrayal of Health,* 125.
18. Ibid., 103.
19. Robert M. Kradjan, "Milk, The natural thing?" *Newlife* (noviembre-diciembre 1994).
20. Ibid.
21. Ibid.
22. Lauren Negard, "FDA plans curbs on animal antibiotics," 26 de enero de 1999. Associated Press.
23. Ralph W. Moss, Ph.D., "Cancer Risk Lurk in Hot Dogs and Burgers," *Cancer Chronicles* (julio de 1994).
24. Susan Preston-Martin et. Al., "Maternal Consumption of Cured Meats and Vitamins in Relation to Pediatris Brain Tumors," Cancer Epidemiology, Biomarkers and Prevention 5, 599-605.
25. Internet: "Mock Estrogen Tied to Cancer," www.abcnews.go.com/sections/living/DailyNews/estrog en0311.html.

26. Ibid.
27. L.A. Brinton, "Ways that women may possible reduce their risk of breast cancer," *Journal of the National Cancer Institute* (1994).
28. Beasley, *The Betrayal of Health,* 104.
29. Ibid.
30. Ibid., 85.
31. Ibid., 87.
32. Ibid.
33. Ibid.
34. Deborah Schrag et al. "Decision analysis-Effect of prophylactic mastectomy and oophorectomy on life expectancy among women with BRCA1 or BCRA2 mutations," *New England Journal of Medicine* 336, no. 20 (15 de mayo de 1997):1465
35. Ibid.
36. Ibid.
37. Jennifer L. Kelsey Y Leslie Bernstein, "Epidemiology and Prevention of breast cancer," *Annual Review of Public Health* 17 (1996):53.
38. Ibid.
39. "The Cancer Establishment," International Journal of Health Services (1989); "Radiogenic breast cancer. Effects of mammographic screening," *Journal of the National Cancer Institute* (1986).

CAPÍTULO 7
ESTRATEGIAS DE LA MEDICINA CONVENCIONAL

1. George Crile, Jr., *The Way It Was—Sex, Surgery, Treasure and Travel 1907-1987* (Kent, Ohio: Kent State University Press, 1992).
2. Ibid.
3. B. Fisher y C. Redmond, *Studies of the National Surgical Adjuvant Project* (Amsterdam: Elsevier/North Holland: Biomedical Press, 1977), 67-81.
4. Información obtenida de la página de Internet: www.uhealthnet.on.ca/libraryarchives.htm.

5. Fisher, *Studies of the National Surgical Adjuvant Project,* 67-81.
6. Anónimo, "The chemo's Berlin wall crumbles," *Cancer Chronicles* (diciembre de 1990):4.
7. Ibid.
8. *The Journal of Clinical Oncology* (noviembre de 1987).
9. Anónimo, "The chemo's Berlin wall crumbles," *Cancer Chronicles* (diciembre de 1990): 4.
10. Ibid.
11. Marion Morra y Eve Potts, *Realistic Alternatives in Cancer Treatment* (New York: Avon Books, 1980), 176.
12. Ibid.
13. George Crile, *Cancer and Common Sense* (New York: Viking Press, 1955)

CAPÍTULO 8
ESTRATEGIAS DE VICTORIA MEDIANTE
LA MEDICINA ALTERNATIVA

1. "New Ways of Healing,"MPLS St. Paul (1994)
2. Internet: www.worldwithoutcancer.com/hunza.html.
3. Ibid.
4. Ibid.
5. Información obtenida de la página de Internet: www.encyclopedia.com/articles/13588.html.
6. Internet: babelfish.altavista.com/cgi-bin/translate?
7. Información obtenida de la página de Internet: Otto Warburg, "The Prime Cause and Prevention of Cancer," 222.o3zone.com/ozoneser/articles/034.htm.
8. Wade Roush, "Herbert Benson: Mind-Body maverick pushes the envelope," *Science* 276 (18 de abril de 1997):357-359.
9. Información obtenida de la página de Internet: Renee Twombly, "Use of prayer or noetic therapy may contribute to better outcomes in cardiac patients," www.dukenews.duke.edu/med/MANTRA2.HTM.

10. Información obtenida de la página de Internet: www.csmonitor.com/durable/1997/09/15/us/us.6.htm.

Capítulo 9
Un Oasis de Esperanza

1. American Cancer Society, Cancer Facts and Figures.
2. Harrison's Principles of Internal Medicine, 9th edition, 1263-1264.
3. American Cancer Society, Cancer Facts and Figures.
4. W.A. Sakr et.al., "High grade prostatic intraepithelial neoplasia and prostatic adenocarcinoma between the ages of 20-69: an autopsy study of 249 cases," In Vivi 8 (1994):439-443 (Información obtenida de la página de Internet: www.prostateforum.com/sample.htm).
5. Internet:www.cancer.med. upenn.edu/specialty/surg_ onc/ahcpr_radpc.html;andexternal.aomc.org/ prostate.html.
6. American Cancer Society, Cancer Facts and Figures.
7. Ibid.
8. Francois, Duc de La Rochefoucauld, 15th century.

Capítulo 10
El poder de la prevención

1. Mainichi Daily News, 25 de agosto de 1999.
2. Anónimo, "Wasted Health Care Dollars," *Consumer Reports* (julio de 1992): 435-445.
3. Thomas J. Moore, *Deadly Medicine* (New York: Simon & Schuster, 1995), 121, 219.
4. Harrison's Principles of Internal Medicine, 9th edition, 1263-1264.
5. T. Colin Campbell y Christine Cox, *The China Project* (Ithaca, NY:New Century Nutrition, 1996), 16.
6. Select Committe on Nutrition and Human Needs, United States Senate, Dietary goals for the United States (Washington, 1977), 3.
7. Ibid., v.
8. Ibid.

9. Ibid.
10. Ibid.
11. Ibid.
12. Healthy People: The Surgeon General's Report on Health Promotion and Disease: Objectives for the Nation (1980)
13. U.S. Department of Health and Human Services, Dietary Guidelines for Americans, 1985.
14. U.S. Department of Health and Human Services, The Surgeon General's Report on Nutrition and Health, 1989.
15. Ibid.
16. Ibid.
17. Ibid.
18. Ibid.
19. Internet: www.obesity.org/what.htm.

CAPÍTULO 12

HACIA LA SANIDAD DE DIOS

1. Larry Dossey, *Healing Words* (New York: Harper Paperbacks, 1957), 250.
2. Ibid.
3. William G. Braud, "Human Interconnectedness: Research Indications," ReVision 14, no. 3 (Winter 1992):140-148.
4. Patch Adams, *House Calls* (San Francisco: Robert D. Reed Publisher, 1998), 124.

CAPÍTULO 13

RESTAURANDO EL PODER DE LA ESPERANZA

1. Internet: touchstarpro.com/siegel.html.

APÉNDICE A

1. American Cancer Society, Cancer Facts and Figures, 9.